# STRATEGIES OF EDUCATION GOVERNANCE

## The Future of the Modernization of Education Governance

# 教育治理的战略

## 教育治理现代化的未来之路

范国睿 等 ◎ 著

教育科学出版社
·北 京·

# 目  录

迈向教育治理体系与治理能力现代化

导论

现代化的治理体系和治理能力是建设现代化国家的必然要求，国家治理体系和治理能力现代化是现代化国家的实然特征。有了好的国家治理体系才能提高治理能力，提高国家治理能力才能进一步发展和充分发挥国家治理体系的效能。教育治理体系和教育治理能力作为国家治理体系和治理能力的重要组成部分，关涉国家治理现代化的实现以及教育事业的现代化。回顾中华人民共和国成立以来的历程，我们的教育治理体系从无到有；回望改革开放以来的征途，我们的教育体制机制改革取得了突出成就，教育治理能力不断增强。在此过程中，不同层级的政府及其部门之间，政府与学校、社会组织、市场间以及学校领导、教师与家长间，不同教育利益主体就教育权力与利益的合理配置和博弈进行调整。我国教育治理的发展图景可视为一个力图突破规制、以法治赋权、推进协商共治的过程，一个寻求不同教育利益主体间适度张力与激发其活力的过程，一个从规制走向赋能的过程（范国睿，孙闻泽，2018）。

　　然而，教育体制机制仍存在制度性障碍，成为限制或制约教育生机与活力的主要原因（范国睿，2015）。是故党的十八届三中全会以来，我党与时俱进地着手国家治理现代化建设，2019年党的十九届四中全会又进一步规划了国家治理体系和治理能力现代化的总体目标和战略进程，为教育治理现代化指明了政治方向。近年来，我们通过推进教育管办评分离改革，澄清了教育治理的理论逻辑，推动教育治理观念进步、教育治理方式转变，教育治理体系日臻完善，教育治理能力显著提高。2019年《中国教育现代化2035》将推进教育治理体系和治理能力现代化纳入十大战略任务之列，指明这项事务的推进必须坚持党的领导、坚持中国特色、坚持优先发展、坚持服务人民、坚持改革创新、坚持依法治教、坚持统筹推进，对教育治理现代化进一步整体发展的领导、价值取向、方向和方法论等进行了前瞻性的规划。在已有实践的基础上，本研究对接国家治理现代化的顶层设计与《中国教育现代化2035》的发展愿景，对我国教育治理体系和治理能力建设的深入发展进行战略性研究，采取宏观、中观、微观三维联动的战略分析视角，讨论教育治理观念、治理手段、治理体系和治理能力协同发展的优化路径，为我国尽早实现教育治理现代化提供智力支撑。

## 一、教育治理现代化的内涵与特征

实现教育治理现代化的基础是厘清教育治理现代化的基本内涵，尤其要注重这一概念在当代中国语境中的意义。只有与具体的治理生态充分结合才能真正使教育治理现代化从理念走向实践，焕发生机和活力。此外，需整理归纳教育治理现代化的内容结构，明晰教育治理体系和教育治理能力的互动关系，把握教育治理要素和教育治理逻辑，并总结出这项事务的特征，为战略分析奠定坚实的基础。

### （一）教育治理现代化的内涵

现代化是指某种社会形态转变为"现代社会"的过程和结果，包括三个方面的内容：社会人口层面的现代化，个人活动和社会结构层面的现代化，文化领域的现代化。另有学者认为，现代化包容社会结构变化、政治变化、经济变化、生态变化、文化教育领域和知识领域的变化等多方面（德赛，1993：28-32）。无论哪一种观点，都承认现代化是一个综合性的社会变迁过程。其中，人的现代化和文化领域的现代化均指向教育的现代化问题。教育现代化作为现代化的重要组成部分，包括教育类型的现代化、教育要素的现代化以及教育过程的现代化。综上所述，教育现代化是指与教育形态的变迁相伴的教育现代性不断增长和实现的过程。教育治理现代化是教育现代化的重要基础。可以说教育治理现代化是教育现代化的重要组成部分，它是在教育现代化引领下实现教育整体水平现代化的保障和举措。教育现代化的目标和价值追求统领教育治理现代化的目标，同时，教育治理现代化又具有相对特殊的内涵和逻辑，贯串着现代治理精神，采取了有关技术手段，具有相对独立的建设目标。治理现代化追求善治秩序。构建善治秩序，需要治理体系和治理能力并驾齐驱。从这个意义上说，教育治理的现代化是治理体系现代化以及治理能力现代化的综合表征。

1. 教育治理体系的现代化

明晰教育治理体系现代化的概念，首先需要确定教育治理体系的内涵。关于教育治理体系的讨论主要有两类，一种是从制度论的视角来讨论，将治理体系理解为一种制度体系；另外一种是从系统论的视角，将治理体系界定为一种系统。不同学者对治理体系现代化的内涵认识不统一。一些学者试图从现代化的标准和准则出发来阐释治理体系现代化，认为国家治理体系现代化有四条标准，分别是国家治理的民主化、法制化、文明化以及科学化。俞可平（2013）认为治理体系是否实现现代化，主要看治理体系是否达到以下五项标准：①公共权力运行的制度化和规范化，政府治理、市场治理和社会治理有完善的制度安排和规范的公共秩序。②民主化，即公共治理和制度安排都必须保障主权在民或人民当家做主，所有公共政策要从根本上体现人民的意志和人民的主体地位。③法治，即宪法和法律成为公共治理的最高权威，在法律面前人人平等，不允许任何组织和个人有超越法律的权力。④效率，即国家治理体系应当有效维护社会稳定和社会秩序，提高行政效率和经济效益。⑤协调化，现代国家治理体系是一个有机的制度系统，从中央到地方各个层级，从政府治理到社会治理，各种制度安排作为一个统一的整体相互协调、密不可分。关于治理体系现代化的不同认识和讨论，反映了人们对治理体系现代化的美好愿景的期待和对现实治理环境的强力回应。现代化是一个动态的、不断发展的过程（顾明远，2012），其基本的内涵是"变迁与转变"。综上，本研究认为，从制度论和系统论相结合的视角来看，教育治理体系可理解为有关教育治理的制度系统，包括针对不同层级、不同对象和不同行动的治理规范体系。教育治理体系现代化是在教育治理主体从单一走向多元、教育治理方式从控制走向合作、教育治理过程从权力集中走向民主协商的制度设计和发展过程中实现的。具体内涵表现为以下几点。

（1）权力运行体系。教育治理体系现代化必然要求公共权力运行的制度化和规范化。首先，教育治理体系中，政府须向其他主体赋权和分权，处理好政府的主导作用与集权的"双重变奏"。就我国而言，这主要指政府向外部分权，即向学校、社会和市场赋权，主要包括政府向学校"下放"权力、向社会组织"转移"权力和向市场"转移"权力三种形式。在多方共同治理的体制中，政府依然发挥主导作用，充当"元治理"的角色。权力的优化配置不只是分权，也包括集权，政府在分权的同时也要集权。在中国语境下，集权也是提升治理能力、达于善治的必然要求。纵向的集权主要指加大中央政府和省级政府统筹教育发展与改革的力度；横向的集权则是指合理划分同一行政层级中教育行政部门与人事行政部门、党务组织部门、财政部门间的权责，扩大各级教育行政机关统筹教育发展的权限。其次，学校自治与学校内部分权共治。学校自治是指构建新型政校关系，政府简政放权，改变直接管理学校的单一方式，切实落实学校办学自主权，使学校真正成为独立办学主体，能够自主管理、自主办学，最终形成规范合理的权力运行体系。完善学校内部治理体系，实质上是建设依法办学、自主管理、民主监督、社会参与的现代学校制度，强调自治和共治。此二者统一于学校自主办学的实践之中，是学校承接政府下放权力的制度设计。

（2）制度规范体系。制度规范体系是教育治理体系现代化的重要内容，其意义在于将权力运行体系、权力运作方式等上升为规范，通过合法性确认，加强保障实施。教育治理的制度体系由自主办学制度、多元参与制度、集体决策制度等校内外治理制度构成。在各级各类教育治理中，制度规范包括集体决策、执行、监督等；在学校内部，它涉及学校内部治理机构、师生参与学校治理、家长参与学校治理等机制规划。除此之外，社会组织、专业学者等社会力量共同参与教育治理的格局也需要相关制度的规范。

（3）多元协商体系。教育治理现代化体系具有科学化和民主化等特征，这决定多元协商成为教育治理体系现代化的必然要求。民主化的教育治理需要构建民主参与、民主监督和民主协商的新型民主管理模式。从教育治理制度内容来说，政府在教育治理中起主导作用，同时为提升教育决策和执行的科学性、民主性以及教育治理的回应性与效益，必须激发其他治理主体的参与积极性。在民主决策、民主参与和民主监督中都要由多元利益主体共同协商制定决策，发挥集体效力。特别是在学校内部治理体系中，拓宽多元协商渠道，搭建民主参与平台，广泛听取和吸收社区、家长、教师和学生等多元主体的意见，鼓励他们积极参与到学校各项事务中来。

（4）法制保障体系。法治是实现教育治理体系和治理能力现代化的重要标志，其基本内涵是"依良法，达善治"，良法是善治的基础和依据，善治是良法的导向和目标（湛中乐，2014）。坚持依法治教、依法治学。首先，需要加快教育法制建设，适时将成熟的教育治理政策与制度上升为教育法律或法规。其次，基于教育治理的制度创新的合理需求，做好相关教育法律制度的"立"与"破"，进一步推进行政审批制度改革，建立统一公开的程序，规范文件的出台和审查。

再次，构建和完善各个治理主体的行为法制规范体系（张建，2014），加强法治教育，从培养法治意识开始，培养教育工作者、学习者、全体人民的法治思维和法治信仰。

**2. 教育治理能力的现代化**

从治理主体来看，教育治理能力是指各治理主体在治理过程中体现出的能力，具体包括政府、学校、社会等组织单位以及个人的能力；从治理领域和治理内容来看，教育治理能力指的是制度形成能力、制度执行能力、教育资源利用能力以及教育体系规范能力等多方面能力。可以确定的是，教育治理能力的内涵具有高度的复合性。本研究认为，教育治理能力有两方面的内涵：第一，它是指治理的有关制度体系所释放出来的能力。制度所划定的空间是人活动和发挥能力的前提，因而从这一角度来说，制度具有对人和人的治理实践赋能的能力。第二，它是指参与教育治理的多元主体所表现出的各种专业能力和协商共治的能力，如制度和政策的设计能力、理解能力、执行能力，教育资源的整合和转化能力，教育治理活动中的参与、协商、合作、互动能力等。从人和制度互动的关系上来看，制度能够在一定程度和范围内作用于人，限制或提高人的治理能力；人也可以通过制定、修正、废除等方式影响制度的作用能力。通常意义上，人们讨论教育治理能力时，常用的定义是上述第二种，即指人或有关组织在教育治理实践中表现出来的多种复合能力。这种能力贯串于控制和调节自身的治理执行过程之中以及与其他主体的互动之中，是治理主体作用于治理对象时展现出来的具有标准化、制度化、科学化和民主性等时代特征的行为素质。该素质是在与体系的互动中生成的，也是在治理实践中培育出来的。它具体表现为以下几个方面。

（1）科学民主决策能力。教育治理现代化的重要标志在于教育治理主体能够自主地进行科学、民主的决策，它关涉教育治理能力水平的高低和教育治理体系的实现程度。在教育治理的视域中，决策是多主体按照民主协商的原则，在法制框架内，以大数据的合理分析为基础，以民情和民意回应为参照，对有关教育事务的规划与实施方案做出决定的过程。从决策主体来看，教育治理主体的多元化决定了决策主体的多样化，因此，各主体治理能力的高低也相应影响教育决策水平。从决策的过程来看，决策能力作为结果，引导着决策过程，如落实学校自主办学战略、推动信息化驱动战略等，在执行这些战略过程中，都需要提升治理水平，从而提高治理能力。

（2）多主体协商治理能力。多主体参与教育治理是现代教育治理体系的重要表现，协商是落实教育治理理念的理性要求。在教育治理实践中，提升教育治理能力的关键就在于协调利益相关者诉求，形成合力，提高多主体共治能力。首先，各主体要善于合情合理地表达自身诉求，同时具备理解他方诉求的能力，在充分表达、相互妥协的基础上创建对话机制。当前教育中价值多元、诉求多元，治理主体要善用现代化技术手段，对群体的不同利益诉求和价值观念进行整合，促进全社会成员基于"最大公约数"形成共同的观念、情感。其次，教育治理的多元主体要学会协商，能够找到利益共同点，达成合作共识。在此过程中，各主体之间充分对话，共同制定治理规则，注重刚性和柔性的优势互济，达成行之有效的合作方案。最后，在教育治理实践中，在保证多主体自组织运行的过程中，也要强调系统的规范性，要避免因过度强调自由造成的无序行为。

（3）制度执行能力。制度执行能力是有关治理主体对业已形成的制度体系的实现能力。随着教育体制机制改革的深入，学校自主办学制度、社会参与制度等制度体系建设都取得了重要进展。但在实际执行中仍然存在一些问题，如：学校章程存在同质化倾向，其效用难以实现（范国睿，2017a）；学校法人治理结构建设仍处于过渡阶段，仍未实现决策、执行、监督权力之间的相互分离、相互合作和相互制衡（陈婧，范国睿，2018）；等等。如此看来，未必是上述制度设计的创新出现了问题，制度的执行应该获得足够的关注。当前一个时期，进行制度执行能力建设，首先，应该着手于提升治理主体对制度的理解能力，从思想意识上取得突破。其次，应该增强有关主体创新治理方式和模式、善用治理工具的能力。唯有如此，才能切实将教育治理的方案转化为实践。

（4）资源聚集与整合能力。资源聚集与整合能力是教育治理能力的重要组成部分。提高资源利用效率，优化资源产出过程，是治理主体配置资源能力的体现。首先，要优化资源配置方式，提高使用效率。其次，要正确处理公平、效率、效益之间的关系。新时代我国教育发展的突出需求是实现优质教育资源共享，人人都能享受公平而有质量的教育。因此，这也迫切需要将教育公平的理念和制度设计融入资源配置中，重点解决城乡教育资源不均衡等关键问题，同时要善于利用信息化技术手段推进优质教育资源共享。再次，教育治理参与主体的多元性为扩展教育资源渠道、创新教育资源配置方式提供了可能。在此基础上，应增强教育资源聚集、整合和转化能力，着力实现资源的增量和提质。

（5）制度保障能力。新时代，要满足每一个孩子的教育需求，努力为每一个孩子提供优质公平的教育，这就必须提高教育治理能力。首先要致力于提高教育治理的制度保障能力。具体来说，教育治理现代化的实现需要各项教育制度的保障和完善，应当以教育公平为核心，以教育发展为前提，实现制度创新，组建专业的制度审核机构，审视现有的外部主体参与制度、教育评价制度、学校招生制度、学校管理制度、教师参与制度、教师资源配置制度等内外部教育治理制度，对于那些不符合教育治理体系现代化建设、不利于学生成长、不符合教育公平价值取向以及有损于教育管办评分离改革的制度要及时修改和废止。此外，要根据教育改革和学校发展要求，创设有利于实现教育治理现代化的相关制度，切实保障教育治理能力的提高，如家－校－社参与制度、教育技术治理制度等。

## （二）教育治理现代化的特征

教育治理现代化是保障教育系统持续发展的策略与机制，必须采取系统的思维方式，聚合社会群体力量，充分利用群体动力效应，设立群体行动目标，引导并发挥社会群体的正能量，形成社会、政府、学校、家庭、个人的合力。

### 1. 教育治理科学化

教育治理科学化是指在正确的教育思想指导下，按照教育客观发展规律，遵循合适的教育程序，运用科学的教育策略和方法，善于发现、分析和解决教育领域的问题，增强教育治理的科学性（尹达，2015）。实现教育治理现代化的前提条件就是要保证教育治理的科学化，本质是要保证教育治理的正确性。科学化主要体现在两方面，一方面，治理主体要运用科学合理的治理理念、治理思维和治理方法来指导教育体制机制的改革，从而保障教育治理现代化体系的建立。另一方面，教育治理的科学化的突出表现则是教育治理手段和治理方式的科学化，要合理利用现代人工智能技术，搭建治理的技术服务平台，不断促进教育治理主体的能力提升。因此，教育科学化是中国教育改革的正确方向，而教育治理科学化是我国教育治理现代化的前提条件。

### 2. 教育治理民主化

民主是一种政治治理的机制和平衡多元利益格局的程序。森（A. Sen）反复强调：从来没有任何重大饥荒曾经在一个民主国家中发生，不管它是多么贫困（森，2002：43）。达尔看重程序民主，将其分成两个层次：一个是最高标准，即"巩固的民主"，它预设了"一个长期社会化过程的存在，以对大多数公民灌输民主的价值"；另一个是最低标准，即没有出现对制度的合法性的挑战和重要政治团体对于行为规则的系统性违背（达尔，2006：中译本导言 18）。民主作为一种讨论对话与利益平衡的程序机制，也使得贫富、种族等社会矛盾相对缓解。教育治理的民主化要求实现教育的民主化和民主化的教育。一方面要摆脱"教育对民主理念的盲目迷信与过度崇拜"，另一方面需要在民主教育实践中"不断创造教育民主化的条件"（徐祖胜，2011）。教育治理民主化，强调教育决策的制定、教育目的的贯彻、教育策略的落实、教育内容的选定不但要遵循社会发展的现实诉求，更要充分尊重"人性"的发展需要，将社会发展诉求与个人发展需要有机结合，最大限度地保障公民的教育参与权、选择权和发展权（尹达，2015）。

3. 教育治理的效率化

高效治理是教育治理现代化的重要特征之一。治理的高效意味着在教育治理实践中，实现投入-产出之间关系的最优化，实现教育治理过程的效率化和治理结果的效益化。在大数据时代，教育治理不再因为资源和区域的限制而采用经验判断方式。信息技术和智能手段能够突破地区限制，精准地把握不同地区的差异性和个性化需求，对海量数据进行深度挖掘和分析，降低信息流通的成本，提升信息的精准性，从而提高教育治理效率。因而，在考虑教育治理效率的实施策略时，应充分运用现代技术和方式，最大限度地提升治理效益。

4. 教育治理法制化

教育治理法制化是教育治理有关机制稳定运行的保障，是依法治教、依法治校和依法治学的重要举措。在当代教育治理语境中，我国缺少对教育公共治理主体的权利、职责和义务进行明确规定的相关法律，以致教育治理各主体的权利、责任意识模糊不清，各治理主体之间难以就愿景目标达成真正共识，民主、平等、团结、合作的伙伴关系也难以构建与维系。由此导致教育治理的多元主体之间的互动合作困难重重，制度协同作用难以凸显。对于教育治理制度创新的需求，没有及时进行相关教育法律、法规或规章制度的更新或改革，导致教育治理的某些策略行为、制度探索等与现有相关法律制度条文矛盾与冲突。未来要保证教育治理的稳定性，就必须推动教育评价法制化、教育内容法制化、教育策略与方式法制化以及教育目标法制化，确保教育主体在健全完善的法制框架内活动。

## 二、教育治理现代化的价值取向

对我国治理现代化的探讨，不仅需要深入探究国家治理的制度安排、组织设计、机制建构、技术创新等方面的现代化方案，还必须对国家治理的基本理念、价值关系、价值标准和利益指向等基本问题进行审视和反思，从而确立起国家治理体系和治理能力现代化的价值取向。同样，在教育治理现代化建设中，也应该以价值引领改革，深入把握其中的价值目标、价值取向和价值制度，使教育价值导向调整优先于教育治理技术革新。其中，实现教育治理的公共性、人本性、民主性、公正性和法治性是教育治理现代化的价值取向。

### （一）教育治理的公共性

工业化带来了国家和社会、公共领域与私人领域的分化，特别是社会构成要素的多元化、利益要求的多样化，对国家治理提出了公共性的要求。首先"公共利益"从社会各个共同体中被抽离出来，成为国家治理的基本依据，也成为教育治理的核心价值取向。坚持教育治理的公共性，建构公众参与的教育公共治理体系与框架，必须从价值层面、能力层面、组织层面以及制度层面等方面进行深层次的认识与思考。在价值层面，通过深度的思想启蒙与观念变革培育公民的公共精神。政府应通过主动邀请参与、教育信息公开、民意调查等多种方式唤起公众对教育问题的讨论与协商意识，积极引导公众参与教育公共治理，把对民主价值的关心根植于教育治理系统的思维之中，培养民众的现代公民意识。在能力层面，提升公众参与教育公共治理的知识与能力水平。教育理论工作者应担负起教化民众的社会职责，从专业领域走向公共领域，引导公众运用教育基本知识、基本理论、基本原理、基本规律分析教育问题，用理性的力量潜移默化地去变革公众参与教育治理的观念。在组织层面，引导公众由分散的个体参与走向有序化的组织参与。各类教育组织由于其存在于现代社会之中，有着较强的亲和力，与公众的互动关系较为紧密，应该集结社会成员的教育利益，反映公众的教育诉求。在制度层面，通过制度设计提升公众参与的有效性和科学性。完善公民参与的法制体系，明确公众参与的方式、方法、规则、程序等，使公众参与教育治理的一系列活动能够有法可依；制定公民参与的相关政策，细化公民参与事项，明确公众参与教育治理的基本程序；拓展公众参与的渠道与途径，搭建公众诉求与利益表达的平台；利用网络信息平台，与公众进行及时、平等的沟通与对话，引导公众参与走向理性与自觉（韩菊红，2014）。

### （二）教育治理的人本性

习近平总书记在《全面贯彻落实党的十八大精神要突出抓好六个方面工作》的讲话中指出："检验我们一切工作的成效，最终都要看人民是否真正得到了实惠，人民生活是否真正得到了改善，这是坚持立党为公、执政为民的本质要求，是党和人民事业不断发展的重要保证。"并且将"以人为本"聚焦于社会基层的人民群众，"要坚持党的群众路线，坚持人民主体地位，时刻把群众安危冷暖放在心上，及时准确了解群众所思、所盼、所忧、所急，把群众工作做实、做深、做细、做透"。同时，在全国教育大会上，习近平总书记指出要全面贯彻党的教育方针，坚持教育为社会主义现代化建设服务、为人民服务，努力办好让人民满意的教育。因此，在教育治理体系建设中，无论是制定目标、确定实策、执行政策，还是开展评价，都必须强调教育管理人员和教育管理机构对人民负责的责任性与为人民服务的服务性，树立以人为中心的教育理念，并将这一理念和价值贯串教育治理全过程。教育的本质是指导学习者学会学习，教育治理的本质是能够更好地指导学习者学会学习，从而促进指导者与学习者的共同发展，实现个人"人性的解放"和社会"生产力的提升"。因此，现代化的教育治理要充分尊重"人性"的发展需要，将社会发展诉求与个人发展需要有机结合在一起，最大限度地保障公民的教育参与权、选择权和发展权。

### （三）教育治理的民主性

自由是在法律框架下的自主。宏观上来说，教育的主体性要得到教育以外力量如政治的力量、经济的力量等的尊重；从中观来讲，要依法处理好政府与学校的关系，落实好大中小学及幼儿园等的办学自主权；从微观上来讲，要把教学的自主权还给教师，把学习的自主权还给学生（石中英，2015）。因此，民主化的教育治理需要构建民主参与、民主监督和民主协商的新型民主管理模式。民主是一种决策程序，也是一种生活方式。教育治理的民主性，需要挣脱权力专制的束缚和地方保护主义的限制，更需要在教育实践中留给教育对象更多的选择权利，进而实现民主化的教育治理。从治理的主体来看，应当有效发挥政府作为治理主体的作用，充分听取并采纳教育直接受益者和利益攸关者的意见与建议，使其通过平等、协商和共同决策的方式主动参与到学校办学与管理之中，实现民主治教。从治理的实施过程来看，教育治理的民主性需要引入社会组织，充分利用社会力量，发挥社会民主性，尊重和听取社会组织、市场、教师和家长等多元主体意愿，鼓励他们积极参与到学校各项相关事务之中。建立民主管理机制与组织，拓展民主参与渠道，尤其是在学校治理过程中，应当由多主体共同治理，避免政府在学校管理上出现角色错位和行政化的严重倾向，确保教育治理科学化。与此同时，教育治理的民主性还要求在治理过程中实行民主监督。权力的行使必然伴随着监督，随着教育治理体系的逐步建立，社会力量进入教育治理中，就更需要社会对教育的监督，以及相关主体对社会组织的监督。因此，教育治理民主性对政府转变职能的要求主要表现在构建新型政社关系以及构建新型政校关系。构建新型政社关系，是指政府转变公共产品提供的方式，通过开放教育、权力下放，建立全社会共同参与的教育治理模式，使教育真正成为全社会共同的事，而不只是政府的事。现行管理和学校制度如何兼容是个新问题，需要灵活的管理机制和富有弹性的管理制度，不能简单地"一棍子打死"。多元社会主体参与教育治理还包括落实公众在教育决策中的参与权，促进教育决策的科学化和民主化，以及落实公众对于教育的监督和评价权，形成独立于政府之外的有效的教育监督和评价体系，切实改变政府"自说自话"的状态。这就需要更大程度的教育信息公开，建立包括听证会、专业化咨询、第三方评价、对政府的质询和行政问责等一系列新的制度。构建政校分离、学校自主办学的新型政校关系，主要是通过落实学校的办学自主权，建立现代学校制度，形成政府依法管理、学校依法自主办学的局面。在学校内部，涉及落实现代学校法人治理结构，推动师生共同参与的学校民主治理格局。

### （四）教育治理的公正性

促进教育权利的公平、教育机会的公平、教育制度的公平、教育过程的公平，是教育治理体系现代化的价值目标。实现教育公平公正是社会公平公正的基础，同样也是教育治理现代化的首要目标。但我国仍然存在诸多教育不公正现象。一是区域教育资源配置不公正。东西部地区教育发展水平不均衡，学校教育资源和教学资源在区域上呈现出较大的差异性，导致受教育者的教育机会、教育过程和教育质量也呈现出区域上的差异性。二是教育资源配置制度不公平。受到城乡二元体制的影响，政府优先将教育资源分配到城市学校，农村学校得到的教育资源支持相对不足。在教育政策支持以及教育经费分拨上，城市学校呈现出"马太效应"，一定程度上加剧了城乡学校的教育差距。三是不同群体受教育机会的不公平。一方面普通教育呈现出欣欣向荣、日益兴盛的局面，另一方面特殊教育却是门可罗雀，社会弱势群体的教育权利一定程度上受到阻碍。教育公平需要贯串教育的起点、过程与结果，在教育体系建设和教育机制改革中都要体现教育公平。因此，教育治理现代化就是要保证人人都能受教育，人人都能获得公平而有质量的教育，从而营造一个相对公平的教育治理环境。

### （五）教育治理的法治性

教育治理的法治性是指依照法律规范，遵守法治的原则和要求建立教育治理体系，提高教育治理能力，真正保障教育治理的合法性和合理性。推动教育法治，首先，要形成法治思维。国家教育行政机关要依据宪法和法律的授权行使权力，依法推进教育改革和发展，实现宪法和法律所设定的教育改革与发展的目标；坚持依法行政，行政决策和管理措施都要于法有据，以法治思维和法治方式推进教育的改革与发展（翁小平，2014）。其次，坚持依法治教。加快教育法制建设，完善教育法律法规，进一步推进行政审批制度改革，形成统一公开的程序，规范文件的出台和审查；加强法治教育，从培养法治意识开始，培养教育工作者、学习者、全体人民的法治思维和法治信仰（孙霄兵，2014）。再次，构建法治基础。重点做好以下三方面工作：一是适时将成熟的教育治理政策与制度上升为教育法律或法规；二是基于教育治理的制度创新的合理需求，做好相关教育法律制度的"立"与"破"；三是构建和完善各个治理主体的行为法制规范体系（张建，2014）。

## 三、教育治理现代化的战略目标与任务

教育治理现代化始终以"善治"为目标，这意味着教育治理体系要不断完善、教育治理能力要不断提升，从而促进教育事业的现代化。实现这一战略目标，就要在规制与赋能之间寻求合适的张力，既规避威权政府管控过度导致缺乏教育生态活力，又规避放任市场导致的教育乱象。最好的总体目标建构方式就是通过教育法治建设，规范各教育利益相关者的责权利，形成政府依法管理、学校依法自主办学、社会各界依法参与和监督的教育公共治理新格局（范国睿，2018）。

### （一）我国教育治理现代化战略的制定依据

制定战略目标需要以法律政策为导向，以科学理论为准绳，以实践现实为基础，进行全局考虑、谋略选择、重点规划。

1. 法律政策依据

2013年，中国共产党第十八届中央委员会第三次全体会议通过《中共中央关于全面深化改革若干重大问题的决定》，首次在执政党的文件中提出"全面深化改革的总目标是完善和发展中国特色社会主义制度，推进国家治理体系和治理能力现代化"。2014年，中国共产党第十八届中央委员会第四次全体会议审议通过《中共中央关于全面推进依法治国若干重大问题的决定》，明确依法执政是党治国理政的基本方式，以国家治理体系的"法治化"推动国家治理体系的"现代化"，指明运用法治思想、法治方法提升国家治理能力的道路，为全面深化改革提供了法治上的保障。2018年，中国共产党第十九届中央委员会第三次全体会

议审议通过《中共中央关于深化党和国家机构改革的决定》，提出了深化党和国家机构改革的指导思想、目标、原则，明确了完善坚持党的全面领导的制度，部署了合理配置宏观管理部门职能、深入推进简政放权、完善市场监管和执法体制、改革自然资源和生态环境管理体制、完善公共服务管理体制、强化事中事后监管、提高行政效率等优化政府机构设置和职能配置的举措，描画了迈向国家治理体系和治理能力现代化的路线图。2019 年，中国共产党第十九届中央委员会第四次全体会议审议通过《中共中央关于坚持和完善中国特色社会主义制度推进国家治理体系和治理能力现代化若干重大问题的决定》，明确了坚持和完善中国特色社会主义制度、推进国家治理体系和治理能力现代化的总体目标，规定了我国国家治理体系和治理能力现代化的战略进程，包括"构建服务全民终身学习的教育体系"。

教育治理体系和治理能力现代化从属于国家治理体系和治理能力现代化，是国家治理在教育领域的延伸。2018 年，习近平总书记出席全国教育大会并发表重要讲话，就加快推进教育现代化、建设教育强国、办好人民满意的教育作出全方位部署。2019 年，《中国教育现代化 2035》将"推进教育治理体系和治理能力现代化"纳入十大战略任务之列，对相关事务的推进进行了战略部署，并特别强调"党对教育工作的全面领导"，指明了推进教育治理体系和治理能力现代化的前进方向。2019 年，中共中央办公厅、国务院办公厅印发《加快推进教育现代化实施方案（2018—2022 年）》，在"深化重点领域教育综合改革"战略任务中，指出要深化教育领域放管服改革，深化简政放权、放管结合、优化服务改革，推进政府职能转变，构建政府、学校、社会之间的新型关系，推进学校治理现代化。

以上国家治理体系和治理能力现代化的宏观规划为本研究提供了政治方向，教育治理体系和治理能力现代化建设的政策文件为本研究的战略方案设计提供了具体依据。

2. 理论依据

教育治理是教育管理民主化与科学化的内在统一，体现了教育管理现代化的本质要求。教育治理旨在通过向学校和社会组织放权、授权、分权，解决政府教育行政权力过于集中的问题；通过利益相关者的参与，解决多元主体利益表达特别是弱势群体利益表达的问题；通过多元主体的参与，尤其是通过社会专业组织的参与，解决民智集中和决策智力支持的问题；通过强化学校自治，解决政校关系和学校办学自主权的问题（褚宏启，贾继娥，2014）。教育治理具有参与度、回应性、透明度、自由度、秩序、效率、法治、问责、公平、效能等方面的特征，追求教育效能、教育公平、教育自由、教育效率、教育秩序等价值（范国睿，2017b）。

秉承教育治理理论的指导，推进教育治理体系和治理能力现代化，在理论层面，应该以开放的视野、站在全球教育治理的高度来思考问题，汲取国内外有关理论和实践经验，参考先进的教育治理体系设计、治理工具、治理方法、治理策略等战略设计和战略实施，为我国教育治理现代化提供科学的理论指导。从方法论上，推进教育治理现代化战略需要采用教育制度变革的方法论，即以系统性的思维方式，采取统筹兼顾的思路，从重点突破到全面深化，朝着系统设计和建构具有中国特色的社会主义制度体系迈进（范国睿，2018）。

3. 实践依据

我国自 2015 年起开始在北京市东城区教育委员会、上海市教育委员会、浙江省教育厅、青岛市教育局、重庆市江津区人民政府、西北大学等单位进行教育管办评分离改革的综合试点和单项试点，上述单位在"加大简政放权力度，加强和完善政府服务机制""完善监督制约机制，做好事中、事后监管""健全学校自主发展、自我约束的运行机制""推动教育领域去行政化，取消校长行政级别""健全学校面向社会开放办学机制""探索第三方评估，发挥教育评价结果的激励与约束作用"等教育治理改革方面形成了许多可资借鉴的经验。系统梳理这些实践经验、深入分析其中暴露出来的问题和矛盾，有助于丰富和发展有中国特色的教育治理现代化理论，可为在全国范围内进一步推进教育治理现代化的战略提供参考。

因而在实践层面，须立足于我国教育治理建设的现实基础，既要植根于我国的历史传统、文化传统和经济社会发展水平，又要紧扣我国教育治理发展的实际，从中总结提炼经验，针对发展中的现实问题和矛盾考虑解决方案。

### （二）我国教育治理现代化建设的战略目标

《中共中央关于坚持和完善中国特色社会主义制度推进国家治理体系和治理能力现代化若干重大问题的决定》指出，坚持和完善中国特色社会主义制度、推进国家治理体系和治理能力现代化的总体目标是："到我们党成立一百年时，在各方面制度更加成熟更加定型上取得明显成效；到二○三五年，各方面制度更加完善，基本实现国家治理体系和治理能力现代化；到新中国成立一百年时，全面实现国家治理体系和治理能力现代化，使中国特色社会主义制度更加巩固、优越性充分展现。"

《中国教育现代化2035》提出推进教育现代化的总体目标是：到2020年，全面实现"十三五"发展目标，教育总体实力和国际影响力显著增强，劳动年龄人口平均受教育年限明显增加，教育现代化取得重要进展，为全面建成小康社会作出重要贡献。在此基础上，再经过15年努力，到2035年，总体实现教育现代化，迈入教育强国行列，推动我国成为学习大国、人力资源强国和人才强国，为到21世纪中叶建成富强民主文明和谐美丽的社会主义现代化强国奠定坚实基础。2035年主要发展目标是：建成服务全民终身学习的现代教育体系、普及有质量的学前教育、实现优质均衡的义务教育、全面普及高中阶段教育、职业教育服务能力显著提升、高等教育竞争力明显提升、残疾儿童少年享有适合的教育、形成全社会共同参与的教育治理新格局。

据此，对标国家治理体系和治理能力的顶层设计，配合《中国教育现代化2035》的战略部署，我国教育治理体系和治理能力现代化的战略目标可定位为：到2020年，教育治理体系和治理能力现代化取得重要进展，为全面实现"十三五"发展目标作出重要贡献；到我们党成立一百年时，在教育制度更加成熟、更加定型上取得明显成效；到2035年，基本实现教育治理体系和治理能力现代化，教育法治化水平有所提高，政府管理服务水平有所提升，教育督导体制机制发展健全，学校自主管理能力有所增强，现代学校制度改革发挥成效，社会参与教育治理常态化，形成全社会共同参与的教育治理新格局；再到新中国成立一百年时，全面实现教育治理体系和治理能力现代化，使中国特色社会主义制度更加巩固、优越性充分展现。

### （三）我国教育治理现代化建设的战略任务

对标我国教育治理体系和治理能力的战略目标，当前一段时间内，我国应围绕政府转变职能、学校自主办学、社会有序参与三大领域做好制度设计、法制保障和技术支持。

1. 转变政府教育职能，提升政府治理能力

政府在教育治理中起主导作用，实现教育治理现代化战略目标，首先要求政府转变角色，发挥政府在教育治理中的元作用，同时加大简政放权力度，梳理府际教育行政权责，建立与完善政府统筹、府际协商的治理机制，并且实行教育清单管理，提升政府治理能力。

（1）转变政府教育治理角色。在教育改革和教育发展过程中，政府始终扮演关键角色，引领教育现代化的发展。但在教育发展的不同阶段，面对教育改革与发展的挑战，政府的角色也在发生变化。首先，政府在教育治理中要实现从"划船者"到"掌舵者"、从"运动员"到"裁判员"的角色转变，发挥在教育治理中的宏观主导作用，构建合理、有效的公共教育权力分配与制衡机制。要对公共教育权力进行整合与分类，根据权力的类别和性质，将其分配给与之相匹配的组织或主体，以使公共教育秩序得以规范，教育公共服务实现优质供给。制定各种权力的运行、监督制度，以保证各种权力的效用发挥；更要建立完备的公共教育权力制衡机制，防止教育行政部门权力的无限扩张，建立权责匹配、边界清晰、相互制约并接受监督的教育行政权力配置机制。其次，政府要从管理者转变为服务者。传统公共行政和行政管理都强调政府本位，新时代的政府管理要求政府管理方式从管制型转变为服务型。党的十八大报告明确指出，政府职能转变的目标在于"创造良好发展环境、提供优质公共服务、维护社会公平正义"，进而"建设职能科学、结构优化、廉洁高效、人民满意的服务型政府"。党的十九大报告强调，要"坚持以人民为中心。人民是历史的创造者，是决定党和国家前途命运的根本力量。必须坚持人民主体地位，坚持立党为公、执政为民，践行全心全意为人民服务的根本宗旨"，"保证全体人民在共建共享发展中有更多获得感"。这些都突出了新时代教育治理现代化建设对政府提出的新的要求。最后，政府要从人治走向法治。法治化是教育治理现代化的重要标志之一，政府不仅是公共利益

的代表，它还是由一个个鲜活的个体组成的，在政府治理的过程中，政府决策是政府官员个人意志、机构集体意志和人民或主权意志的综合体，不可避免出现人治弊端。因此，政府要树立法治思维，以法治统领教育，推进教育综合改革，加快构建学校依法办学、教师依法执教、社会依法支持和参与教育治理的教育发展新格局。

（2）加快实现政府教育职能转变。《国家中长期教育改革和发展规划纲要（2010—2020 年）》（以下简称《教育规划纲要》）进一步明确以转变政府职能和简政放权为重点，深化教育管理体制改革，提高公共教育服务水平。政府教育治理职能范围包括统筹规划、政策引导、监督管理和提供公共教育服务。在深化教育治理改革的过程中，政府的角色将逐步转为教育发展的规划者、教育标准的制定者、教育经费与条件的保障者、教育服务的提供者、教育质量的监管者以及教育公共性的保护者。实现政府职能转变，意味着也要改变政府教育治理方式，这在历次发展规划中不断得到强调。如《全国教育事业"九五"计划和 2010 年发展规划》提出，"由对学校的直接行政管理，转变为运用立法、规划、拨款、信息服务、政策指导和必要的行政手段等，进行宏观管理，确立和落实学校面向社会自主办学的法人实体地位"。由此可见，政府的执政方式正从自上而下的指令式转变为运用多种政策工具的宏观调控，更加强调职能实现的合法性、科学性、规范性和适切性。同时为切实保障政府教育职能转变，相关法治化工作也在推进，包括理顺府际关系，梳理府际教育行政权责，建立与完善政府统筹、府际协商的治理机制，并以法治化的方式确立各自职责。

（3）实行教育清单管理。实行清单管理，建立清单管理制度是简政放权、建设法治政府的重要措施。一方面，对政府权力进行规范，以清单管理的方式对政府的权力逐条列明，厘清政府权力边界，增强权力透明度。政府对自身权力更加明确，对"管什么""怎么管"有更清晰的定位，可以有效地减少政府越位的现象，使政府职能定位由"全能型""包办式"向"有效治理""适当干预"转变，以倒逼的手段形成政府的良性权力运作机制。此外，还要对政府用权行为进行监督，减少权力的越位和缺位行为，确保权力规范行使。另一方面，清单管理推动政府管理方式从微观管理走向宏观管理，由直接管理走向间接管理，由办教育向管教育转变，由管理向服务转变。而转变管理方式和转变职能的突破口是减少行政审批，进一步加强宏观调控，加强事中和事后监管，更好地履行统筹规划、政策引导、监督管理的职责，更好地为教育消费者提供均等的基本公共服务和平等的非基本公共服务选择机会，更好地为教育供给者提供公平的竞争环境和良好的发展环境，建立健全公共教育服务体系，维护教育公平和教育秩序（范国睿，2017b）。

2. 落实学校自主办学，建立现代学校制度

促进学校自主办学，需要政府简政放权，下放学校办学自主权。这带来的另一个问题是，学校如何运用好自主办学权。这就需要以学校内部治理为抓手，完善学校内部治理体系，建立现代学校制度，将教育治理现代化推进到学校这一微观组织之中。

（1）增权赋能，下放学校办学自主权。学校自主办学意味着学校自主办学的法律主体地位得到确认，学校在法律与制度框架下自主办学权利的实现，学校直接办学责任、教育责任的落实（范国睿，2017a）。《中华人民共和国教育法》中明确规定，各级各类学校拥有按照章程自主管理、拒绝任何组织和个人对教育教学活动的非法干涉的基本权利。尽管学校的法律地位得到确认，但在教育实践中，学校办学自主权并未得到有效保障。即便在教育管办评分离改革后，学校的自主办学情况得到一定的改善，但仍存在诸如"强政府"控制下的学校自主办学空间狭小问题。一方面，学校以教育行政部门为中心，自主办学的意识和能力较为欠缺；另一方面，"全能式"的教育行政部门放权不到位、对学校干预依然过细，学校办学自主权较为受限（魏叶美，范国睿，2017）。因而，学校自主办学的实现首先需要政府切实赋权。另外，学校需要进一步确立自主办学的意识，不断提高自主办学的能力，强化自主办学的责任，自主处理学校内部教育教学事务。具体表现在要扩大学校的人事权、财政经费使用权、自主管理以及教学自主权。同时为切实保障各项权力规范运行，一要建立与完善多元参与的学校事务监督、评价与问责制度，加强学校依法自主办学过程中的事中、事后监管；二要明确监督范围和内容，明确监督主体的职权范围，保障学校办学自主。

（2）完善学校内部治理机制。建立现代学校制度，关键在于优化学校内部治理机制，确保国家权力下放到实处，防止权力误用、滥用、借用，协调不同主体间的关系，建立自我发展、自我管理、自我约束的学校管理体制。其中，以学校

法人治理结构的精神来完善学校内部治理结构对于提升学校治理效益具有积极意义。学校法人治理结构是在学校财产的所有权与占有权、支配权、使用权、收益权等权能相对分离的基础上建立起来的，是这些机构之间相互制衡与合作的权力关系的制度化表现。优化学校法人治理结构的关键在于明确权力的合理配置，有效落实决策、执行和监督三种权力的相互制衡与协调（陈婧，范国睿，2018）。首先，要落实分权机制。学校作为国家放权的代理人，承接了政府所赋予的办学任务。学校要能够在内部实行"二次分权"，将具体的办学自主权下放给相关主体，让最适合的人享有充分的办学自主权，形成决策、执行、监督权力所属相互分离、相互合作、相互制衡的格局。其次，搭建协商共治平台。由于治理主体多元，利益诉求存在差异，在治理过程中难免存在分歧。因此，在现代学校管理中，要完善协商共治机制，搭建各主体利益表达平台，促成各主体的价值共识和行动一致。因此，在学校管理中，要完善学校委员会、教职工代表大会等参与主体利益表达平台，发挥平台的真正作用。学校委员会具有咨询和建议职能、宣传和协调职能、审议和决策职能、评议和监督职能。教职工代表大会作为教职工表达利益诉求、参与学校管理的重要平台，应当进一步规范职责，并将代表提出的问题认真落到实处；切实发挥教职工代表大会的听证作用，在学校出台有关的政策措施前，通过教职工代表听证会的方式，深入了解教师的意见和建议，并据此对政策措施进行调整、修改，增强教师的心理认同感，保障其贯彻执行。同时还要发挥学生参与作用，为学生提供参与平台和机制。再次，加强教育问责机制。多方参与、系统治理的内部治理结构形成的同时，更需要完善的问责机制来保障权力行使的合理性和规范性。在学校管理中，一方面，完善学校内部治理主体问责制，形成校长、中层领导、教职工和学生完整问责链；另一方面，对学校各项事务进行问责，并且要充分发挥学生及其家长的问责作用，提升问责质量和水平。

3. 优化社会组织参与环境，完善社会组织参与机制

随着改革深入，社会成员要在继续发展和完善自身的同时，逐渐进入"公域"之中，并与国家形成良性的互动关系（邓正来，2008：4-5）。在推动改革的同时，政府也需要加速转变职能，主动逐渐撤出不应干涉的社会领域；社会成员则充分利用改革的有利条件和契机，有意识、理性地参与到教育治理之中。

（1）拓展社会组织生长空间，积极培育社会组织。社会组织对教育治理的参与建立在政府让渡一定的社会空间的基础之上。首先，要理解社会组织的生存空间，不仅要关注社会组织的实体和制度空间，而且要关注社会心理空间和虚拟网络空间以及二者与实体制度空间的整合与平衡。其次，完善法律法规和政策制度。制定和完善系统性的社会组织准入、资质审核、内部管理机制、自我监督、社会监督、事后评价的制度，以制度建设推动社会组织发展；制定出台"社会组织法"，明确社会组织作为重要社会治理主体的地位，确立社会组织自立、自管、自治的基本框架，确立社会组织监督管理的基本内容和方式，确保社会组织依法自主开展各项活动。再次，通过建立合理的监管法律法规与制度规范，实现监管重心由事前监管向事中和事后监管转移；优化监督监管体系，建立健全全社会监督社会组织的渠道和手段，动员社会公众监督。此外，在教育治理大背景下，应该营造一种鼓励参与的良好氛围，使得包括社会组织在内的多元主体积极参与教育事务。政府要加大对教育社会组织的投入，同时拓展教育社会组织的筹资渠道，政府要支持和引导民间力量为教育社会组织提供人力、物力和财力的支撑。此外，政府还可以通过相应的制度安排，鼓励金融机构在风险可控的前提下为符合条件的教育社会组织提供信贷服务。

（2）建立健全社会组织参与机制。教育改革的系统性和复杂性要求改革主体广泛参与到教育中，而社会组织参与的形式大体可以分为三类。一是"补偿式"参与。这种形式的参与主要是围绕教育中的弱势群体展开，目的是改善未享受或未及时享受国家教育改革红利的群体的教育处境，使其获得与其他群体同等水平的教育机会或发展机会。但与国家力量相比，这类社会组织并不具备改善多数人教育处境的能力，而只是担当协助者的角色，主动配合教育行政部门改善少数人的教育状况。二是"市场式"参与。在市场经济条件下，个体或组织都会有一定的利益诉求，无论是经济利益、家庭利益还是组织利益，它们都以获取市场价值为目的参与教育，这种参与的主体通常是企业或专业类组织，它们依靠自己提供的产品或专业服务获得一定的经济利益。三是"行政式"参与。一些组织或个人也希望得到政府的支持，借用体制资源促进自身的发展。这三种参与形式彼此之间并无明显界限，只是侧重点不同。它们参与的目的不同，参与的形式多样，但都对教育的不同方面给予一定关注，有效地补充了政府没有关注到或者暂时没有能力关注的教育群体或方面（杜明峰，范国睿，2017）。因此，政府有责任为社会组织提供参与渠道和参与平台。2015 年《教育部关于深入推进教育管办评分离促进政府职能转变的若干意见》也明确指出，要支持专业机构和社会组织规范开展教育评价，"大力培育专业教育服务机构，整合教育质量监测评估机构，完善监测评估体系，定期发布监测评估报告。扩大行业协会、专业学会、基金会等各类社会组织参与教育评价。制定专业机构和社会组织参与教育评价的资质认证标准。引入市场机制，将委托专业机构和社会组织开展教育评价纳入政府购买服务范围"。

## 四、实现教育治理现代化的战略路径

中国特色社会主义教育思想从理论到付诸改革实践的过程中，教育战略是重要一环，更是决定全国教育事业发展走向的"控制中心"。它是国家在一定阶段对教育事业发展进行的总体规划、战略选择、重点关注，是对全国教育事业发展作出的具有全局性、方向性和预见性的综合考虑、宏观考虑与重点考虑。要围绕教育治理体系建设、教育治理能力提高，深化教育领域综合改革；通过深化教育领域综合改革，实现教育事业科学发展；通过教育事业科学发展，更好地促进教育公平、优化教育结构、提高教育质量；通过促进公平、优化结构、提高质量，更好地为打造中国经济升级版、全面建成小康社会提供坚强有力的人才支撑和智力支持（袁贵仁，2014）。处理好教育治理过程中的分权与赋能之间的关系，激发教育利益相关者参与教育的积极性与创造性，同时，设计好防止教育失序、持续激发各方教育活力的保障策略。

如图 0.1 所示，实现教育治理现代化的总体战略路径可分解为多项相互联系又各有侧重的子战略。第一，实现教育治理理念现代化，发挥价值引领作用，确保教育始终处于优先发展的战略地位，同时树立终身学习理念，引领学习型社会的建立。第二，优化教育治理体系，推进教育治理结构现代化，大力贯彻学校自主办学战略和多元参与战略，推进分类管理战略的实施。第三，实施提升教育领导力战略，提高政府教育治理能力，执行标准规范战略和规划引领战略，确保教育治理能力的稳步提升，实现教育治理能力现代化。第四，要完善教育治理支持机制，坚持依法治教战略，以法治保障教育治理现代化的实现，同时重视现代信息技术对教育治理的服务能力，推动全球教育治理的开展与实施，最终实现教育善治。

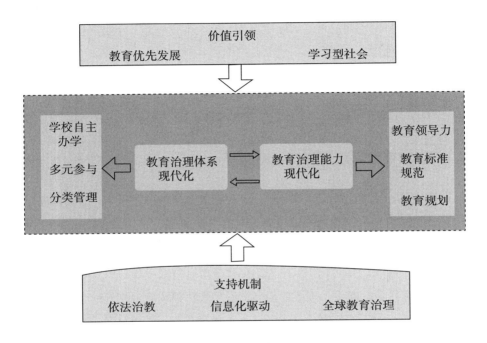

**图 0.1　教育治理现代化的战略路径设计**

## （一）发挥价值引领作用，奠定教育治理现代化的理念基础

治理的变革不只是一种技术层面的变化，更深层的观念的转换是必要的。而教育治理的变革不仅要讨论治理观的变革，还要以教育观的变革为立足点，其中，有关教育价值的意识理念是实现教育治理现代化的思想基础。

### 1. 坚持教育优先发展战略

坚持教育优先发展，才能突出教育治理在国家战略中的基础性作用，才能获取改革的合法性并汇聚制度变迁的资源支撑。强国必先强教，将教育摆在优先发展地位，对建设社会主义人力资源强国、实现教育现代化具有决定性意义。首先，加强教育优先发展的思想认识。党的十八大以来，以习近平同志为核心的党中央领导集体高度重视教育事业的发展，将优先发展教育事业提到一个历史的新高度。教育优先发展不仅要发展各种类型的教育，还要着力提高国家的创新能力，解放和增强教育活力。全面贯彻立德树人目标，促进学生全面发展。其次，优先配置教育资源，优先规划教育发展方向。深化教育体制机制改革，大力促进学前优质普惠发展，建立优质公平的基础教育，深化产教融合，不断完善职业教育体系，促进特殊教育融合发展，加快高等教育内涵式发展，实施民办教育分类管理，凸显并巩固教育优先发展的地位。最后，教育财政投入是教育优先发展战略的保障。重视教育，投入为基，坚持教育优先发展，必须继续将教育作为财政投入的重点领域。

2. 落实学习型社会建构战略

从国家教育战略的整体视角来看，学习型社会的建构与教育治理现代化的建设之间是互为表里的关系。学习型社会作为一种未来教育的走向，与教育治理的"善治"目标一致，共同为教育治理提供智力支撑。同时，学习型社会以教育治理现代化为基础。在实践中，二者必须并行推进、互为助力。构建终身教育体系是建设学习型社会的制度基础，从教育方面来说，终身教育体系建设包括社区教育、教育培训、继续教育、远程教育等，以及这些教育与学校教育、非正式教育与正式教育、非学历教育与学历教育之间的衔接与沟通，形成多种类型、多个层次以及多种形式相结合的复合型教育结构体系。终身教育制度建设包括课程资源、教师队伍、教学制度、评价制度、教育财政、教育法治等，这些是学习型社会构建战略的主要方面，直接影响着人们的学习动力和学习效果。学习型社会的建设和发展为教育治理提供了新的背景，也提出了新的要求。未来社会不同群体的教育利益有所分化，特别是在终身学习视野下，教育领域中的单一性、单向性被打破，受教育者和教育提供者都会存在多种形式和类型，必须协调和平衡好各利益主体间的关系。因而要进行终身教育发展战略规划，重视政府的沟通协调与公众的非集权式参与，使规划内容能够集思广益，能够广泛地反映利益方需求；要通过构建国家资格框架，建立和拓宽终身学习的立体交叉流通渠道，建立学分认证、积累和转换制度，统一各种学习成果的认证过程和等级，便于社会成员的职业流动。同时，从中央政府到地方政府层面，要不断推进终身教育规划的制定与落实，加强立法工作，在地方立法经验基础上，探索建立终身教育制度规范运行的国家保障体系。此外，社会组织也应广泛参与到终身教育和学习型社会的建设之中，不仅为学校教育提供资源，而且为丰富非制度化、非正式教育提供广阔源泉。

### （二）优化教育治理体系，推进教育治理结构现代化

随着教育治理现代化的深入推进，制度设计成为实现教育治理现代化的关键。优化教育治理制度体系内容，需要进一步落实学校自主办学战略和多元参与战略，保障学校能够获得自主发展的空间，也让多元主体参与到教育事务的治理之中，完善教育治理多元参与制度。此外，深化分类管理制度改革，是提升治理制度效率的必要手段，有利于有针对性地推进政府管理和服务，更精准地指导不同的办学主体自主发展。

1. 落实学校自主办学战略

自十八届三中全会起，随着管办评分离的改革实践，政府制定权力清单，逐步将办学自主权下放给学校。学校要能够正确"用权"，在依法办学和自主办学的基础上，制定适宜学校发展的章程和规划，构建内部民主管理的各项机制，并为多方利益主体参与学校事务开辟渠道。"放权"是前提，"用权"是关键，有了"放权"和"用权"，还需"限权"，这样才能避免陷入"一放就乱，一管就死"的恶性循环。"限权"主要是要构建学校内部自我约束机制，如在学校开展自评自查自纠制度，将重大事项以办学年报、办学情况年报等形式公开，也包括政府或受政府委托的社会中介组织对学校的监督和评估。内外部监督机制的形成是规制学校权力运行的有效路径。教育治理体系下的学校自主发展是学校内部治理体系的关键组成部分。作为教育治理体系中的重要主体，学校一方面要对外扮演好自身的角色，依法自主办学，成为教育治理的有效推动力；另一方面，多元主体共同参与到教育治理中，学校需要协调不同主体间的利益关系，充分保障每一主体的切身利益，畅通参与渠道和沟通机制，保障弱势群体话语权，推进学校内部民主管理。综上，落实学校自主办学战略，推动学校自主发展，需要以发展规划战略为前提，为学校发展描画蓝图，指明发展的目标和方向；以教师发展战略为支撑，为学校治理提供人力和智力支持；以课程创新战略为载体，建立适合学校发展的课程体系，为未来人才的培养基奠；以特色发展战略为目标，形成独具特

色的学校发展模式，提高学校竞争的综合实力。

2. 坚持多元力量参与战略

从 2010 年的《教育规划纲要》到 2013 年的《中共中央关于全面深化改革若干重大问题的决定》，乃至党的十九大后的各项教育政策文件，以各种表述来体现这一理念的做法已经成为一种常规，如"鼓励社会力量兴办教育""政府宏观管理、学校自主办学、社会广泛参与""建立多元参与的协同治理新机制""推动社会参与教育治理常态化"等，都表达了这样的理念。由此可见，多元力量参与教育是教育治理体系和治理能力的内在要求，同时也是实现《中国教育现代化 2035》目标的重要内容。首先，坚持价值理念普及策略，对教育治理主体多元化、权力多中心化、结构扁平化、契约关系等理念进行深入阐述和讨论（王晓辉，2007），要让各个利益主体确认自身的权利和责任观；要从法律和法规层面对教育治理实践中的权利和责任进行明确规定，建构明确的法律依据。其次，坚持深化体制机制改革战略，为推进多元力量参与教育治理提供渠道，释放权力空间，加快政府教育职能转型，建设服务型政府，为多元力量参与释放更多自由流动的空间和自由流动的资源，激发教育治理活力。此外，无论是个人参与还是组织参与，提高自身参与能力是教育治理的关键。因此，要加强各类组织的专业性建设，推进教育质量的提升。

3. 推进分类管理战略

涂尔干（E. Durkeim）等提出分类是将各种事物、事件以及有关世界的事实划分成类和种，使之各有归属，并确定它们的包含关系或排斥关系的过程（涂尔干，莫斯，2012：2）。教育分类管理就是指人们为了更好地认识、研究和引导教育发展而将教育系统划分成不同的类型和层次，从而确定各子系统和各要素之间相互关系的过程。《教育规划纲要》对高等教育发展提出明确要求："优化结构办出特色。适应国家和区域经济社会发展需要，建立动态调整机制，不断优化高等教育结构。""促进高校办出特色。建立高校分类体系，实行分类管理。"《国家教育事业发展"十三五"规划》也明确提出："调整高等教育结构。推进高等教育分类发展、合理布局。推动地方开展高等学校分类管理改革试点，以人才培养定位为基础建立高等教育分类体系，研究制定高校分类设置、分类指导、分类拨款、分类评估等制度，努力形成高等学校科学定位、特色发展的局面。"这些政策设计都为教育分类管理提供了依据。在新阶段，我国教育领域要积极推进分类管理，尤其是在民办教育和高等教育中积极推广。在推进民办教育分类管理上，需要人们转变观念，公正对待公立学校和私立学校。地方政府也应担负起相应责任，积极稳妥地推进分类管理，并且要完善治理，积极落实新法新政。在高等教育分类管理上，要积极借鉴国际上的权威分类方法，让各种类型和各种层次的学校都能够获得良好发展。同时要完善高等教育分类的保障体系，建立健全等级制度设计，确定资源分配机制，完善高校评估体系，鼓励社会各界参与。

### （三）加强教育治理能力建设，提升教育治理现代化水平

教育治理能力作为教育治理现代化的重要一极，是衡量教育治理现代化水平的重要标准。首先，要提高教育领导力，政府在教育治理中扮演"元治理"角色（褚宏启，2014a），是"领导者的领导者"，治理视域下的教育行政领导力表现为愿景规划、规则制定、目标确定和行动协调，兼顾"元治"与"共治"是政府教育领导力发展的应有之义。此外，学校的领导力提升工作也应提上议程。校长、教职工、学生等是学校这个微观层次治理单位的具体行动者，理应开展针对这些主体的领导力提升工程，促进学校办学效益的提高。因此，提升教育领导力是推进教育治理能力现代化的关键。其次，还须确立教育标准规范战略，发挥教育标准的基础性、战略性、引领性作用，以标准促进步。最后，坚持教育规划引领战略，发挥教育规划的宏观指引作用，在社会事业整体格局中突出能力为重的战略价值。

#### 1. 坚持教育领导力提升战略

教育领导力提升战略，主要针对政府（依法行政）和学校（自主办学）两大类主体。概而言之，教育治理现代化所需要的领导力并不是以命令和控制为取向的权威式领导力，它要求我们在构建"水平关系"（horizontal relationships）的过程中培育系统领导力。这种领导力包括设定方向和目标、构建行动的联盟、吸纳各方的深度参与和委身、以团队开展工作、建立共同体等（Townsend，2016）。为了培育这样的领导力，政府需要解放思想，从传统"管治者"向现代"治理者"转变；需要提高"管"的水平，厘清"管"的内容，划清政府、学校、社会和市场等多元教育治理主体之间的权责关系，改进"管"的方式，做到从微观管

理走向宏观管理，从过程管理走向事后管理，善于运用法规、规划、标准、规
则、财政、信息服务、事中和事后监管以及必要的行政手段等引导和支持学校的
发展，并且以信息化带动"管"的现代化，促进教育治理过程的透明化（杨银
付，2014b）；需要提升专业能力、注重实践反思、建设学习型政府，提升教育
治理专业知识的生产组织能力，以及调动各方运用知识参与治理实践的能力；需
要努力搭建平台、促进合作伙伴关系的营建与维系。除政府外，学校是教育治理
体系的重要组成部分。提升学校教育领导力，首先要发展学校组织中校长与教师
的领导力，着眼于提升校长的个体素质和教师的综合素养。其次要专注改善学校
的组织与环境支撑，既要从国家层面建立以专业标准为本的培训质量评估体系，
提升学校教育领导者的治理能力；也要明确实现学校教育领导力提升所需的规章
制度，充分激发教师工作动机，为激发教师工作能力提供制度上的保障，倡导合
作办学的学习文化，形成协商合作的学校文化氛围，在学校内部形成一种教育合
力，为促进校长和教师发展营造良好的环境。

2. 实施教育标准规范战略

标准化是现代化的标志之一，教育标准化也是推进教育治理现代化的重要路
径。教育治理体系表现为一套比较成熟、比较系统的制度，如法律法规、管理章
程、行为规范、活动守则等，将各种教育事务程序化、制度化，而教育标准正是
一种尺度和依据，将各种教育常规形成制度安排。因此，推动教育标准建设也就
是推动教育治理体系建设。实施教育标准规范战略，第一，要建立国家教育标准
体系，从宏观上为教育标准规范战略的实施提供政府保障。聚焦提高教育标准制
定或颁布主体的层级（国家教育标准体系研究课题组，2015）；强化软件类教育
标准，适时修订与动态调整教育标准，并强化教育标准的法治化建设。第二，要
促进教育标准体系互补，推动国家标准与地方标准相结合、定量标准与定性标准
相结合，尤其突出底线标准与弹性标准相结合、综合标准与单项标准相结合。第
三，要加强教育标准的基础性建设，一方面加强教育标准化人才培养，另一方面
加强标准化管理，加强信息化生态建设。第四，要提高教育标准化的国际化水
平，积极参与到教育标准的国际规则制定及国际活动中去。第五，要增强教育标
准服务能力，不仅要优化教育标准的研发咨询服务，完善巩固教育标准的实施过
程决策咨询服务，同时更要完善教育标准的监督诊断服务以及加快建设教育标准

服务机构。

3. 树立教育规划引领战略

在教育治理现代化的进程中，主动制定具有前瞻性的发展规划，可以有效促进教育系统的整体发展。要用专业智慧引领科学的战略规划，采用专业方式强化规划的前瞻性。同时要在社会事业发展整体格局中凸显教育的战略价值，立足于社会发展需要确立教育事业的发展思路，让教育发展与社会事业发展之间的良性互动有更好的专业保障。制定科学的教育规划，首先，要通过科学调研明确规划发展方向，并在充分调研基础上，总结当前发展现状和存在的问题，进而凝聚各方智慧，共同协商制定阶段性的教育发展指标体系。其次，要在系统格局中聚焦发展重点，力求让教育规划设计的诸方面能够相互协调，促使整个教育系统有机运作。再次，要完善制度设计，保障各单项政策或单项制度之间相互兼容、贯通，由此产生互补和互相支持效应，提高规划整体效能。当前我国社会主要矛盾已经转化为人民日益增长的美好生活需要和不平衡不充分的发展之间的矛盾，我国教育也已进入新阶段，与此相对应，教育发展规划也应体现新的价值趋向，聚焦新问题，为地方或学校的教育系统发展确立具有前瞻性的发展指标和相关资源及行动举措。此外，在新的发展阶段，教育发展规划需要着眼于优质教育的实现，通过多元主体参与共治来调动各类治理主体的创造性和主动性，深化教育体制改革力度，提升教育发展活力，引领教育优质均衡发展。

## （四）完善教育治理支持机制，增强教育治理现代化保障

依法治教是教育治理的首要支撑，它能够为治理改革提供合法性，为治理实践提供引导和稳定支撑。因此，需要坚持贯彻依法治教，加强教育法治保障。信息化是教育治理现代化的有力支撑，能有效支持教育体系运作优化、精细治理、即时响应的能力提升战略。实现教育治理现代化，需要在依法治教的基础上，创新教育治理手段方式，实行信息化驱动战略，同时运用国际化手段，开展全球治理，积极推动以全球教育治理为特征的教育国际化战略，为实现教育治理现代化提供全面的机制保障。

1. 完善依法治教战略

现代法治为国家治理注入了良法的基本价值，包括秩序、公正、人权、效

率、和谐等，而这些也是教育治理的基本目标和特征。法治蕴含着对治理的功能释放机制，通过法治可以创造出现代化的国家治理体系并提升国家的治理能力。治理包含多元民主、公共参与、平等公正、透明高效等价值含义；法治与治理内涵的交融衍生出"良法善治"，而"良法善治"也是教育治理现代化的基本要义。教育治理现代化要求教育公权力的运行必须法治化、制度化、规范化。政府、学校和社会在教育治理方面拥有完善的制度安排和规范的公共秩序。因此，以法治的要求进行教育治理是应有之义。依法治教是推动实现我国教育治理体系和治理能力现代化的重要战略，也是依法治国、建设社会主义法治国家的治国方略在教育领域的具体落实。坚持依法治教，要求完善教育法律体系，做好教育法律的前瞻性规划设计，提高教育立法的科学性与规范性，重点完善突出领域的教育法律制度，加快制定"学校法"以规范学校治理行为。此外，还需坚持依法行政，建立健全行政执法及监督体系，加强行政执法的专业化队伍建设，创新依法行政工作机制。依法治教归根到底要落实到学校层面，进行依法治校。这需要建设基于学校章程的现代学校制度，优化现代教育改革发展的生态环境，依法尊重和保护师生合法教育权益，并加强各级各类学校人员的法治教育，提升各主体的法律治理能力。

2. 实施信息化驱动战略

新兴信息技术为促进教育资源配置、政府角色转换、教育治理和发展模式转型等带来极大的机遇，它在教育治理观念、内容、手段及教育效果等诸多方面进行全面渗透，从而能够较好地解决人民日益增长的优质教育需要和不平衡不充分的教育发展之间的矛盾。信息技术手段能够全面实时采集、分析大量的教育教学信息，提高教育行政管理效能；能够实现教育信息最大限度的公开透明，促进教育的公平公正；能够实现政府、学校、社会的及时互动，为社会服务、社会监督提供平台（刘传铁，2014）。教育管理信息化建设的新目标是推进教育治理的现代化。新兴信息技术嵌入应用为推进教育职能部门的整合优化提供了新路径。借助于新兴信息技术促进管理信息化，政府可以通过赋权广泛吸引、激发社会力量参与教育，促进参与力量多元化，提升基础教育协同治理能力。新兴信息技术的嵌入应用也为提高教育治理效率提供了重要保障。传统的教育治理方式通常通过部分抽样或区域试点来积累经验，在此基础上总结提炼再进行推广，可视为基于一种经验的推断。而在信息技术的支持下，大数据可使教育治理以"全样本"数据分析为基础，实现从经验预判到数据预测的飞跃，促使教育治理更科学化、更人性化、更智能化、更个性化（刘来兵，张慕文，2017）。因而，信息化可促进治理模式再造，实现治理过程的扁平化发展，促进教育治理模式更新。在智能时代，教育大数据依托互联网平台，在指导治理机制运转过程中，更加凸显决策的前瞻性和灵活性。信息技术的有效传递可缩减信息传递周期和成本，从而培育基于大数据证据的新型治理模式，使有关治理活动由静态转变为动态，增强回应的及时性。基于上述优势，开展信息化驱动战略，是推进教育治理现代化的必要路径。这就要构建强有力的技术保障，规范引导国家数字教育资源公共服务体系建设，确保数据安全，同时提高教育行业数据管理与决策支持服务能力，提高治理效率，并进一步推进教育数字化资源整合，促进资源和信息共享。同时，构建强大的组织体系和相应制度，形成多方参与的组织机构，建立适应智能化时代的法律法规体系，开展信息技术合作，建立监管体系，共同应对风险挑战。最后，积极培养创新人才，使得教育治理专业化人才具备良好的信息素养。

3. 实施全球教育治理战略

实施全球教育治理战略，是配合我国对外交往大局的必要举措，也是我国教育深入发展的历史性需求。作为国家大战略统筹之下的子战略，设计全球教育治理战略必须通盘考虑经济、科技等其他国家战略，如此方有利于实现服务国家利益的目的。同时，还必须基于教育立场，在全球教育治理的国际视野中考虑我国的教育治理现代化问题。这一战略的实施将我国教育治理划分为国内和国际两个大局。实际上，两者之间相互支持与配合，在治理逻辑、治理方式等方面具有普遍的共性。实施全球教育治理战略，需要继续深入、扩大教育国际化战略，通过留学与引智，协同创造与分享国际教育资源，扩展人文交流平台。在教育交流过程上，新时代的全球教育治理战略要扎根中国，立足本土，向国外讲授中国故事，传递中国教育经验。在价值方面，着力打造世界性的教育共同体，贯串人类命运共同体的价值精神，以超越种族、文化、国家与意识形态界限的视野来看待问题，寻求共同价值；推动国家和组织行为体在平等和相互尊重的基础上共同开展治理活动。在治理机制上，除发挥高层引领作用外，进一步挖掘各地方、各部门、各类组织和群体的潜力和资源，鼓励专业化、国际化的社会组织和民间力量参与具体项目运作。在当前国际形势下，我国应深入参与和推动国际教育政策、规则、标准的研究和制定，逐步搭建起高层次的国际教育交流合作与政策对话平台，扩大我国在国际教育规则制定中的话语权。

# 第一章

# 优先发展战略

教育推动民族振兴和社会进步，是提高国民素质、促进人的全面发展的根本途径，在现代化建设中具有基础性、先导性、全局性的作用。教育治理体系和治理能力现代化是教育现代化的基本构成部分，对于教育的可持续发展具有关键的支持作用。强国必先强教，优先发展教育，提高教育的现代化水平，尤其是教育治理的现代化水平，对实现全面建成小康社会的奋斗目标，建设富强民主文明和谐的社会主义国家具有决定性意义。党的十八大以来，教育战线落实党中央、国务院决策部署，改革创新，真抓实干，教育事业取得历史性成就，总体发展水平跃居世界中上行列，为提高国民素质、促进经济社会发展作出了重要贡献。党的十九大报告描绘了中华民族伟大复兴的宏伟蓝图，明确提出把人民对美好生活的向往作为奋斗目标，将教育列为民生之首和中华民族伟大复兴的基础工程，以"优先发展教育事业"为主题句，描绘了新时代中国特色社会主义教育工作的主要方向。纵观历史的发展，优先发展教育是对邓小平教育优先发展思想的继承和发展，更是破解新时代教育主要矛盾的迫切需要。在全面建设社会主义现代化国家的新时代，回应人民对更好教育的期盼需要在优先发展教育的征程中处理好普及、公平、质量、效益等的关系，需要借助教育治理的现代化推进相关工作的开展，也需要以优先发展的定位支持教育治理体系和治理能力的现代化建设。

# 第一节　教育优先发展战略的历史演变

　　党的十八大以来，以习近平同志为核心的新一代党中央领导集体高度重视我国的教育事业，坚持把教育摆在优先发展战略地位，对教育工作作出一系列重大决策部署，扎实实施教育惠民举措。教育战线也积极落实党中央、国务院决策，改革创新，真抓实干，我国教育事业取得了突破性进展，显著成就表现为三点：教育事业全面发展，教育公平状况不断改善，中西部和农村教育明显加强；教育改革开放持续推进，关键领域改革取得重要进展，依法治教开辟新的局面；教育质量和水平显著提高，教师队伍建设不断加强，教育更好适应现代化建设需要（陈宝生，2018）。当前，我国教育发展的总体水平跃居于世界中上行列，教育为社会主义现代化建设提供有力的人力和智力支持。纵观国际历史发展的脉络，1989 年教育先行观的传播促使各国将优先发展作为本国教育发展的战略，一些国家取得了显著成果。聚焦我国教育发展的历程，教育优先发展是改革开放以来党和国家始终坚持的发展战略，我国从一个解决教育机会问题的教育大国，逐渐转变为追求教育质量的教育强国，愈加体现优先发展教育的重要性。

## 一、从教育先行到教育优先发展

　　1972 年，联合国教科文组织出版《学会生存——教育世界的今天和明天》，明确提出了"教育先行"的观念。"多少世纪以来，特别在发动产业革命的欧洲国家，教育的发展一般是在经济增长之后发生的。现在，教育在全世界的发展正倾向先于经济的发展，这在人类历史上大概还是第一次。"（联合国教科文组织国际教育发展委员会，1996：35）教育能够先行的一个重要因素是"教育预见"，为了适应社会的飞速发展，"教育在历史上第一次为一个尚未存在的社会培养着新人"，各国开始意识到人力资本对经济社会发展的巨大推力。随着教育先行观的不断推广，各国陆续在优先发展教育的战略上达成共识。教育先行在世界范围内的表现有两点：一是教育的发展先于经济的发展。经济发达的国家（美国、日本等）早就做了这样的尝试，部分发展中国家尽管国内资源有限，人均收入极低，却依然在努力普及基础教育、扩大中等教育。二是教育在各社会事业中的财政分配比例高。例如，1968 年全世界的军费金额达 1.82 亿美金，而教育支出紧随其后，单单教育部门的公共经费就高达 1.32 亿美金，还不算私立学校的开支以及其他部门的培训经费等。也就是说，教育优先发展不仅意味着教育要先于经济超前发展，还要求在同一时期的同等条件下，教育要优于其他行业得到先行发展。日本是优先发展教育并获得经济腾飞的典型国家，第二次世界大战（以下简称"二战"）以后，日本几乎失去了全国四分之一的经济积累，但在战前积累起来的高素质国民的知识和技能有力支撑了经济发展，国家实力迅速恢复，成为"亚洲四小龙"之一。

随着世界范围内教育意识的不断增强，我国也逐渐认识到国与国之间的差距实际上是科技与人才的差距。20 世纪 70 年代教育先行思想开始引起我国学术界的关注，尤其是在 70 年代后半期，邓小平多次发表讲话，反复强调教育的重要性。80 年代以后，我国经济与社会各个方面的发展非常迅速，经济的发展为教育的发展提供了坚实的基础，同时也对教育提出了新要求。1986 年，国家教委主任李鹏在第十三次全军院校会议讲话中肯定了"教育要先行"的提法（朱天利，1986）。

## 二、从教育大国到教育强国

"在教育优先性的考量中，教育生存问题是先于教育发展问题的。"（曲正伟，2009）关于"优先发展教育"的理念，很容易让人只考虑"优先"和"发展"，这样会直接掩盖教育自身的生存问题，在没有解决生存问题的前提下要求发展，是一种没有根基的发展。

1985 年，邓小平同志在全国教育工作会议上指出：我们国家，国力的强弱，经济发展后劲的大小，越来越取决于劳动者的素质，取决于知识分子的数量和质量。也正因如此，学术界普遍认为邓小平是我国教育优先发展的主要推动人。江泽民同志提出了人才资源是第一资源的重要思想，希望我国能从一个人口大国变成人才资源强国。2010 年，胡锦涛同志在全国教育工作会议上明确提出了教育强国的思想，并指出："推动教育事业在新的历史起点上科学发展，加快从教育大国向教育强国、从人力资源大国向人力资源强国迈进，为中华民族伟大复兴和人类文明进步作出更大贡献。"

纵观教育发展的历史，教育大国到教育强国建设是一项系统性工程。新中国成立之初，我国有 4 亿多人口，全国学龄儿童的入学率只有 20%（钟祖荣，2009）。《国家教育事业发展"十三五"规划》显示，"十二五"期间，学前三年毛入园率为 75%，九年义务教育巩固率为 93%，高中阶段教育毛入学率为 87%，高等教育毛入学率为 40%。改革开放初期，教育领域经历了"拨乱反正"，恢复高考、出国留学奏响了中国开放的前奏。教育大国向教育强国迈进的第一步便是将教育列为民生之首，确立优先发展教育战略，并提出了落实教育优先发展战略的三大重要举措。首先，确立政府教育经费占国内生产总值（GDP）4% 的目标。其次，为了实现 4% 的目标，实行中央财政每年增加"一个百分点"政策。最后，提出《面向 21 世纪教育振兴行动计划》，对各级各类教育做出全面部署（改革开放 30 年中国教育改革与发展课题组，2008：49-61）。随后，从教育体制改革入手，基础教育领域经历了普及教育的艰难历程、大规模的扫盲运动，以及代表国家意志的全民教育；高等教育恢复与发展，迈向大众化，以"211 工程"为依托的高教大国向高教强国迈进；职业教育也经历了从停滞中恢复，从调整中发展，在创新中跨越的历史阶段。与此同时，还在课程改革、创新培养、教育公平、教育信息化各领域做出了全面安排。

党的十九大报告提出，"建设教育强国是中华民族伟大复兴的基础工程"。建设教育强国第一次被列入中国共产党全会的报告中，成为全党、全国人民的共同奋斗目标。从"有学上"到"上好学"，从"大起来"到"强起来"，标志着中国教育进入了一个新时代。

### 三、优先发展战略的提出与发展

优先发展教育是党和国家提出并长期坚持的指导思想和重大战略，纵观历史，不同时期教育在社会事业发展中的地位也不尽相同，但教育的地位却在历次党的全国代表大会报告中得到日益提升。

党的十二大报告把社会主义现代化经济建设放在首位。为实现经济发展目标，"最重要的是要解决好农业问题，能源、交通问题和教育、科学问题"。此时的教育虽然作为经济发展的重要战略，但其独立性作用尚未凸显。党的十三大报告中，经济建设依旧是国家发展的中心，但在推进经济发展的战略中，教育作为第一大战略被提出，强调"把发展科学技术和教育事业放在首要位置，使经济建设转到依靠科技进步和提高劳动者素质的轨道上来"。党的十四大报告依旧坚持以经济建设为中心，指出这一时期必须努力实现十个方面关系全局的主要任务。第四个任务是加速科技进步，大力发展教育，充分发挥知识分子的作用。强调"必须把教育摆在优先发展的战略地位，努力提高全民族的思想道德和科学文化水平，这是实现我国现代化的根本大计"，教育优先发展的战略地位首次被确认。党的十五大报告将教育作为"经济体制改革和经济发展战略"之一，提出"科教兴国战略和可持续发展战略"，强调"深化科技和教育体制改革，促进科技、教育同经济的结合"，同时，"发展教育和科学，也是文化建设的基础工程"，强调"切实把教育摆在优先发展的战略地位"。党的十六大报告把"走新型工业化道路，大力实施科教兴国战略和可持续发展战略"作为经济建设和经济体制改革的首要战略，强调"教育是发展科学技术和培养人才的基础，在现代化建设中具有先导性全局性作用，必须摆在优先发展的战略地位"。党的十七大报告中，教育在整个加快推进以改善民生为重点的社会建设中，相对于就业、医疗等，依旧处于首位，"优先发展教育，建设人力资源强国"。党的十八大报告把"办好人民满意的教育"作为改善民生、创新管理的首要举措，全面贯彻党的教育方针，坚持教育优先发展。党的十九大报告围绕"优先发展教育事业"作出新的全面部署，明确提出"建设教育强国是中华民族伟大复兴的基础工程，必须把教育事业放在优先位置，深化教育改革，加快教育现代化，办好人民满意的教育"。这为我们在中国特色社会主义新时代不断推进教育改革发展、大力提高国民素质指明了方向。

党的教育方针凝聚了党和人民对教育事业的总体要求，明确了中国特色社会主义教育的基本原则。从党的十二大到十九大全国代表大会报告中，可以看出，随着社会发展和要解决的矛盾的转变，教育的地位也在不断发生变化，一直受到党和国家的重视，教育对社会经济发展的作用也一致受到认可。在经济发展作为全社会主要任务的时代，教育总是被列为经济建设的首要策略。伴随着社会经济整体水平的提升，党的十三大以后开始正式确立优先发展教育的战略目标，党的十九大更是进一步明确这一战略思想，并对各项教育工作作出了全面部署，将"优先发展教育"的战略意义推向新的高度。

2018 年 9 月 10—11 日，全国教育大会在北京召开，会议强调没有哪一项事业像教育这样影响甚至决定着接班人的问题，影响甚至决定着一个国家的长治久安，影响甚至决定着民族复兴和国家崛起。习近平总书记对教育的地位做出了新的判断，首次提出教育是"国之大计，党之大计"，将教育摆在了前所未有的战略高度上。落实大会精神，最首要、最重要、最核心的一条就是把优先发展落下去、落到位、落到实处，把"两个大计"转化为教育优先的实际行动（陈宝生，2019）。

# 第二节 教育优先发展的时代需求

党的十九大报告指出："从二〇二〇年到二〇三五年，在全面建成小康社会的基础上，再奋斗十五年，基本实现社会主义现代化。"报告还指出："建设教育强国是中华民族伟大复兴的基础工程。"通过制定并实施《中国教育现代化 2035》，提高教育现代化水平，满足人民群众接受良好教育的需求，为建设富强民主文明和谐美丽的社会主义现代化强国提供人才储备。同时，也需认识到：新时代对国民素质、人才支撑提出了新要求，科技创新对中国教育变革提出了新任务，社会主要矛盾的转化赋予了教育新使命。

## 一、新时代对国民素质、人才支撑的新要求

1985 年，在全国教育工作会议上，邓小平说，我们国家，国力的强弱，经济发展后劲的大小，越来越取决于劳动者的素质，取决于知识分子的数量和质量。国民素质在社会发展中的决定性作用越来越成为政策制定者和学界的共识——所有资源、技术、生产率等方面的变化都是由掌握一定科学技术和劳动技能的人的变化引起的。2015 年，习近平总书记在庆祝"五一"国际劳动节大会上指出：面对日趋激烈的国际竞争，一个国家发展能否抢占先机、赢得主动，越来越取决于国民素质特别是广大劳动者的素质。中国教育科学研究院研究成果显示："十二五"期间，我国人力资源强国建设取得显著成就，劳动年龄人口的平均受教育年限明显提高，我国从业人员

中高等教育学历的人数位居世界前列，高水平学科和大学建设稳步推进，高层次拔尖创新人才、领军人才、创新团队不断涌现，高水平的研究成果国际影响力明显提升（中国教育科学研究院，2017）。

与此同时，在全球人才竞争日趋白热化的今天，在国际比较的视野下，中国的人才竞争力显著不足。2017 年全球人才竞争力指数报告显示，被纳入的 118 个国家中，瑞士、新加坡和英国名列前三，美国、加拿大和德国等发达国家位于前 20 名，与这些国家相比，中国仅排在了第 54 名（GTCI，2017）。我国亟须以相应的教育体系、就业政策与福利制度提升对全球人才的吸引力。国内各地区的国民素质竞争力情况同样不容乐观，"中国地区国民素质竞争力研究"课题组从人口特征、劳动力特征、就业状况、国民教育和生活质量五个方面对全国的国民素质竞争力进行全面分析，发现中国地区国民素质竞争力存在两个明显特征：一是地区间发展的不平衡性，二是地区内发展的不协调性。不平衡性表现之一为东部地区的国民素质总指数及其余各分类指数均高于全国平均水平，中部地区基本处于中间偏下水平，而西部地区则低于全国平均水平（除了人口特征指数和就业状况指数）。不协调性主要表现为，各地区的国民素质总指数与类指数之间存在明显的不协调，例如，上海市国民素质总指数位于全国第二，在五项指标中，教育水平和生活质量较高，但是，由于人口的老龄化等问题，上海市的就业指数排名非常靠后。而像宁夏回族自治区这类地方，人口指数与就业情况在全国的排名靠前，但国民教育和生活质量却比较低，也缺乏大量高等教育人才作为发展的支撑力量（"中国地区国民素质竞争力研究"课题组，2008）。

党的十九大报告中提出了一系列关于新时代背景下的新思想和新战略，明确新时代坚持和发展中国特色社会主义的总任务是实现社会主义现代化和中华民族伟大复兴，在全面建成小康社会的基础上，分两步走在本世纪中叶建成富强民主文明和谐美丽的社会主义现代化强国。国民素质问题是关乎我国社会主义现代化建设的重大问题，是实现新时代总目标和总任务的关键要素。近年来，有关国民素质规格的讨论不断。其中，"核心素养"逐渐成为国际普遍认同的人才素质规格，我国也有研究提出重视"创新能力、批判性思维、公民素养、合作与交流能力、自主发展能力、信息素养"（褚宏启，2016）等的培养。在国际和国内两大局势的互动和影响下，对国民素质的探讨还将继续，但提升国民素质、为新时代发展提供人才支撑的需求要求教育必须处于优先发展的战略地位。

## 二、科技创新对教育变革的新挑战

科技创新与革命正在全方位地改变人类的生活及生产方式，重塑人类社会，如"互联网＋"、云计算、大数据、智能机器人、3D 打印等现代技术深刻改变着人类的思维和学习方式。新一轮科技革命和产业变革正如火如荼地进行，以数字化、网络化、智能化为特征的技术发展正在加速经济发展方式的转变，这引发了国际科技竞争的压力。国内的科技事业也取得了显著成就，涌现了大批的科技成果。习近平总书记在全国科技创新大会、两院院士大会、中国科协第九次全国代表大会上说，"科技是国之利器，国家赖之以强，企业赖之以赢，人民生活赖之以好。中国要强，中国人民生活要好，必须有强大科技"。

党的十八大以后，我国社会主义建设事业迎来了一个发展的新高度。为了实现 2020 年全面建成小康社会的宏伟目标，全面建成小康社会、全面深化改革、全面依法治国、全面从严治党（简称"四个全面"）战略全面铺开。中国政府开始实施制造强国战略的第一个十年行动纲领——《中国制造 2025》，坚持创新驱动、质量为先、绿色发展、结构优化、人才为本，深化供给侧结构性改革，大力推进大众创业万众创新，实施创新驱动发展战略。科技创新是我国"十三五"时期的重要战略目标之一，而源源不断的人才输入是科技创新的重要保障，大力推进科技人才建设是实现战略目标的关键环节。无论从当前推进经济转型升级，还是从长远促进经济和社会协调发展的角度看，都需要抓住教育这一最基础环节，推进教育优先发展，提高国家科技水平。在此背景下，优先发展教育，构建现代教育体系，建设学习型社会，培养大批创新人才，成为各国共同面临的重大课题，以及应对诸多复杂挑战、实现可持续发展的关键。

相对科技创新的教育需求，我们还需认识到：尚未牢固地树立科学的教育理念，促进学生全面发展的育人模式与环境还未完善，尚未形成产教融合、科教融合的协同培养机制，学生创新创业能力的培养还有待加强；适合终身学习的教育体系尚未完全确立，科技人才培养力度不强，激励措施不健全，等等。这些问题仍然对教育变革提出更多的新挑战。

## 三、社会主要矛盾转化赋予教育新使命

改革开放以来，我国的教育事业取得了辉煌成就。我国财政性教育经费占国内生产总值的比例多年保持 4% 以上水平；学前教育跨越式发展，高中阶段教育基本普及，高等教育向普及化迈进，国家教育整体水平已进入世界中上行列，教育质量明显提高，教育国际影响力明显增强，教育改革全面深化。在此基础上，我国教育发展的主要矛盾也发生了变化。

十九大报告宣告：中国特色社会主义进入新时代，我国社会主要矛盾已经转化为人民日益增长的美好生活需要和不平衡不充分的发展之间的矛盾。全面建设社会主义现代化国家，需要教育加快现代化步伐，提供有力的人才及智力支撑；为人民群众创造更加美好的生活，需要教育为改善民生、促进社会公平发挥更大作用；实现民族复兴中国梦，要求教育培养更好素质、更高能力与技能的人才。

随着社会主要矛盾的转化，教育的主要矛盾也发生了根本性变化。有学者对这种矛盾分析道："当前每一个中国人的教育需求，更多的是期待能够接受灵活的、优质的、个性化的、终生的教育，而目前的教育服务的主要方式，更多的是基于学校的、标准化的、班级的、供给驱动的服务方式。"（韩成功，2017）一言以蔽之，我国现阶段教育的主要矛盾是人民日益增长的接受良好教育的需求与优质教育资源发展不平衡不充分之间的矛盾。这种矛盾主要体现在三个方面：其一，不能适应或满足人民群众日益增长的终身学习需求；其二，不能很好地适应或满足人民群众日益增长的教育公平需求；其三，不能很好地适应或满足人民群众日益增长的优质教育需求（韩民，2017）。处理新时代的教育矛盾，需要明确教育是民生工作的重要内容，提升教育的战略地位，促进优质教育和优质教育资源均衡发展，增强人民群众在良好教育上的获得感和满足感。

# 第三节　教育优先发展的战略目标

教育优先发展的战略目标，必须与中国社会的发展目标相适应。《教育规划纲要》提出了教育发展的战略目标，"到 2020 年，基本实现教育现代化，基本形成学习型社会，进入人力资源强国行列"。国家的现代化离不开教育的现代化，构建完备的终身教育体系，为终身学习铺设良好基础，建成现代化教育强国，为国家与社会的发展提供高质量的人才支持是新时代教育的使命所在。

## 一、基本建成现代化教育强国

教育现代化是社会现代化发展的必然要求，也是社会现代化的组成部分（顾明远，2012）。《教育规划纲要》将 2020 年基本实现教育现代化作为教育发展的战略目标之一，是适应社会发展的重要举措。世界上很多发达国家的经验表明，通过培养与经济社会发展相适应的人才，能够为经济发展奠定坚实的人力资本基础。并且，教育现代化可以先于国家现代化实现，以推动社会的全面进步，为国家现代化奠定基础。

我国的教育现代化的目标和任务是随着国情和时代变化不断调整的。2010 年《教育规划纲要》将 2020 年基本实现教育现代化确立为教育发展的战略目标。同年胡锦涛在第四次全国教育工作会议上提出：各级党委和政府要按照优先发展、育人为本、改革创新、促进公平、提高质量的工作方针，切实抓好落实确保到 2020 年我国基本实现教育现代化，基本形成学习型社会，进入人力资源强国行列。2012 年 6 月，教育部印发《国家教育事业发展第十二个五年规划》，再一次明确了 2020 年基本实现教育现代化的目标。2016 年 3 月，《国民经济和社会发展第十三个五年规划纲要》在未来五年经济社会发展的重要目标中指出"教育现代化取得重要进展，劳动年龄人口受教育年限明显增加"。

我国自 2010 年制定 2020 年基本实现教育现代化的目标以来，各地积极实践并取得了良好的效果。浙江省创建教育现代化县（市、区）活动自 2011 年起拉开序幕，力争通过 10 年使该省 85% 以上的县（市、区）达到教育现代化的要求，其余的达到基本教育现代化的要求。为检验教育现代化的创建成果，2015 年 1 月，浙江省组织督导评估，其 5 个一级指标为优先发展、育人为本、促进公平、提高质量、改革创新（石天星，程振伟，2015）。2013 年，成都市教育局发布了《成都市区（市）县教育现代化发展水平监测报告（2013）》，从教育普及水平、教育公平与质量、教育经费投入、办学条件及教育信息化水平、师资队伍建设、学习型社会建设水平、教育管理水平和社会满意度 8 个维度，对本市的教育现代化水平进行测评。报告显示，成都市已有 9 个区、县教育现代化发展指标总体达成度在 85% 以上，近半区、县比国家要求提前 8 年基本实现了教育现代化目标。2014 年 10 月，国家教育发展研究中心发布了《全国 15 个副省级城市教育现代化监测评价与比较研究报告（2014）》，选取了教育发展指数、教育公平指数、教育条件保障指数、教育治理现代化指数 4 个一级指标，测评了 15 个城市的教育现代化发展水平。测评结果显示：15 个城市中，教育发展指数较高的前五个城市是成都市、沈阳市、武汉市、杭州市和南京市；教育公平指数排在前五位的城市是宁波市、杭州市、成都市、青岛市和武汉市；教育条件保障指数较高的五个城市是厦门市、南京市、宁波市、大连市和杭州市。但是，各个城市的教育治理现代化水平仍旧处于观察试评阶段（杨桂青，2014）。教育治理现代化的评估体系还有待建立和完善，有关项目建设更急需加强，这对实现教育强国的目标提出了较大挑战。

## 二、构建完备的终身教育体系

"学习型社会是国民一生中任何时间、任何地点都能自主灵活地选择学习机会，满足学习的需要，学习结果能够得到承认的社会，这是一个以终身教育为基础、以学习者为中心、人人都能终身学习的社会。"（袁振国，2010）有学者认为学习型社会是"以学习求发展的社会"，具体表现为"以个体的学习来追求个体的发展，以组织的学习来追求组织的发展，以国家的学习来促进国家的发展；以终身的学习来追求终身的发展，以灵活的学习来追求多样的发展，以自主的学习来追求内在的发展"（顾明远，石中英，2006）。

构建学习型社会，需要打破教育的封闭性，促使学习和工作不再割裂，打破学习时段、学习空间、学习主体、学习样式的孤立，让学习成为人们的一种生存方式和生活方式。从制度层面看，学习型社会要为社会成员提供适合的教育制度和教育系统，以满足每一位学习者的多样化学习需求，包括多样化的学习目的、学习内容、学习方法、学习路径等。学习型社会的基础保障是构建完备开放的终身教育体系，打通不同类型、不同规格、不同层级、不同形式的教育之间的壁垒，保障社会成员有机会参与各类教育与培训（中国教育科学研究院高等教育研究中心，2012）。总而言之，学习型社会是"人人皆学、时时能学、处处可学"的社会，全社会在努力营造良好的学习氛围。

建设学习型社会的首要前提是形成多层次、多维度、多元性的终身教育体系，所谓终身教育体系即覆盖全体社会成员整个人生过程的教育，经济合作与发展组织认为终身教育具有多重目标：一方面，终身教育注重学习者的动机，满足学习者多样化的学习需求，满足不同学习场域中以不同的速度进行学习的需求；另一方面，强调学习需求与学习供给之间的不可分割性，强调从关注学习供给转向关注学习需求（郝克明，2006：112）。国内有学者从教育类型、教育形式、教育方式、教育资源和教育内容等多个维度描述终身教育的内涵（齐幼菊，龚祥国，2010）。从教育环境看，有学校教育、职场教育、社区教育和家庭教育四类；学校教育又包含了学前教育、义务教育、高中阶段教育、职业教育、高等教育、继续教育几种教育类型；从教育形式看，有正规教育、非正规教育和非正式教育；从教育方式看，有延续至今的传统教育以及科技推动下的远程教育等；教育内容纷繁复杂，包括知识教育、技能教育、生活教育、情感教育、休闲教育和自我完善教育等；教育资源包括专用资源、共享资源和公共资源三类。从终身教育的内涵中可以看到终身教育本身的复杂性和广泛性，实施终身教育更是难上加难。构建和完善终身教育体系的关键是普及终身学习的理念，把终身教育的理念渗透到各级各类教育中，以终身教育信息化平台为载体推动终身学习，还要辅之以相应的运行机制、保障机制和评价机制。

## 三、进入人力资源强国先进行列

人力资源竞争力是指一个区域在所从属的区域中对人力资源要素的优化培植能力，在某种程度上，它反映了该区域在该环境中对人力资源要素的聚集、开发和利用的能力（国家教育发展研究中心专题调研组，2016）。依据 2020 年进入人力资源强国行列的目标，国家教育发展研究中心与北京科技大学联合对全球主要国家人力资源强国建设进行评估，结果显示：2012 年，中国在有完整数据的国家中居于第 14 位，具备成为人力资源强国的核心优势。中国已经超越了部分发达国家，正在跨越门槛，并将成为进入人力资源强国行列的第一个发展中国家（国家教育发展研究中心专题调研组，2016）。

随着我国教育事业的发展，劳动者素质水平也逐步提升，主要表现在两个方面：第一，我国劳动年龄人口的平均受教育年限明显提高。2019 年，我国劳动年龄人口平均受教育年限达到 10.7 年，新增劳动力接受过高等教育的比例超过一半，平均受教育年限达到 13.7 年。教育为国家输出了亿万毕业生，提升了人力资源的水平，优化了人力资源的结构。第二，我国从业人员中具有高等学历的总人数位居世界前列。2019 年，我国高等教育毛入学率达 51.6%；"十三五"以来，高校毕业生累计达 4088 万人，高校为推动大众创业万众创新培养了大量高素质人才。2019 年，我国高等教育在学总人数已达到 4002 万，形成了世界上规模最大的高等教育体系，为推动我国从人口大国向人力资源强国迈进奠定了坚实基础。

长期以来，在各级教育的快速发展与推动下，我国人力资源水平指标发展很快，也在加快缩小与中高收入国家的差距。由于我国人力资源基数比较大，依靠现有体制发展下去，难以实现教育与人力资源发展的先行战略。党的十八大以来，尤其是进入"十三五"规划周期后，党和国家面向未来出台了《中国制造2025》《国家创新驱动发展战略纲要》《"健康中国 2030"规划纲要》等一系列指向未来的战略规划，对我国的教育和人力资源发展提出了更多更新更高的要求。面对未来社会的挑战，我国的人力资源总体水平明显存在一定的差距，根据第六次全国人口普查结果，接受高等教育的人口不到 9%，超过 65% 的人仅接受了初中及以下程度的教育。我国的人力资源水平仍无法与创新型国家相适应，难以支撑和保障国家战略与发展目标实现。

# 第四节　教育优先发展的战略保障

教育优先发展是一项系统性战略，要实施这项战略首先需要从意识上明确它的历史节点、时代意义和具体的战略任务。其次要将其上升到国家战略的高度，更好地发挥政府宏观调控、顶层设计的治理作用。最后要优先安排教育投入，确保具有充裕的基本保障。在 2019 年全国教育工作会议上，陈宝生部长指出教育优先发展要真正成为全党、全社会的思想共识和统一行动，真正成为推动国家各项事业发展的重要先手棋，为此，要在强化组织领导上多想办法，要在超前规划上多出主意，要在资源保障上多下功夫。

## 一、加强教育优先发展的思想认识

《国家教育事业发展"十三五"规划》明确了新时代我国教育发展的大环境："教育总体发展水平进入世界中上行列，教育公平取得重要进展，服务经济社会发展的能力不断增强，教育发展能力显著提升。"站在新的历史起点上思考教育优先发展问题，就是解决如何获得更高质量、更加公平、更有效率、更加可持续的教育改革与发展问题。

首先，必须明确大力实施创新驱动战略是教育优先发展的动力基础。须坚定实施科教兴国、人才强国、创新驱动等一系列重大战略，以重大的科技创新为导向，深化科技体制改革，推动科技和经济紧密结合，建设国家创新体系，完善知识创新体系，提高科学研究水平和成果转化能力。从学理上说，狭义的创新驱动仅指科技创新，广义上却包含了文化创新、科技创新、制度创新、管理创新、协同创新等多个维度（张利珍，秦志龙，2015）。相对于要素驱动、投资驱动，创新驱动是国家经济发展的阶段性特征，对科技和教育的依赖性更高。高校是创新成果的主要产地，因而在今后一个时期要全面提升高校创新能力，主动服务创新驱动发展战略。据 2017 年全国高校科技工作会议，我国高校拥有 740 余名两院院士（含港澳台）、1238 个教育部创新团队和基金委创新群体，承担了全国 60% 以上的基础研究、60% 以上的重大科研任务，建设了 60% 的国家重点实验室，获得了 60% 以上的国家科技三大奖励，高层次人才占 60% 以上。由此可见，高校的科技创新引领作用举足轻重。近年来，我国大力推行世界一流大学和一流学科建设，致力于一流的师资队伍建设，培养出类拔萃的创新人才，提高科学研究的水平，攻破"高精尖"科研项目，传承创新中国优秀传统文化，着力推进先进成果转化，鼓励不同类型的高水平大学实施差别化发展，为高校的科技创新发展提供了良好的平台。

其次，深化教育领域综合改革是教育优先发展的根本任务。持续深化人才培养模式、教学方法内容、招生考试就业制度的全方位改革，系统推进育人方式、办学模式、管理机制的全要素改革，形成充满活力、富有效率、开放包容的体制机制改革新格局，使各级各类教育更加符合教育规律和人才成长的规律，促进人的全面发展。这就需要从提高教育质量着手，必须全面贯彻教育方针，有效实施素质教育，促进学生德智体美劳全面发展，让学生学会学习、学会合作、学会创造，以考试评价和招生制度改革引领人才培养模式改革，并以地方政府科学领导教育绩效评估考核体系和问责机制建设引领学校发展方向。除义务教育系统外，还要完善职业教育和培训体系，深化产教融合、校企合作，加快一流大学和一流学科建设，实现高等教育内涵式发展，推进高等教育和职业教育的融合与发展，优化创新型、复合型、应用型和技术技能型等各类人才培养的机制，提高各类人才在服务国家和区域经济社会发展、参与国际竞争等方面的能力和水平。

再次，优先破除教育发展不均衡、不充分的矛盾，全面推进教育公平战略，是教育优先发展战略的基本内涵。教育优先发展不仅要着力提高国家的创新能力，还要进一步解放思想、解放和发展教育生产力、解放和增强教育活力（杨银付，2014a），解决人民群众关心的教育热点问题。当前，教育发展不均衡、不充分的问题已经引发了教育的主要矛盾，成为人民群众的重要关切。我国教育发展不均衡，主要体现在各地区、各级各类教育的分布和衔接不够平衡与顺畅，影响了人力资源开发能力和水平的提升。教育发展不充分，主要体现在各地区、各级各类教育的发展还存在不足和发展潜力较差的问题，全民学习、终身学习的人才成长"立交桥"尚未有效建立，发展的任务依然十分繁重。新时代背景下，关注教育的公平问题不仅仅要强调教育机会的公平，还要深入微观领域，更加关注教育过程和教育质量的公平，将优质教育资源的配置原则由效率优先调整为公平与效率兼顾。同时，高度重视信息化带给教育的新机遇，打造符合国情实际的网络化、数字化、个性化、终身化教育体系，尤其注重信息发展对教育公平的影响，积极发挥其正面作用，促进优质资源共建共享，以教育信息化促进教育公平，推动教育现代化。

## 二、超前规划中凸显教育的优先地位

教育优先发展战略的落实需要教育资源得到优先配置、教育发展方向得到优先规划，积极推进教育进入国家和地方的发展规划。各地应该预先制定推进本地区教育现代化的规划和方案，把党和国家关于教育现代化、建设教育强国的战略部署转变成实际的行动。党的十八大以来，以习近平同志为核心的新一代党中央领导集体用实际行动将优先发展教育的理念落到实处，不仅发表了系列讲话阐释教育在实现中华民族伟大复兴中国梦中的地位与作用，还颁布了多个政策文件落实立德树人的根本教育任务，深化教育体制机制改革，促进学前教育普惠健康发展，发展优质公平的基础教育，深化产教融合、不断完善职业教育体系，促进特殊教育融合发展，加快高等教育内涵式发展，实施民办教育的分类管理，凸显并巩固教育优先发展的地位。

首先，制定科学完善的教育政策，发挥好政府在教育治理中的宏观调控作用，更好地借助政策工具引领教育发展。自党的十八届三中全会以来，涉及教育改革的文件和方案就有十几份，《乡村教师支持计划（2015—2020 年）》《关于深化教育体制机制改革的意见》《统筹推进世界一流大学和一流学科建设总体方案》《关于全面深化新时代教师队伍建设改革的意见》《关于规范校外培训机构发展的意见》等一系列政策，进行了务实精准的顶层设计，直指改革的难点，影响深远。在教育规划中，应该更为注重人民群众关心的教育热点问题。当前，城乡有别的教育供给制度所导致的城乡教育差异过大已成为困扰我国义务教育均衡发展的突出问题，城乡之间在经费、办学条件和师资方面都存在较大差异（翟博，2007）。诸如此类问题，需要国家通盘考虑教育资源的调配，解决好地域之间的教育公平问题。

其次，落实规划内容，狠抓政策执行成为政府的又一大治理使命。教育规划中提高质量、促进公平成为教育工作的重中之重，而提高质量的核心阵地又在课堂。在某种意义上，教育领域综合改革直指教育治理，要求突破与教育科学发展不相适应的权力利益格局，把促公平、调结构、提质量、转职能作为着力方向，深入落实教育的管办评分离，把政府"管"教育、学校"办"教育、社会"评"教育作为重要改革任务，推动教育治理体系和教育治理能力现代化。

## 三、充分保障教育的财政投入

对教育的持续稳定的投入，是支撑国家长远发展的基础战略，并日益成为衡量是否优先发展教育的一项重要指标。2012 年，我国财政性教育经费支出占GDP 的比例达到了 4% 的目标，2016 年我国国内生产总值为 74.41 万亿元，教育经费投入总量占国内生产总值的比重达到 5.22%，2017 年我国财政性教育经费甚至高达 3.42 万亿元。根据国际经验数据，财政性教育经费占 GDP 的 4% 左右时，财政收入占 GDP 的比例一般应该为 30%—40%，我国是在财政收入占 GDP 比例不到 30% 的情况下，超额完成了财政性教育经费占 GDP 4% 的目标，足以见国家对教育事业的重视程度（董洪亮，赵婀娜，张烁 等，2018）。2017 年，《国家教育事业发展"十三五"规划》再次强调，坚持把教育作为各级人民政府财政支出重点领域给予优先保障，保证国家财政性教育经费支出占 GDP 的比例一般不低于 4%。健全保证财政教育投入持续稳定增长的长效机制，确保财政一般公共预算教育支出逐年只增不减，确保按在校学生人数平均的一般公共预算教育支出逐年只增不减。

这一系列数据标志着我国实施教育优先发展战略取得阶段性成果，但教育经费投入的结构性失衡、生均投入不高、区域分配不均等问题依旧需要引起我们的注意。2016 年教育经费使用情况的报告显示，义务教育是重中之重，占财政性教育经费的一半以上，学前教育和职业教育明显成为财政性教育投入的短板，教育经费的内部分配出现了结构性失衡。就生均经费投入水平而言，我国与创新型前列的国家的差距非常大，出现了教育投入"见物不见人"的倾向。坚持教育优先发展，必须继续将教育作为财政投入的重点领域。在新时代背景下，教育投入依然是关系国家长远发展的基础性、战略性投资。尽管我国以财政拨款为主的保障制度已经形成，但仍需在相关方面推进教育治理体系和能力优化举措。一方面，完善教育财政治理体系，在确保各级政府财政资金优先保障教育投入的基础上，多渠道筹措教育资金，建立完善教育经费多元投入激励机制，积极吸收社会力量投入，实施好各项财税政策措施，支持和规范社会力量兴办教育；完善非义务教育成本分担机制，调动各方投入积极性，稳步提升全社会教育投入占国内生产总值的比重。另一方面，增强教育财政治理能力建设，建立并完善以生均经费基本标准拨款为基础的教育经费预算管理制度，在筹钱的同时，做到花好钱、管好钱，依法编制教育经费预算，优化国家财政性教育经费支出结构，强化绩效考核，做到"科学花钱、按时花钱、均衡花钱、有质量地花钱"，提升资金的利用效率。

# 第二章

# 教育领导力提升战略

教育是现代社会重要的公共部门之一，在近二十年间在学术研究和政策实践中广泛涌现了一种话语转向，那就是人们更多倾向于跳出传统教育行政和管理的逻辑框架，转而从"教育领导"的视角和逻辑来讨论与应对教育改革的各项议题。例如，各国大规模的课程与教学改革孕生了"课程领导"（curriculum leadership）的理论与实践；备受关注的信息化改革又催生了教育中的"信息化领导"或"数字领导"（digital leadership）；各国持续推进的学校效能与改进项目中，"指向学习的领导"（leadership for learning）、"聚焦学习的领导"（learning focused leadership）、"扭转型领导"（turnaround leadership）成为继"教学领导""分布式领导""变革型领导""道德领导"等之后更为时髦的词。从"管理"到"领导"的转向根植于信息–全球化时代急剧变迁的社会背景，指向于撬动教育系统全面、持续且深入的变革，以实现更具复杂性和战略性的教育治理目标。在现代治理转型的背景下，系统领导力的唤醒与提升是增强教育治理能力现代化的直接路径，包括教育部门在内的领导力提升战略已成为各国公共部门改革的重要组成部分。本章立足于我国建设现代教育治理体系和增强治理能力的时代要求，在依法治国和依法治教的导向下，阐述教育领导力的建设与教育治理的关系，同时从依法行政和依法办学的视角考察分析政府与学校教育领导力提升战略的具体内容。

# 第一节　教育治理视野下教育领导力的转型与提升

现代治理的概念至今仍在动态发展中，尽管人们的理解存在一定的分歧，但在有关治理的主体多元化、手段多样化、过程的互动性以及指向公共利益最大化的总目标等内涵特征的认识上，人们还是达成了共识（范国睿，2017b）。这种理念也延伸到教育治理领域，更新了教育领导力的内涵和范围，对有关主体的治理能力提出了新要求。

## 一、复杂社会及其对领导力的呼唤

受全球化、信息化和网络化的冲击，社会转型与变革的浪潮愈发风起云涌。著名社会思想家鲍曼（Z. Bauman）曾以"液态性"（liquidness）来诠释当代社会生活风貌的流动性和变化性。具体而言，我们所处的时代已经驶入一个"技术复杂化""文化多样化""变迁迅疾"的"快车道"（Townsend, 2016）。

以上社会巨变的诸多特征汇合一处，催生出一个愈发复杂的生活世界。在这种传统性、现代性与后现代性奇异结合的异质性社会中，传统的价值观念在构筑社会性的同时正遭受前所未有的质疑和冲击，同时新的价值诉求却因缺乏相适应的社会观念、组织结构和制度支撑而呈现出"异端生长"的生态：一方面，人们在追逐自由、富强、民主的过程中丢失了安全、平衡、幸福的生活意义，在建构高效、技术、官僚的现代管理机制的同时却又忽视了"道德和谐性和互惠互利性"的普遍原则，在这样一个复杂的社会情境中，经济社会的现代化过程反而会滋生社会冲突与动乱。另一方面，迎面扑来的消费时代使人们在尚未摆脱生存困境时就开始关注生活必需品和生存空间的满足，生存与消费的联结不但提升了前者的标准和成本，又使后者平添了权力获致与权利争取的厚重价值功能（张振波，金太军，2017）。可见，迅疾的变化和不确定性的涌现，改变的不仅是现代社会的工作和生活方式的外在表征，其影响往往深入人心，改写了深层次的社会意识形态及其支配下人们社会心理的"基因密码"。这种复杂性表现为当前一系列备受关注的社会现象和政策问题莫不彰显出"无界性"（boundaryless-ness）的特征（Siegel，2010）。

为了探索有效应对"无界性"复杂公共议题的冲击，"现代治理"或"新治理"的理念和实践逐渐进入大众视野。概言之，治理是在全球化及民主化语境下发展起来的一种创新的管理范式，是一个高级的民主化的管理形态。近三十年来世界公共部门管理转型的基本趋势就是分权、参与、多中心的网络化公共管理、公共政策以及公共服务体系的逐渐形成和壮大。而当一个趋于扁平化的管理结构和一个逐渐多元化的治理格局形成后，权威和影响力不再集中于政府或少数处于领导职位、拥有法定权威的英雄人物或精英身上，如何唤醒社会及公共治理参与者各方的积极性，激发整个系统的领导力来有效推动社会变革的深化，就成为一个迫切需要回应的理论与实践议题。

## 二、现代教育治理与多层次领导体系的构建

近三十年来，教育作为重要的公共部门，在各国公共管理转型与变革的背景下，表现出持续而强劲的变革态势。与教育变革所根植的社会背景日益复杂化的现实相伴，教育部门需要回应的挑战越来越呈现"无界化"的特点，由教育管理走向教育治理的趋势逐渐明朗化，如何成功地转型变革并相辅相成地提升教育治理能力成为愈发紧要的议题。

前述的社会变革、治理转型的宏大趋势也鲜明体现在教育领域中。着眼全球，2015 年联合国教科文组织出版了《反思教育：向"全球共同利益"的理念转变？》（*Rethinking Education：Towards a Global Common Good?*）的报告，深刻阐明

当前世界的变局与教育的挑战。其中指出，当今世界相互联系、相互依存，各种变化已经使得复杂性、紧张不安和矛盾冲突达到前所未有的程度。具体而言，生态压力及不可持续的经济生产与消费模式、财富的增加与全球不平等的加剧、不同国家间联系的日益紧密却增生出愈发严重的不宽容和暴力趋势，以及社会和经济的复杂程度不断加深，都给全球化世界中的教育决策和治理提出了莫大挑战。无独有偶，经济合作与发展组织也于 2016 年发布了《复杂世界中的教育治理》（Governing Education in a Complex World）专题报告，明确将当前各国教育系统面临的多样性和复杂性特征概括如下。

首先，教育是一个多层次的体系（本地、区域以及全国层面），不同层次的教育之间如何达成协同一致的行动联盟本身就是一个巨大挑战，特别是对分权体制下的国家而言，不同层次的教育间的协调问题显得尤为突出。

其次，我们所处的社会逐渐多样化：这既包括教育系统的人口学特征（学生、教师以及社群等）的多样化，也包括牵涉其中的不同个体和群体（教育的各方利益相关者）在参与教育活动过程中所彰显出的身份认同及其分别赋予教育活动的价值观念。

再次，承上所言，伴随多样化的教育利益相关者数量的激增和影响力的扩大，他们愈发倾向于表达由其价值追求引领的教育诉求和需要，这不仅关乎他们自身子女的教育选择和发展需要，而且也是投向整体教育系统的期待和愿望。

最后，不同的文化身份意识和生活经验在教育的各个层次、过程中交织缠绕，各自寻求其价值观念和教育目标的宣泄和释放，使教育更加成为一个承载着利益相关者多样化信念纷争的场域。不仅政府希望通过教育培育合格公民，每一个家庭和个体也在参与教育的过程中以不同的方式形塑着这个过程。因此，教育场域中充斥着各式各样的关于"怎样教育学生才最有效"的言说和判断，但它们之间以及它们与学术研究的结果往往并不能达成一致，因而强化了教育领域中话语议论的复杂性和争议性。

尽管学界对于教育治理能力的内涵有不同理论视角下的多样解释，但是体察其中的共同之处，可以发现教育治理能力的提升与现代化的教育治理体系的构建之间是相辅相成的关系。二者以教育政策制度为中心，共同服务于实践具有"有结构，有网络，有协调，有分权和集权，有内部的统一和竞争，有强大的信息资源和数据库，鼓励公民参与决策，有优秀的员工，有强大的协调和协作能力"（蓝志勇，魏明，2014）等特征的教育公共事务的管理过程。概括地说，教育治理能力是国家教育制度执行能力的集中体现（徐艳国，2014）。具体而言，这种政策执行中体现出来的治理能力又在对社会中各类教育资源的利用能力、教育政策体系的规范能力（既要确保利益相关者对教育政策制度有相互认同的理解，又要留出执行过程中适当的灵活调整甚至是实现创新的空间）等层次上着眼，同时强调治理过程的规范、民主和高效及治理结果的效率和公平并重（陈金芳，万作芳，2016）。强调"治理"并不意味着需要否定和排除"管理"，相反通过回顾我国教育体制改革的历史脉络可以看到，二者在内涵和本质上有递进和延伸、优化和升级的关系。从 1985 年《中共中央关于教育体制改革的决定》的颁布开始，我国在教育管理体制的改革中强调政府简政放权、社会组织释放活力、学校自主办学。由此可见，教育治理在某种程度上已经在我国教育管理体制改革的实施过程中得到了实践并积累了现实基础，包括行政机关、社会组织、利益相关群体和公民个人等在内的多元主体，借由一定政策制度的组织和支持共同参与教育这项公共事务的管理。教育治理是一种强调民主合作、共建共治的"高级形态"的教育管理。

之所以要关注提升教育治理能力是教育的本质及其功能决定的。毋庸赘言，教育在社会的发展和个体的进步中发挥着重要的作用。现代化的教育必然要能够促进人的现代化，使得人成为自由、理性且有自我发展和自我实现潜能的独立主体。我国经济、政治的现代化一方面为教育的现代化提供了物质基础和制度保障，另一方面也对现代化的教育应当为现代经济发展培养的人才的数量、结构、质量，以及为现代政治发展培养有民主政治参与意识与能力的合格公民提出了要求。换言之，教育现代性的内容框架是由人的现代性和社会的现代性决定的（褚宏启，2013），教育治理现代化的实现对于我国国家治理现代化的整体实现也起着基础性的作用。没有现代化的教育培养出的具有现代化素质和精神的人，国家和社会层面的现代化也将是无源之水、无本之木。

教育的现代化的目标呼唤教育治理的现代化。在关于教育治理现代化的讨论中，如果教育治理体系现代化是围绕构建一个不断臻于完善的教育制度及政策体系展开的，那么教育治理能力的现代化的实现路径则可以围绕多方共治的思路进行分析。要打破政府行政部门充当单一的教育管理主体的格局，教育治理能力的现代化的核心是要构建政府、学校、社会间的新型关系，促使三方较为独立地分别承担宏观管理、自主办学、评价监督方面的职能；同时又要基于此去建设各个主体"既相互制约又相互支持"（袁贵仁，2014）的系统体系，从而更好地发挥全社会在共同参与教育事务的治理过程中的积极作用。这其中政府应当发挥一定的主导作用，特别是在"设定愿景"和"引领方向"方面，需要锚定教育管理体制变革的总体价值取向，这样才能避免多方共同参与治理可能带来的低效和失序的风险。显然，教育治理体系和能力的构建，又再次将打造一个"多层次教育领导力体系"提上议事日程，而这样的领导格局又与传统意义上的基于权力而展开的领导和管理活动存在重要区别。我们将在下文中进一步对此予以说明和讨论。

### 三、治理视野下教育领导力的转型与提升

传统权威性领导和层级管理的土壤无法孕生出全新的治理形态，与自主性、灵活性、民主性、协作性、专业性的治理要求不相适应。在构建现代高效治理体系的过程中，领导力的唤醒尤其是领导方式的转型就显得尤为紧要。

传统的领导模式是围绕一个"身居高位"或者"英雄"式领导者展开的，领导及其下属通过科层化的塔形组织构成一种垂直型关系（vertical relationship），其中，领导（leadership）通常主要意味着一个人物（a person）或者是一个职务（a position）罢了，而它所面对的一般也主要是教育中那些"简单的""结构化的"或者至多是"烦琐的"问题。解决这些问题，要么可以通过既定的标准化流程，要么最多就是借助组织沟通的手段化解冲突，简言之，以命令和控制为取向的权威领导与管理模式足以应对这些问题。例如，在教育领导力研究领域，海林杰（P. Hallinger）与莫菲（J. Murphy）在 1985 年提的"教学领导"（instruction leadership）概念模型，将校长对学校教学工作的领导和管理界定为"设定学校使命""管理课程教学""营造良好的学校氛围"三大维度 11 项指标的任务体系（Hallinger，Murphy，1985）。校长俨然是学校教学及其改进工作的灵魂人物，人们愈发倾向于相信，学校的人、财、物等各项资源要素参照教学领导模型的预设加以组织和配置，如此才有助于提升学校效能。

时过境迁，30 年后每林杰等对"教学领导"的概念加以修正，更多用"学习领导"或者"指向学习的领导"（leadership for learning），在原有的三大维度基础上重新对新情境下的学校领导力模型加以阐释，而其中最为明显的调整恰恰在于增加了校长作为学校资源筹措者的职责，彰显出对校长"企业家"角色的期待。不过，这仅仅是变革情境下对领导者角色转型期待的冰山一角。在外部绩效问责压力持续加大、社会与教育逐渐多样化、财政资源日益紧张以及公众对于教育改革的热情持续高涨但对从业者的信任度却不断下滑等背景下，无论是学校组织还是教育系统的领导者都好像"在快车道上高速驾驶"，面临巨大的压力、风险和挑战（Townsend，2016），以往的领导方式难以为继。这是因为他们所要处理和回应的问题不再是那些熟悉的问题，而是前文所言的复杂多变的"顽劣性"问题。最具代表性的例子莫过于如何"提高学生的成绩"以及"改进和扭转薄弱学校"（turning low-performing schools around）了。前者看似简单，其实包含众多变量的影响（至少涉及怎样界定学生成绩、如何教学以及有哪些潜在的积极 / 消极影响因素）。后者就更为复杂，直观来看包括如何创建共同的学校愿景、怎样促进教师的专业资本和能力、如何重新调整组织结构以及怎样改进学校的课程教学等关键因素（Lethwood，Harris，Strauss，2010：85-155）。但这个问题的"顽劣性"恰恰在于，导致学校薄弱或者失败的因素多样，改进成效难以持续且经验更难以被大范围复制。更何况，学校的发展深深根植在社会情境中，真正的变革议程应该指向社会的发展，改革的实质可能恰恰在于要"扭转整个社会系统"（turning the whole system around）（Fullan，2006：69-98）。

类似的复杂性问题充斥于当前的教育实践中。而这些问题并不能被还原为简单问题或者烦琐性问题，无法运用以往我们所熟悉的行政管理手段进行"小修小补"式的处理。相反地，直面教育中的各种"顽劣性"问题，需要对问题出现的具体情境进行认真识读，领导者要与学校和社群内外的各方持份者建立并维系适切的关系，从而用更为灵活、应变性的方式寻求问题解决的方案（Acker-Hocevar，Cruz-Janzen，Wilson，2012）。这意味着我们要从以往垂直型关系的"管理"模式中跳出来，激活整个系统各个层次的领导力，广泛吸纳众人，使其参与到问题的界定中来，并协作找寻问题解决的方略。换言之，也就是要在构建水平型关系（horizontal relationships）的过程中培育系统领导力。这也需要领导者具备一系列新的能力，包括设定方向和目标、构建行动的联盟、吸纳各方的深度参与、以团队开展工作、建立共同体等，所有这些转型正是所谓"分布式领导"（distributed leadership）的题中之义（Townsend，2016）。

"分布式领导"、"分享式领导"（shared leadership）或"集体协作式领导"（collaborative leadership）等概念所描绘的领导力发展趋势，正是现代教育治理视野下领导力建设的主攻方向。这种领导方式更加贴近于复杂情境下、面对"顽劣性"问题时所需要的领导艺术，更有助于"吸纳众人形成一个共同体以应对复杂的公共议题"（Grint，2010：18）。领导不再指涉一个人或一个岗位，而是一种行动。具体看，在解决复杂教育问题的过程中培育分布式领导力，就是要在校内和校外生活之间搭建桥梁，因为只有打破教育工作者（校长、教师及教育行政人员等）孤军奋战的局面，通过激发人的能动性（human agency）使教育领导行为扎根于一种广泛的集体行动（collective activity）中，学校的教育目标才有望实现（Conway，Andrews，2016：175-201）。这种领导力的分布通常表现出鲜明的开放性特征，因为我们面对的问题是无界的，所以要为每个人（利益相关者）——学生、教师、家长以及社区成员提供参与机会，而凝聚众人的"粘合剂"正是互信、尊重以及责任的共担。在这个意义上，分布式领导绝不是在权力分享的基础上，简单机械地把责任分散开来，相反它更加强调的是每个参与者勇于承担责任的意识和能力（Townsend，2016）。唯有如此，才能让集体领导和行动真正落到实处，一个多元共治的体系和格局才有望实现。

因此，与分布式领导相一致的能力建设就显得非常关键了（Hargreaves，2011）。支持各方利益相关者以适切的方式参与教育的领导活动、引领和推进复杂的教育变革工作，就是我们所谓的领导力建设的根本指向。有关这方面的学术讨论和实践动向的文献众多，概括而言，其最为核心的内容，应该是如何开发一套新的有效策略来为广泛的"合作关系的构建"以及"激发他人承担领导职责"提供支持和保障。而这种能力建设和支持体系的结构也一定是立体化、多层次的，其辐射的对象也一定会涵盖所有利益相关者。但受篇幅所限，本章的后续讨论将聚焦在政府和学校这两大主体之上，重点关注政府和学校各自应该承担怎样的职责（该做什么）以及如何承担这样的职责（能力建设）。

需要说明的是，教育领导力问题的讨论也必须立足于我国的实际。概言之，自十八届三中全会以后，实行教育领导力提升战略、促进我国教育治理的现代化，需要在"政府依法行政"和"学校自主办学"的背景下展开。本章将分别从上述两个维度切入，针对政府和学校领导力的建设问题进行具体分析。

## 第二节　依法行政与政府教育领导力的提升

诚如前述，通过多元共治实现善治，是现代教育治理体系追求的价值内涵。其中，政府在教育治理体系中扮演"元治理"角色。兼顾"元治"与"共治"是政府教育领导力发展的应有之义。同时，加强法制是实现"善治"的基本要素，在教育治理过程中不可或缺。依法行政既是我国教育治理体系构建的必要组成部分，也是政府教育领导力培育和提升的前提预设。我们在理顺政府与市场、学校、社会的多边权责利关系的基础上，应进一步明确政府领导"应该做什么"和"怎么做"的问题。

### 一、依法行政下的政府教育领导

1985 年，《中共中央关于教育体制改革的决定》颁布，开启了我国教育管理体制改革的序幕，该文件一方面指出要加强教育事业的宏观管理；另一方面也提出要不断简政放权，扩大学校办学自主权。遵循这一思路，我国教育体制改革 20 世纪末开启了持续探索的二十年。党的十七大提出加快行政管理体制改革，要求"着力转变职能、理顺关系、优化结构、提高效能，形成权责一致、分工合理、决策科学、执行顺畅、监督有力的行政管理体制"。此后，2010

年《教育规划纲要》、2013 年《中共中央关于全面深化改革若干重大问题的决定》等都对政府转变职能、简政放权、改进治理方式进行了规划。上述政策上的流变和延续，反映着政府在教育治理体系现代化进程中扮演的角色与作用的转变态势。其中的关键问题在于，如何明晰权力边界，促进教育治理从理论探讨走向实践应用，推进教育治理达到"元治"又不破坏"自治"。在这样的体制改革脉络下，政府与教育行政部门的领导责任主要包括哪些，就成为需要回答的首要问题。

### （一）引领教育变革的愿景与走向

如前所述，为了应对教育和社会中的复杂问题，领导不是要提供确切的答案，而是要吸纳各方共同面对挑战，不断提出问题、澄清问题并且探索前进的方向。在教育治理体系构建的过程中，为了应对多主体共同参与带来的多中心、分散性和不确定性，特别是可能会导致低效和失序的后果，政府在治理中应该发挥主导角色，解决"过度治理"与"治理空白"的问题。其中，政府领导的首要职责正是设定愿景、引领方向。其一，教育的公共属性决定了教育治理的方向，应该以党的方针指引政策方向，落实好立德树人的根本任务（徐艳国，2014）。其二，确保教育治理价值目标的"以人为本"（朱永新，汤敏，周洪宇 等，2017：225），在具体的治理路径选择中应该坚持法制化、科学化和民主化（褚宏启，贾继娥，2014）。其三，政府应加强对于现代教育变革方向的准确把握，提升自身变革的能力，尤其是结构调整能力，以应对公共性与私人性的矛盾，解决基础教育的公共性与人们对优质教育资源的需求的矛盾（潘希武，2006）。此外，站在维系社会公平正义的基础上，要积极促进教育公平，推进基本公共教育服务的均等化（袁贵仁，2014）。这些方向性的把握，无疑是最重要的教育治理主体应当承担的职责。

### （二）引领系统变革的设计与实施

首先，加强制度建设、厘清权力边界。教育治理是指国家机关、社会组织、利益群体和公民个体，通过一定的制度安排进行合作互动，共同管理教育公共事务的过程（褚宏启，贾继娥，2014）。当前教育治理中存在政府调控能力不足、社会参与不够、学校办学自主权不足、学校内部治理结构不完整、学生主体性不彰显等问题，与长期以来政府作为单一主体通过自上而下的行政命令管理教育事务的行政方式是密切相关的（耿超，2018）。从这个意义上讲，制度规范是各教育治理主体参与教育治理实践的必要前提（沈亚平，陈良雨，2015），需要通过体制机制创新推进教育治理体系和治理能力的现代化。

一方面，从政府及其各部门之间的分工而言，要确保教育权力在不同部门、不同主体之间的"确权""分权""放权""让权"（曲正伟，2013）。一是对公共教育权力进行系统整合和分类。要把散落在不同政府部门之中的公共教育权力（如财政权、人事权、办学权）进行科学、合理的整合与分类，为合理的"确权"和"分权"提供基础。二是根据权力的类别和性质，把其分配给与之相匹配的组织或个体，以使公共教育秩序得以规范，教育公共服务实现优化供给。三是制定各种权力的运行、监督制度，以保证各种权力效用的发挥（张建，2014）。

另一方面，要完善教育法律和制度规则体系，加快推进地方教育立法（詹春青，2016）。通过制度保障教育治理多元主体之间的权责关系，通过制度建设明确不同利益相关主体在教育治理体系中扮演的角色，强化教育决策者的制度意识和建立制度、运用制度的能力（尹后庆，2008）。

其次，优化治理方式，创新治理工具。教育治理要实现"一元"控制向"多元"共治的转变，政府、学校和社会是平等的主体关系。教育治理体系的现代化要求政府不断优化治理方式，创新治理工具。其一，从直接管理走向间接管理。其二，从微观管理走向宏观管理。其三，从依靠行政权威到依靠法律法规。教育行政部门管理方式单一，习惯用分数管学生、用升学率管教师，制约了学生的创造性、教师的创造性（袁贵仁，2014）。今后，政府应更多运用法规、规划、标准、规则、财政、信息服务、事中和事后监管以及必要的行政手段等引导和支持学校发展（杨银付，2014b），由"运动员"转为"裁判员"，由"划桨手"转为"舵手"，即转为教育体系的构建者、教育条件的保障者、教育服务的提供者、教育公平的维护者、教育标准的制定者、教育质量的监管者。

### （三）引领治理体系的形成与优化

首先，吸纳各方参与，提高治理能力。如果说治理是通过政府与市场、社会的有效合作提高政府的管理效能，解决政府管理信息不对称、不专业、低效率的问题，那么，政府为了更好地履行责任，成为服务型政府，必须从大包大揽的单向度管理转向政府、社会和公众等多元主体的共同治理（尹后庆，2008）。在此背景下，一方面，学校是教育治理体系的重要组成部分，应引导学校形成自主办学的良好局面，帮助学校摆脱对教育行政部门的依赖性，提高办学主体的自主性，促进"自我管理、自主发展、自我约束、社会监督"机制的逐渐形成（褚宏启，贾继娥，2014）。在满足学生差异化学习需求的同时，为国家现代化建设培养合适的人才。另一方面，培育专业的社会组织，增强社会组织的独立性。由于我国的社会组织发展起步较晚，同时半官方性质的社会组织具有很强的依附性和行政化倾向，我国教育治理体系中社会组织存在"缺位"的状态（张建，2014）。这意味着，对于政府而言，应积极培育第三方教育机构，诸如专业行会、行业协会、认证/评估机构都应该成为教育治理体系中的重要参与者（胡莉芳，黄海军，2015）。教育行政领导者应该树立服务政府的理念，促进教育治理主体之间决策贡献的均衡发展，非政府治理主体有实质性参与（沈亚平，陈良雨，2015）。同时，随着教育治理体系的逐渐完善，可以将多元主体参与地区教育治理作为评价基层政府和教育行政部门履职成效与问责的主要标准之一（耿超，2018）。总而言之，教育治理体系的现代化既需要多元主体的积极参与，也需要多元主体的有序参与，通过不同利益相关者间的协商形成良好的合作关系。

其次，协调各方利益，优化职责分工。建立现代治理体系意味着参与者最终将形成一个自主的网络。治理是一个上下互动的管理过程，通过合作、协商、伙伴关系、确立认同和共同目标等途径实施对公共事务的管理（俞可平，2000：4-6）。教育治理主体之间既有共同的参与和相互支持，同时由于教育治理的复杂性和综合性，教育治理主体之间也可能因价值评判标准的不同面临利益冲突（曲正伟，2013）。如何共同承担责任，同时维护不同教育治理主体间合理边界，是教育治理有效的重要条件。因此，对于政府而言就应该在协调各方利益的同时优化教育治理主体的职责分工，最终形成政府依法治理、学校自主办学和社会有序参与的现代教育治理体系。一方面，建立共同参与的多元协商机制。改变传统的自上而下行政命令式的教育管理思维，畅通各方主体利益诉求通道，促进不同价值追求的充分表达。关涉教育质量的主体应采取相互协作和共同参与的策略，实现相互补充和统一（胡丽娟，严凌燕，2015）。另一方面，建立信息共享机制，提高管理透明程度。教育治理各方利益主体在拥有决策参与权的同时，促进教育治理过程中的信息公开，使教育治理过程成为"无间隙"的合作过程（李彦荣，2009）。根本上说，各个利益相关主体在教育治理体系中扮演的角色不同，但共同参与和协商一致是实现"善治"的重要前提。

再次，坚持权责一致，强化教育督导。教育治理体系中的政府、市场和社会等不同主体来自不同的系统，代表着不同群体的利益。因此，在教育治理逐渐从理论话语走向教育实践的同时，有研究者清醒地认识到教育治理并不是万能的，内在地存在很多局限性（俞可平，2000：7）。在教育治理实践中需要各类主体坚持权责统一的原则，对于承担"元治理"角色的政府而言，要强化教育督导，确保教育治理局面的形成与内涵式发展。对于教育治理主体的学校而言，要激发学校办学的主体意识，形成学校依法自主办学和政府依法监督相统一的局面。社会是教育治理体系的另一个主体，社会参与不够是当前我国教育管理中存在的突出问题（褚宏启，贾继娥，2014）。除了社会参与不够之外，社会参与的能力不足、方式不当也是目前存在的突出问题。对于政府而言，在放权的同时应该加强教育督导能力，引导学校与社会共同参与提供优质的教育资源。一方面，通过实体性和程序性规则对教育治理的效果进行问责，既要对各相关治理主体进行问责，也要对自身进行问责。另一方面，政府要进行质量监管，保证教育产品和服务的基本质量，杜绝教育产品和服务过程的缺陷（董辉，杜洁云，2015）。

## 二、政府教育领导力的提升战略

教育治理能力是指教育治理的主体在教育治理实践过程中应具备的各项专业能力与合作共事能力，既包括教育治理多元主体的专业智识和能力，还包括多元主体依托各种"合作伙伴关系"而形成的组织整体所具备的"专业资本"，也即相互信任、支持和合作解决问题的专业能力（董辉，杜洁云，2015）。政府作为教育治理的主体之一，要在现代教育治理体系中充当好"元治理"的角色，应该不断提升自身能力，促进教育治理体系的形成与发展。

**（一）政府教育领导者的能力提升策略**

首先，解放思想，提高"管"的水平。教育治理体系的现代化根本上就是人的现代化，这要求教育行政部门及其相关人员真正从传统"管治者"转为"治理者"。因此，需要在实践中不断解放思想，提高教育治理的水平。一是树立正确的思想理念，包括以人为本，尊重主体的需求，满足国家对立德树人教育公平的现实需求。二是要敢于下放权力，避免政府在教育管理中越位、缺位和错位现象（褚宏启，贾继娥，2014）。具体而言，为提高政府"管"的水平，一要厘清"管"的内容，划清政府、学校、社会和市场等多元教育治理主体之间的权责关系。二要改进"管"的方式，促进微观管理向宏观管理、过程管理向事后管理转变。总体而言，政府领导者思想的解放是改变传统教育管理理念的前提条件。

其次，提升专业能量，注重实践反思，建设学习型政府。不断提高现代教育治理体系各层次、各方面参与主体的专业能力，从而激发教育治理体系的活力、提升系统效能。具体而言，一要领导提升教育治理专业知识的生产能力。大力推动高水平教育智库的建设，为现代教育治理体系的建设提供卓越的智力支持，积极推动跨部门教育知识生产共同体的形成，推进以数据和证据为基础的研究范式转型，促进先进教育理念和科学教育知识的传播共享。二是要领导提升各方运用知识参与治理实践的能力。全面提升政府科学管理和民主决策、学校依法自主办学、社会参与监督评价的质量与效能。教育治理体系的现代化，既需要中央的顶层设计，同时也需要鼓励基层创新，促进地方教育行政部门自主开展教育改革和创新。更为重要的，政府领导行为要强化一种导向，就是在整合顶层设计与基础创新多方经验的基础上强化系统反思，并由此转向学习型政府。20 世纪 80 年代开启教育管理体制改革以来，各地积累了丰富的经验。上海、浙江等地在教育治理过程中取得了较好的实践效果，形成了相对完整、系统的教育治理体系。有研究者认为，应该系统总结反思地方改革创新经验，将优秀的地方经验上升为国家制度（陈亮，李惠，2016）。例如，上海市浦东新区构建了政府主导，社会组织、市场、学校、公民等多元主体民主参与、协作管理的教育公共治理与服务体系的新模式（图 2.1）。

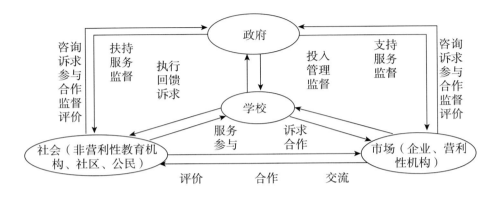

**图 2.1　上海市浦东教育公共治理结构**

资料来源：上海市浦东新区社会发展局，2009. 中国教育改革前沿报告：浦东新区教育公共治理结构与服务体系研究［M］. 上海：上海教育出版社：120.

　　在浦东教育公共治理结构与服务体系构建中，参与治理主体的多元化、治理方式的多样化、治理主体功能的专业性分化以及治理目标的多元追求使得治理结构具有"平等、参与、互动"的特征。政府组织、非政府组织、私营机构、社会组织、学校等治理主体聚焦难题，通过对话、协商、谈判、妥协等集体选择和集体行动，形成资源共享、彼此依赖、互惠互利和相互合作的机制和组织网络。不同主体之间在利益和资源上相互依赖，他们合作的目的是通过资源的交换而实现各自或共同的利益。众多的治理行动者组成一个关系网络，形成一种"合作伙伴关系"。在具体的教育治理实践中，要注意多元主体的平衡与制衡。既要充分行使政府职权，又要厘定政府权力的边界，避免政府在教育公共事务上的"缺位"或"越位"；既要借助市场力量实施教育资源的合理配置，也要防止市场机制在教育公共治理中的过分"商品化"倾向；既要给予学校办学自主权，也要设置约束制度和监督评估制度保障教育质量（上海市浦东新区社会发展局，2009：119–122）。此外，在总结本土经验的同时也要善于结合我国的具体国情，学习借鉴国外教育治理的先进经验。凡此种种，都显示教育治理和领导要建立于可靠有效的知识基础之上，知识的生产、经验的淬炼都有赖于组织学习能力的不断提升，因而是教育领导能力建设的关键。

再次，努力搭建平台，营建与维系合作伙伴关系。通过优化领导权力的配置、畅通理性协商和对话的渠道，培育多方信任关系和各自的角色认同，强化对于教育治理共同体的卷入感和归属感，确保集体行动和公共治理的制度化，是激发系统领导力的必由之路。不妨以国外"学习导向型领导力"（learning-centered leadership）提升的具体经验为例，说明教育行政部门（政府）如何搭建平台、促进多方协作展开的经验。以下主要以美国教学与政策研究中心（Center for the Study of Teaching and Policy）协助开展的聚焦于教学改进和学生学业进步的实践为载体进行论述，以期为我国地区教育综合改革中的教育领导力的发展提供借鉴。具体来看，美国教学与政策研究中心协助学区领导者转变传统教育管理方式，构建学区管理与学校自主管理的教育治理模式，实现了学区教育效能和学生学习成就的提升（学区与学校关系如图 2.2 所示）。

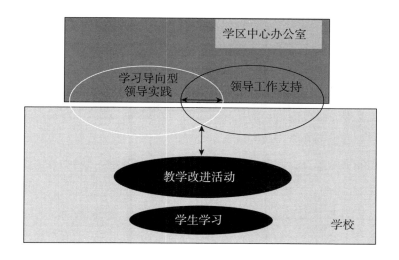

**图 2.2 学习导向型领导实践及领导力支持**

资料来源：Knapp M S，Honig M I，Plecki M L，et al.，2014. Learning-focused leadership in action：improving instruction in schools and districts［M］. London：Routledge：7.

首先，从学区教育行政部门改革的目的而言，聚焦于教师教学和学生学习的改善。学区教育行政领导者通过权力下放和赋权提升学校效能。其次，学区教育行政领导者带领学区中心办公室所有部门参与到学区教育发展中，促进了学校管理过程中的多元主体参与。最后，学区中心办公室领导者通过转变行政与学校的关系，促进学区内所有学校的持续改进和学生学业成就的提升。一方面，学区教育行政领导者不断促进教育管理系统的革新和领导者能力的提升，确保"正确"的领导者能够把事情做好。另一方面，加强学区教育行政领导者和学校领导者之间的相互学习与沟通，共同促进教学实践的改进和学生学习的改善。

在我国，学区化办学与集团化办学被认为是教育治理的具体策略，能够促进教育的优质均衡发展。在这样的背景下，对于教育行政部门尤其是承担教育治理实践的地方教育行政部门而言，要搭建好交流的平台，促进教育治理主体之间的合作与权力共享。一方面，从横向关系而言，教育行政部门内部各个部门应该明确分工，精简办事流程，下放权力。同时与其他教育行政部门积极沟通，搭建区域间校长、教师交流平台，提高自主办学能力。另一方面，加强教育行政部门与学校领导者之间的合作、沟通与联系，掌握学校办学的动向，解决学校自主办学过程中的困难并提供相应的支持。

### （二）政府教育领导力提升的制度与系统支撑

教育治理体系的现代化需要政府教育行政领导能力的提升，需要形成良好的制度与系统支撑。具体而言，需要完善教育行政架构，厘清教育治理主体之间的权责关系；需要加强教育行政领导者的交流与合作，促进教育行政领导者治理思维的形成和能力的提升；同时，还需要完善外部保障政策，增强外部参与的民主性和科学性。

首先，完善教育行政架构。实施教育公共治理，即意味着政府以及教育行政部门将从"全能"向"有限"过渡，意味着从政府"一元中心"转向政府、社会、市场共同构成的"多中心"公共行动体系（胡伶，2010）。对于教育行政架构而言，必须明确中央政府、地方政府、学校以及社会之间的关系。第一，厘清中央与地方各个层级教育行政部门之间的权责关系。2010 年《教育规划纲要》提出深化教育管理体制改革要"以转变政府职能和简政放权为重点"。然而，地方政府在获得教育行政权力的同时，也存在内部权力不均衡的现象。地方教育行政部门只有一些事权，缺乏必要的人事权和财政权。有调查显示，59.4% 的县区教育局局长认为地方财力严重不足是地方教育行政部门难以提供优质教育服务的重要原因（耿超，2018）。同时，我国教育发展存在区域差异、区域内部差异以及学校差异，如何确保中央与地方政府的权力界限是教育治理水平的重要衡量标准。第二，地方教育行政部门要精简机构，在教育治理思维的指导下明晰部门与部门之间的关系，明确分工与职责。研究发现，在地级市／县级市的教育局，由两三人承担科室任务的情况普遍存在，由于缺编、工作内容繁杂，教育行政机关现实中将工作分为党务、业务、行政（主要是文案工作）、督导、其他（接待、工会等）等模块。职能工作、日常工作混杂在一起，科室工作内容存在大量的交叉与割裂（耿超，2018）。地方教育行政内部职责不明使得教育"元治理"角色缺失，同时也阻碍了其他教育治理主体的有序参与。第三，明确政府、市场和社会之间的权力与责任，构建政府依法行政、学校自主办学与社会有序参与的教育治理新局面。

其次，优化政府教育领导力的涵蓄和更新体系。国际教育治理的实践表明治理并不是万能的，具有失败的可能性（褚宏启，贾继娥，2014）。政府往往会陷入"能力陷阱"，具体表现为对单一行政性治理手段的沿袭和对教育决策集权性治理方式的倚重（陈良雨，2015）。因此，应该不断加强教育行政领导者之间的交流与合作，构建学习型政府，提高政府教育治理的综合领导能力。一方面，要加强区域间以及区域内部的交流与探讨。教育治理逐渐从理论探讨走向教育实践，积累了一定的经验。对于教育行政领导者而言，加强区域之间的交流是吸取他人经验、反思自我实践、促进自身教育治理能力提升的良好方式。当然，教育行政领导者还应该充分考虑本区域教育治理体系的现状与困境，合理吸取其他区域的教育治理经验，结合本区域文化与社会环境促进教育治理体系的形成与完善。同时，对于区域领导者而言，转变治理思维与提高治理能力的关键还在于本区域其他教育治理主体的参与和贡献，因此，教育行政领导者应该加强与学校领导者以及社会相关利益主体之间的沟通与交流，增强对教育利益相关者诉求的回应。另一方面，深化教育行政领导者的培训，提升其治理意识与治理能力。一是确立教育行政领导者培训的常规机制，使定期培训成为提升教育行政领导者领导能力的重要源泉。二是相关培训课程的设置要体现问题导向与实践导向，以典型案例促进教育行政领导者对教育治理理念、工具与方法的掌握和运用，提高培训的时效性。三是完善培训工作成效的评价机制，以教育行政领导者教育治理能力提升所形成的教育治理体系与教育事业发展作为评价的标准。

最后，不断完善相应政策保障。教育行政领导者能力的提升不仅需要教育行政架构与教育行政领导者的不断学习与专业成长，更需要完善教育治理体系的外部保障政策，通过制度建设、人员发展和环境保障促进教育行政领导者教育治理能力的提升。第一，营造教育治理多元主体之间的互信环境。在教育公共治理过程中，需要政府、社会组织、市场以及公民个人之间相互信任、彼此依赖与积极合作，形成伙伴关系（胡伶，2010）。从教育利益相关者参与教育决策的机会而言，学校与社会难以充分参与，一方面，是缺少教育利益相关者参与决策的制度化路径；另一方面，部分教育行政领导者认为校长、教师等多元利益相关者并不具备参与教育行政决策的能力，只注重上级教育行政部门的意见和建议（耿超，2018）。对此，应该构建平等的参与环境，畅通多元主体共同参与的途径，通过权力的赋予夯实政府与其他教育治理相关主体之间的互信基础，营造互信、沟通与合作的环境。第二，加强智力机构建设。为了保证教育发展方向的正确性，政府应在教育治理方式创新的基础上鼓励、支持独立的智力机构建设，鼓励社会个人或者团体成立专业化的教育咨询团队，为教育政策的制定提供支持，促进教育行政领导者科学决策。

## 第三节　自主办学与学校教育领导力的提升

教育治理现代化是国家治理现代化的组成部分，对学校而言，建立现代学校制度、依法自主办学，既是推进教育治理改革、简政放权的自然延伸与客观要求，也是遵循教育发展规律办学的内在要求（范国睿，2017a）。毫无疑问，学校实现自主办学需要变革学校的组织结构、管理模式及系统结构等，尤其需要增强学校领导者引领组织变革的能力。当前，学校的变革体现在学校管理模式向"校本管理"以及"开放型"学校系统的转变。这使校长在学校运作上有了更多的自主权，对能否充分发挥领导力提出了更高的要求。另外，开放型的学校系统结构对于校长能否发挥对外部环境的领导力也提出了更高的要求。结合我国当前的实际，学校变革需要的领导力体系包括多个方面，任何一种单一的领导模式都难以支撑我国学校的领导者在素质教育和新课程改革背景下的领导实践。讨论自主办学背景下学校教育领导力的提升问题，要回答"是什么"和"怎么样"两方面内容。综合文献梳理和实践回顾，本节对上述两个方面内容将进一步从四个层次进行阐释：一是为办有道德的学校而领导；二是为办有效能的学校而领导；三是校长与教师领导力的提升；四是学校教育领导力提升的组织与环境支撑。

## 一、自主办学下的学校教育领导内涵

学校领导力，是指学校领导团队通过一系列外在行为相互协调整合而成的服务于学校组织目标、确保领导过程顺畅运行的影响力（许敏，2008），由目标与价值系统、育人模式系统、制度与管理系统、教育资源系统组成（裴娣娜，2015：274）。要想提升学校教育领导力，需要明确在自主办学背景下的学校领导力建设的主要目标。显然，学校办学的伦理向度和效能目标是无法忽视的。

### （一）为办有道德的学校而领导

因为教育活动的特殊性以及教育管理主体的职业特征，学校的管理活动在初始阶段就具有浓重的道德色彩，而学校领导和管理活动的最终目标与我国的教育目标相一致，都是促进人的成长与发展，该目标本身就饱含着道德关怀和伦理指向，所以说学校管理活动和教育领导本身就和道德这一因素有着紧密的联系。但是在实践中，学校管理中的道德仍然被自身的功能和职业特征所掩盖和蒙蔽，不同的主体对于这个问题表现出了共同的集体无意识（郅庭瑾，2006）。对学生家长来说，衡量一所学校的标准主要以子女的成绩为主，只要孩子的考试成绩比较优秀，通常情况下家长都会比较认可这所学校，基本上不会去关注学校管理的道德问题。对教师来说，学校一方面是其谋生场域，另一方面也是其实现人生价值和理想的场地。现实中，大多数教师对二者的需求兼而有之，主要的区别在于两者孰轻孰重，只要学校能够基本满足这两方面要求，教师则不会过多关注学校管理。对学生来说，他们本该对学校有着自身的要求和衡量标准，但是在我国的文化背景和教育情境中，学生的想法往往容易被忽视和不被理解，他们通常被赋予被管理者的角色，通常也不会挑战学校管理的权威。对社会来说，衡量一所学校的标准通常是能否培养出高质量的人才，只要学校能在升学考试中取得优异成绩，那么这所学校通常就被认为是高质量的，同时学校的管理也是优质的，其很可能成为其他学校争相学习的对象，而学校管理中的问题被忽略不计。由此，我们不难发现，不管是对于学校本身还是对于其他的利益相关者，学校管理的道德问题都已成为一个被遗忘的问题。

对于学校管理的道德目标，萨乔万尼（T. J. Sergiovanni）提出了道德领导的教育理念，他认为道德领导的来源是共享的价值观、理念和理想，也就是说，道德权威源自教师在共享共同价值观、理念和理想时所产生的义务以及责任（萨乔万尼，2002：39–49）。在一所凸显道德领导的学校，明晰和共享的价值观与理念规范着学校组织成员的行为，而在道德影响的驱动下，教师因为道德原因对学校的价值观作出回应，将自身的工作变成一种集体性的活动，自愿且稳固地为学校的目标努力工作。萨乔万尼指出领导失败的原因在于过度强调科层、心理、技术和理性的权威，从而忽视了专业的道德权威，学校管理过程变成了对人进行掌控借以提高学校效能的过程。弥补该缺失的关键，则在于把领导的道德维度从外围移到探讨和实践的中心，关注道德目标的确定（萨乔万尼，2002：4–8）。

"道德领导"要求一种对价值伦理的关注、一种对善的追求，集中彰显出一种管理上的伦理导向，它重视重构学校的教育愿景、价值观以及责任与义务等，强调用协作、协商的方式领导学校，向学校成员传达一种全新的教育管理理念（郅庭瑾，2008：196–197）。自主办学背景下的学校教育领导需要为办有道德的学校而努力，具体表现在以下几个方面：一是建立学校组织的盟约，建立有德行的学校。二是坚持道德的两项原则，培养追随者。学校坚持公正和善行原则，培养学校组织的追随者，强化学校组织成员主动追随的行为。三是确立学校决策的道德准则，构建道德共同体。学校领导要公开表达在做各种决策时会贯彻的道德准则，明确学校的各种决策都最大程度地体现该准则，推动学校成为一个道德共同体。

## （二）为办有效能的学校而领导

学校效能（school effectiveness）研究可以追溯到美国的科尔曼（J. Coleman）等人关于学校教育对学生影响的悲观性结论。1966年的《科尔曼报告》基本上否定了学校的作用，而学校对学生的学习成绩是否存在影响？是否存在高效能的学校？关于学校效能的研究正是在这种质疑中兴起。

尽管研究者在有效能的学校方面取得了一些共识，但是仍然没有形成一个较为通用的定义。按照科尔曼最初的假设，对学生学业成绩影响最大的学校是有效能的学校，也就是说在学校效能研究的初始阶段，是以学生学业成绩作为标准，对学生的种族、家庭经济条件以及家庭在社会中所处阶层等方面相似的学校进行研究分析，从而鉴别出比一般学校更好或者是更差的学校。而萨乔万尼则认为，从技术层面来理解，有效能的学校是以学校的效能为核心，在校园氛围、教师教学、学生学习以及其他各方面都进步很大的学校。经济合作与发展组织的研究认为，有效能的学校在考虑学生的社会经济地位、家庭背景以及先前学习的同时，应在广阔范围的智力、社会和情感的成果里促进学生的进步（李永生，2012：20-21）。霍伊（W. K. Hoy）和米斯基尔（C. G. Miskel）以社会系统的四个必要功能作指引，制定了学校效能的明确准则：一是适应性，能适应内外环境变化不断革新发展；二是目标进取性，不断提升学校成员能力与素质，争取更好的成绩和资源；三是整合性，学校能保持融洽开放的氛围；四是维模性，学校成员都以学校为荣，有着良好的学校规范和校风，激励成员工作。综合以上对有效能的学校的理解，我们认为有效能的学校主要是指能够基本满足社会对学校的合理要求，学校内部组织结构合理，学校成员素质高能力强，通过不断变革和创新适应社会环境变化以达到可持续发展的学校。

通过对有效能的学校的理解，我们认为学校教育领导需要为办有效能的学校而努力，为达到这一要求需要做到以下几个方面：首先要根据我国教育行政部门以及相关教育政策的要求，满足国家、社会以及学生家长等对学校的基本及合理的要求，同时又能促进学校的发展；其次要优化学校内部管理，以科学规范的管理保障学校效能；再次要激发学校内部成员的内在驱动力，为教师和学生等的发展提供平台和机会，凝聚学校能量，推动学校的可持续发展；最后要通过不断变革和创新，提高组织的适应性和效能，适应学校内外环境的变化。

## 二、学校教育领导力的提升策略

提升学校教育领导力，归根结底要围绕人与组织的能力建设进行，即首先要发展组织中人的领导力，其次是形成学校教育领导力提升的组织与环境支撑。

### （一）校长与教师领导力的发展

校长领导力就是校长在实现学校目标、推动学校发展过程中影响以全校师生员工和家长为代表的利益相关者的能力，以及与以全校师生员工和家长为代表的利益相关者之间的相互作用（张爽，2007）。萨乔万尼根据领导力的对象和方式将校长领导力分为技术领导力、人际领导力、教育领导力、象征领导力和文化领导力五个层次（赵明仁，2009）。随着各国教育改革的深入，越来越多的研究发现校长在提升学校效能方面发挥了重要的作用，校长领导力的提升对教学质量的提高和学校的发展具有举足轻重的作用（李敏，代蕊华，2012）。随着教育治理体系建设工作的推进，既往有关校长领导力的研究显示出新的发展空间。首先，由于近年来教育市场化、问责机制的日益健全等，学校需要对多元利益关系主体做出回应，这对校长提出了更为严苛的要求，拓宽了校长治理能力的内涵和范围。其次，随着学校治理改革的深化，继续将"校长领导"等同于"学校领导"有违现代学校治理的精神，因而如何重新界定并发展校长以及学校其他成员的治理能力成为影响学校可持续发展的关键因素。

国外有关校长领导力的研究初期主要关注校长与学校发展，甚至是与学生学业成绩之间的理性联系。这个阶段的研究试图通过归纳成功的校长具备了哪些特质、采取了怎样的领导行为，进而为校长培训提供一系列的标准和行为清单，以达到培养学校领导者的目标。近年来，校长专业发展领域开始呈现出一种从对校长个人培训到以校长为核心的学校管理团队领导力提升的转变趋势。我国关于领导力的培训主要侧重于校长，而校长培训的主要动力来源是我国教育行政部门。

教育行政部门通过行政命令的方式规定，校长必须在经相关部门认可的培训机构接受一定学时且符合国家规定内容的培训，并将获得国家认可的证书作为校长任职和继任的条件。培训的课程与内容以及培训的学时都有硬性的规定，从课程内容的制定到证书的发放等培训的各个环节都依赖于各级教育行政部门的计划指令。这种培训难以完全适应我国教育治理改革的新要求。展望未来，如何更新校长治理能力的培训定位、课程内容规划、培训方式等问题将成为新的重要课题。

就内容而言，权力共享与合理分担是未来校长治理能力提升策略必须要考虑的问题。首先，权力共享的目的在于提升学校组织的效能，而组织效能的提高并非依靠校长一人即可——"英雄式"的领导模式已经被证明不可能创造出有利于学校持续改进和自我更新的内部环境。发展学校其他成员的领导力，就要共享领导权，采用一种全新的方式为学校成员提供互相合作的机会，营造合作的组织氛围。这种合作的氛围并不是从天而降，而是需要在组织内部采取共享领导权的举措，成员间不断讨论、对话而构建起来。其次，要共享学校组织的价值观。学校需要共享一些价值观。例如，学校的凝聚力、道德感、幸福、信任、参与、关怀等，这些在学校发展中都具有潜在"领导力"的影响。发展领导力需要在组织中共享一些正向积极的价值观，提升组织的凝聚力，建立学校组织内部的信任感，推动学校的可持续发展。最后，要把"人"放到重要位置，扩大领导者的基数。学校中的"人"包括校长、教师以及学生，要重视组织中人的作用、关注人的发展，就要让其他主体参与到学校的领导活动中来，为其赋权增能。

与校长领导力建设密切相关的是教师领导力的提升。20世纪80年代以来，在教育去中心化、校本管理和教师赋权以及教育领导理论不断发展的背景下，教师在学校发展中的作用受到越来越多的重视。教师不仅仅是知识的传授者，而且是学生学习的督导者、同事的协调者和培训者、学习环境的创设者以及学校改进的推动者和改革者（刘志华，罗丽雯，2015）。美国教育管理学家海林杰的研究表明校长领导力通过教师领导力的中介作用而对学生的学业成就产生影响（Hallinger，Bickman，Davis，1996）。因此，越来越多的研究者意识到教师领导力提升对于学生学业成就提升和学校发展的重要意义，教师领导力是学校领导力的重要组成部分。简言之，教师领导力就是教师运用专业知识和技能影响学生、其他教师以及家长等人员，最后达到提高改善学生学习的目的（刘志华，罗丽雯，

2015）。

从教育治理的角度来说，教学领导力是教师发挥专业职能的首要能力。有学者认为，教学领导力不仅体现在校长及学校领导团队身上，还体现为教师分享教学领导力。当教师能够分享教学领导力，教师参与学校变革的意愿就更强，同时也更富有责任心和敬业精神（Marks，Printy，2003）。所以学校在重视教师专业发展的同时，还应该通过一系列措施提高教师教学领导力。参与学校治理是教师作为学校利益相关者应该具备的另一种能力。学校内部治理可视为学校组织成员间一种动态、互动的行为，教师理应参与某些决策、执行和监督活动。目前，教师参与决策和监督的权力空间和能力建设并不理想。这主要是由于传统学校内部治理结构下的校长具有绝对的决策权。另外，学校管理机构重叠的情况一定程度上也致使教师的监督权无的放矢。更为重要的是，由于信息透明的机制尚未形成，教师行使权力和提升能力的资源受到限制，因而显得束手无策。

综合上述问题，本研究主张提升教师参与学校治理的能力。首先，要切实调整学校治理结构，合理释放治理空间。需要建立与完善现代学校法人治理制度，改变传统的"一长制"，形成决策、执行和监督相互分离、相互合作、相互制衡的权力布局。其次，要畅通信息渠道，给予教师参与治理的信息支持。及时、有效的信息将有助于提升教师在治理中的行为能力，提升教师治理的效益。

### （二）学校教育领导力提升的组织与环境支撑

近年来很多研究者发现，政府由上至下的系统变革所付出的巨大努力似乎并没有得到相应的回报，他们认为需要"对整个改革的策略框架进行重构，持续而深入地聚焦于能力建设和绩效责任制"（Fullan，2006：80-96）。这个时候，学校的教育领导力就成为学校作为自组织可持续发展的必要条件。学校教育领导力的发展如何回应学校领导工作的复杂性、不可预测性，培养能够推动学生学习与成长的学校领导者，逐渐成为世界各国面临的挑战。这种领导力可视为有关治理主体及制度体系在学校治理中互动生成的合力。

首先，从主体来看，对人的培养是治理能力提升的必经之路。传统的校长培训需要面对来自国家层面和专业组织问责的压力，校长培训的质量和效能通常会引发众多的关注，进而会导致多种提升学校领导培训和发展质量的教育改革

（Leithwood，Levin，2008）。从 20 世纪 80 年代末开始，我国政府开始颁布一系列政策用以指导和确保校长培训工作的发展，试图通过对校长全面广泛的轮训和不同层次的培养，提升在职校长的素质和能力，如 1999 年颁布的《中小学校长培训规定》明确指出，参加培训是中小学校长的权利和义务，是校长任职和继任的必备条件。为了提升学校领导力，部分国家尝试建立以国家级的专业标准为本的培训质量评估体系，通过各种各样的标准引导学校领导的学习，重视对培训提供者的问责（Ingvarson，Anderson，Gronn et.al，2006）。例如，在美国，有一些学区把自己当作学校领导培训与发展项目的消费者，通过消费者的选择对项目的变革产生直接或者间接的影响（Orr，King，LaPointe，2010）。

　　然而，有关教育治理能力的培养不应只关注学校中的个别人，而应辐射到每一位利益主体身上。学校的发展既需要发挥校长及其领导团队的领导力，更需要创造条件鼓励、吸引和支持每一位学校利益相关者参与到学校建设之中。学校的持续性改进不仅仅在于外在政策和资源的投入和支持，更在于校长和教师专业自主精神的唤醒和集体专业资本的提升。这也就意味着，未来学校变革和持续改进应该持续聚焦于学生的学业成就和综合发展，学校全体职员为此不断努力从而聚集力量。一方面，这要求学校发展的所有利益相关者积极参与学校改进，树立主人翁意识和责任意识，致力于学校改进的可持续性及学校改进效能的提升。另一方面，还要为学校成员的教育治理实践创造机遇、提供平台，为教师和学生参与学校管理的决策、执行、监督等事务谋求各种途径和方式。

　　其次，从制度体系来看，科学规范的学校管理制度是学校领导力的重要保障，民主型的现代学校制度是优化学校内部治理的助推器。在学校内部治理方面，学校制度的完善程度不仅决定了制度对学校成员的规范程度，更在一定程度上决定着学校组织氛围和教师间的信任与支持，进而影响学校教师团队的文化和集体效能。因此，应该构建完善的现代学校制度体系，明确学校发展中不同利益相关主体之间的权责关系，通过民主协商的方式决定学校发展的大事。通过制度的构建，促进形成学校内部合作伙伴关系和为学校共同谋发展的组织氛围。在此基础上，学校领导力的提升也就有了良好的组织和制度保障。加拿大学者富兰（M.Fullan）指出，学校变革是一项系统工程，能力建设包括在发展和调动知识、资源和动机上运用一系列策略来提升系统各层的集体效能（Fullan，2006：30–

48）。毫无疑问，学校教育领导力的建设涉及理念、主体、方式、公共权力资源配置方式等方面的转变，涉及人的能力、制度体系以及两者之间的互动关系的变革。在提升学校教育领导力的工作中，应该始终坚持教育治理的价值取向，在网络化的治理结构中最大限度地尊重和发挥各个主体的治理能力，从制度设计上提供主体发挥、发展治理能力的空间，并以人的能力提升促进制度价值的实现和完善。

第三章

# 标准规范战略

标准化是现代化的标志之一，教育标准化也是构建教育治理现代化的重要途径。教育标准是国家标准体系的重要组成部分，对于当代教育治理建设具有重要的战略意义。在以标准促善治的行动中，我国逐步明晰了教育标准的核心理念、主要目标、体系构成、研制方式，并进行了教育标准的改革实践。面对我国在世界标准格局中的弱势地位，要想借助标准驱动教育治理现代化，就要加强我国教育标准的战略改进，发挥教育标准的基础性、战略性、引领性作用。

# 第一节　教育标准建设的时代背景和战略意义

在教育治理现代化建设的背景下，教育标准成为传递"善治"具体内涵、引领治理实践方向的导航，成为落实教育绩效和教育问责的基础。从 1949 年至今，我国教育体制总体经历了从统管到放权的演变。十八届三中全会后，随着教育管办评分离改革的推进，简政放权为教育标准的发展提供了契机，教育的各方以教育标准为参照进行活动，发挥积极性。因此，教育标准建设是我国新时期教育管办评分离趋势下的时代需求，是教育分权的重要体现。

## 一、以标准促治理，保障教育利益相关者的权利地位

20 世纪 90 年代治理理论在西方兴起，强调在公共管理领域形成多元主体、共同参与的共治格局，即利益相关者有权对涉及自身利益的活动进行有秩序的管理参与。治理理念不仅是民主权利、民主意识的一种要求，更是对提高工作效率、优化社会资源配置的一种保障，是现代管理模式的一种新型转向。2016 年 9 月，习近平总书记在给第 39 届国际标准化组织（ISO）大会的贺信中指出："标准是人类文明进步的成果。从中国古代的'车同轨、书同文'，到现代工业规模化生产，都是标准化的生动实践。伴随着经济全球化深入发展，标准化在便利经贸往来、支撑产业发展、促进科技进步、规范社会治理中的作用日益凸显。"可见，标准化是我国治理现代化的重要要求。

教育标准在推动教育治理体系建设和治理能力现代化中起到基础性、引领性、规范性作用。

首先,教育标准是教育治理体系的重要组成部分。教育治理体系表现为一套比较成熟、比较系统的制度,如法律法规、管理章程、行为规范、活动守则等,将各种教育事务程序化、制度化。而教育标准正是一种尺度和依据,对各种教育常规进行制度安排。因此,推动教育标准建设也就是推动教育治理体系建设。教育标准为教育治理体系打造出三种特色:一是法治化特色。教育标准以更精准、更细化的取向规划教育活动,总体系中分若干分体系,分体系再分为子体系,尽量减少真空漏洞。而利益相关者基于体系标准参与治理,为教育法治提供了扎实的依据。二是信息化特色。教育标准意味着要尽可能对整个教育生态进行统筹、规划进而达到公认的水平,这就为搭建一站式信息平台提供了契机。各种经费标准、班额标准、师资标准、安全标准、绿化标准等要融入信息平台中,通过信息公开确保标准得以贯彻。三是开放评价特色。教育标准的深入为有针对性、多主体参与的评价提供了可能,各方可以通过查询标准、梳理事实、判断反馈等监督教育活动,形成开放的评价环境。

其次,教育标准能够推动教育治理能力现代化。标准化是现代社会分工合作的一种管理手段,将标准化原理、方法引入教育治理,是将现代管理理念与教育治理实践相结合,从而提高治理能力。这种治理能力变化表现为:第一,从"软约束"向"硬约束"转变,通过制定标准对现行法律法规进行细化补充,职责更为明确,考核依据更为硬性。第二,从"粗放型"向"精细型"转变,教育要求更为具体,相关工作的协调衔接等也更为明确,减少部门扯皮和职责灰色地带。第三,从"碎片化"向"整体化"转变,教育标准借助信息系统将更多零碎的资源、信息、人力等整合为综合服务。

## 二、以标准保质量,促进多元分权趋势下教育质量的提高

标准作为一种公认的尺度和规范,实质也是一种基础性的制度安排,可以成为提升活动效率和加强管理监控的重要手段。教育标准是关于各级各类教育活动事项的行为规范与技术要求,是对教育活动所应该达到的状态或水平的一种规

定，具有制度安排性。教育质量是教育活动的核心领域，质量也是评价活动有效性的根本尺度。各国制定了多种内容的教育标准，如建筑设施标准、班级规模标准、教学大纲标准、生均教育经费标准、教师职业标准等，都是为了保证教育质量、保障基础底线、引领高位发展。

据统计，2020 年我国各级各类学历教育在校生共有 2.89 亿人，学前教育毛入园率为 85.2%，义务教育巩固率达 95.2%，高中阶段教育毛入学率为 91.2%，高等教育毛入学率达 54.4%。应该说，改革开放以来，我国教育取得了非凡成就，我国已成为世界教育大国，然而还不是世界教育强国。2019 年公布的 U.S.News 全球教育质量国家排名中，在参评的 80 个国家中我国整体居第 25 位，可见我国整体教育质量并不处于领先地位。作为世界高等教育第一大国、研究生教育第二大国，我国的高等教育质量也仍处于追赶先进的状态。在 2021 年 6 月的 QS 世界大学排名中，中国仅有 10 所高校进入百强，清华大学居第 17 位，北京大学居第 18 位。2021 年的 U.S.News 世界大学排名中，中国仅有 2 所高校进入百强，清华大学居第 28 位，北京大学居第 51 位。由此可见，虽然我国已是世界经济总量第二大实体，但教育影响力有限，教育质量不容乐观，我国在世界人才培养和科研引领上的话语权仍显不足。在教育规模化发展的同时加强教育质量提升和内涵发展是当前我国教育事业改革发展值得思索的问题。

教育标准可以有效地保障我国教育质量底线。第一，教育标准提供教育实践内在运作的依据。通过对各种教育活动进行明确规定，为办学规划、校园基建、课程教学、师资培养等树立标尺，优质者以此为基拔尖，薄弱者以此为基补差，形成秩序化、有指导性的教育运转常态。第二，提供教育实践外在监督的依据。目前，我国的教育体系大多由政府主导统筹，外在力量对教育的发展有着监督权，无论是义务教育均衡验收还是本科教学质量评估，都需要依靠一定的考核依据，而教育标准正是提供了可操作化的监督条例。

同时，教育标准可以引领我国教育事业高位发展。培养社会所需要的人是教育的一大目的，市场需求、资源竞争等会通过各种形式对教育提出要求，而教育标准可以通过预见性、战略性的规划对未来教育发展进行部署和保障，培养国家、社会、市场等所需要的尖端、稀缺劳动力，淘汰和缩减落后、饱和的教育供给。因此，教育标准也是引领教育事业高位发展的依据。

## 三、以标准畅对话，融入国际教育标准化潮流

标准化是使世界联系在一起的重要推动力量。为此，1947 年国际标准化组织（ISO）成立，其目标是使世界每一个角落都能接受一个标准、一个试验方法和一个合格评定程序。该组织也被称为技术联合国，它为世界各国、各地区的交流、互动、分工提供了契机，同时也成为多方竞争的一大场所。在当今知识经济时代，技术专利化、专利标准化、标准垄断化是国际竞争的新"规则"（张瑜，蒙大斌，2015）。谁掌握了领域标准的制定权，谁就掌握了该领域的主动权，将享受巨大的先行制度福利，实施标准化战略已然成为发达国家改革的基本趋势，并成为其教育事业发展的重要推动力。2016 年 12 月，俄罗斯《教师报》报道俄罗斯 6000 多名学生参加 2015 国际学生评估项目（PISA）测试，数学、科学和阅读成绩均有提升，阅读成绩由 42 名升至 26 名。教育和科学督察署署长克拉夫佐夫认为，成绩的提高应归功于俄罗斯实施了统一的国家教育标准，学生的阅读和信息技术素养受到重视（余自洁，2017）。2017 年 10 月 5 日，欧洲联盟委员会宣布将制定、实施欧洲统一职业教育标准。其规划的职业教育质量标准有 14 项，包括书面培训协议、教育指南、企业实训、报酬支付、社会保障、继续教育的机会和灵活的职业晋升等。教育标准不仅为国内教育活动的秩序化、规范化发展提供了依据，也为国内教育走出国门参与国际竞争，以及国外优质教育的引入提供了可能。当今，很多国家都制定了一套教育标准。美国 2013 年 4 月发布的《新一代科学教育标准》（Next Generation Science Standards，NGSS）成为指导新时期美国科学教育的重要纲领，它由美国 26 个州的编撰委员会和 41 位来自自然学界、教育学界、实业界等的人士通力合作完成。英国 2014 年 3 月发布了针对学前教育的相关框架标准，涉及学习和发展要求、评价和安全保障等内容，它成为英国现今 0—5 岁儿童教育活动开展的基本依据。

当前我国作为世界第二大经济实体和第一教育大国，也一直在尝试与国际教育标准的接轨。2013 年国际工程联盟大会上，我国顺利加入《华盛顿协议》，这意味着我国工程教育得到了国际认可，并将按照协议提出的工程教育标准发展工程教育。但整体来说，我国教育标准仍处于发展阶段，在诸多国际教育领域中所

专有的标准不足，话语权受到限制。因此，深化教育标准的改革是我国进一步参与国际教育竞争、打造教育强国的重要突破口，是我国世界地位得以提升的重要途径，更是我国教育事业发展由"追赶"走向"引领"的战略举措。

# 第二节　教育标准的规范与体系

对教育标准内涵的研究，首先需要对既有的教育标准进行分类归纳，搭建起标准的体系结构。其次需要从该体系中提炼出教育标准的核心理念。最后要基于应然的教育治理追求和教育治理现状，对教育标准体系的构建目标进行概括。这些问题是科学合理地研发我国教育标准的基本要求。

## 一、教育标准的体系构成

教育标准按照不同的要素性质可以划分为不同的体系结构。按照教育标准的适用范围可以划分为国家教育标准、教育行业标准、地方教育标准以及学校教育标准四类；按照教育标准的实施效力可以划分为强制性教育标准与推荐性教育标准两类；按照教育标准的对象性质可以划分为教育技术标准、教育管理标准和教育工作标准三类；按照教育标准的具体内容可以划分为学校建设标准、学科专业和课程体系标准、教师队伍建设标准、学校运行和管理标准、教学质量标准和语言文字标准六类。

### （一）按照教育标准的适用范围划分

国家教育标准是由国家主管部门制定或委托制定的具有国家级别效力的标准，这类标准一般是全国范围内通用的，其他各级别标准不得与之相抵触。国家教育标准是基础性、通用性、底线性的，往往承载着国家教育发展战略和人才培养规格整体需求，具有重大指导意义，是主体性的标准，也是制定、修订其他级别教育标准的界限。

教育行业标准是指对全国教育行业进行统一指导的规范与技术要求，更具行业特色性、专业性。它与国家教育标准的区别在于：国家教育标准是对涉及教育的领域的基础规范（包括为教育提供服务的第三方领域），是整体的规范；而行业教育标准更多针对教育领域本身，是更为细化具体的规范，且后者要受到前者的制约，不能违背前者。

地方教育标准是由省、自治区、直辖市等地方政府主管部门制定或者委托制定并在本行政区域范围内具有效力的标准，且需要向国务院有关部门备案，是对本行政区域范围内教育事项的统一规范。地方教育标准体现了因地制宜、实事求是的原则，利于地方政府教育积极性、创造性的发挥，适应不同区域教育环境，也便于补充国家标准、行业标准中没有的教育规范，完善本地标准体系。

学校教育标准是由学校等教育机构自身制定的适合内部的教育规范，这类标准往往在国家教育标准、行业教育标准、地方教育标准的基础上形成，具有拔尖性、高挑战性的指标，体现了基层教育组织的自我成长动力。随着我国教育市场化和国际化趋势加强，越来越多的一线学校或者学校联盟制定了自身的教育标准，但也需要政府更为系统的规划管理。

### （二）按照教育标准的实施效力划分

强制性教育标准是指在一定范围内，国家运用行政的和法律的手段强行实施，不以个人意志予以变更和排除的规范。这类教育标准往往是国家发展布局和国际竞争战略中根本性的规范，是政府为了达到一定目的而通过强制约束力加以保障必须予以执行的，未执行者或者破坏者甚至会受到一定的强制制裁。强制性教育标准可以分为全文强制和条文强制，前者是教育标准的全部内容都需要强制执行，后者是教育标准的部分内容采取强制形式。另外，强制性教育标准中也存在义务性标准和禁止性标准两类，前者是根据教育规律和社会需求制定的教育发展所应达到的标准，后者是教育发展中所应避免、限制的标准。

推荐性教育标准是非强制性或自愿性标准，是公认机构批准提供的供教育执行者选择的教育规范、指南。相对于强制性教育标准，这类教育标准大多属于技术规范，是政府等基于战略规划或发展预测而提供的参考标准，执行者有选择的自由，但一经选定就会形成约束力。《国务院办公厅关于印发贯彻实施〈深化标准化工作改革方案〉重点任务分工（2017—2018 年）的通知》中提到，要明晰各层级推荐性标准制定范围，逐步缩减现有推荐性标准的数量和规模，为市场自主制定的标准留出发展空间，着力提高推荐性标准供给质量，并做好备案标准信息的维护。因此，推荐性教育标准提供的是更加灵活、规范的依据。

### （三）按照教育标准的对象性质划分

教育技术标准是指对教育领域内需要协调的技术事项制定的标准，是对校园建设、人才培养、课程设置、安全卫生等制定的一种需共同遵守的技术依据。如《初中体育器材设施配备标准》《中小学校建筑设计规范》《教学仪器设备安全要求　仪器和零部件的基本要求》等都为教育活动提供了专业性、技术性的规范要求。

教育管理标准是对教育领域中需要协调统一的管理事项所制定的标准，如管理的目标、程序、方法和组织等，以使教育管理机构更好地行使计划、组织、指挥、协调和控制等职能。教育管理标准可分为三类。教育管理基础标准，即对管理基本术语、编码、代号及通用管理程序等规定。教育技术管理标准，即对教育技术文件、信息资料，为科研、教学等设定的程序方法等做出的管理规定，侧重一线技术活动，如教学、科研、社会服务等。这类标准处在技术标准和管理标准的交界处，有时会归为教育技术标准。行政管理标准，即对管理组织机构、行政分工、办公自动化等做出的管理规定，侧重后勤保障活动。

教育工作标准是对教育工作的责任、权利、范围、质量、检查、考核办法等所制定的标准，与教育管理标准相比，教育工作标准的对象主要是人。其主要内容包括岗位目标、工作程序和方法、业务分工与协调、工作职责与权限、人员技能素养要求等，如《幼儿园教师专业标准（试行）》《高等学校辅导员职业能力标准（暂行）》等。

### （四）按照教育标准的具体内容划分

学校建设标准包括教学生活、体育设施、劳动和实习实训场所以及仪器设备、图书资料等配备标准，如《中小学校建筑设计规范》《小学体育器材设施配备标准》《初中体育器材设施配备标准》《中小学数字校园建设规范（试行）》《教学仪器设备安全要求 仪器和零部件的基本要求》等。

学科专业和课程体系标准包括学科、专业、课程、教材等标准，如《中华人民共和国学科分类与代码国家标准》《义务教育艺术课程标准（2011 年版）》《普通高中课程方案和语文等学科课程标准（2017 年版）》等。

教师队伍建设标准包括校（园）长、教师的编制标准、资格标准、考核标准以及教师职业道德和教师教育标准，如《义务教育学校校长专业标准》《特殊教育教师专业标准（试行）》《中等职业学校教师专业标准（试行）》《中小学教师教育技术能力标准（试行）》等。

学校运行和管理标准包括学校生均拨款标准，学校行政、教学、服务行为的标准，如《义务教育学校管理标准》《教育管理信息化标准》等。

教育质量标准包括德、智、体、美、劳等各方面人才培养质量标准，如《普通高等学校本科专业类教学质量国家标准》等。

语言文字标准包括国家通用、少数民族、特殊语言文字标准和语言文字信息化标准，如《国家语言文字工作委员会语言文字规范标准管理办法（2015 年修订）》《中小学语言文字工作指导标准》等。

## 二、教育标准构建的核心理念

核心理念是教育标准的核心价值观，是标准构建过程中应反复实践和始终坚守的基本信念。

## （一）系统布局

系统布局是指在构建教育标准时要围绕需求部署，合理划定标准的体系，兼顾多主体、多层次的服务布局，科学确定发展的重点领域。教育事业的发展是一个涉及千家万户、涵盖多重要素的工程。从办学层次来说，教育可分为学前教育、初等教育、中等教育、高等教育等，每个层次学生的心智成熟度不一样，教学规律也存在差异。从教育内容来说，教育可分为德育、智育、体育、美育、劳育等，在当代社会培养综合型人才成为时代所需，要兼顾学生多方面的培养。从利益相关者来说，教育涉及教师、学生、管理者、家长、社区、媒体等，他们会从自己的角度对教育提出要求并影响标准的判定。从学校内部生态来说，教育包含校园基础建设、学科专业、课程教材、教学教法、师资队伍、财政经费、组织管理等，它们构成了一个完整的教育生态，任何一方的缺失都可能造成整个教育的变形。从学校外部生态来说，教育圈受到政治圈、经济圈、文化圈等影响，是一个被潜移默化地塑造出的生态体系。

因此，教育标准的构建不是独立的，应该系统布局。要基于不同教育主体、结构、层次等的需求，考虑到经济社会发展的整体性加以统筹设计，使各方都有标准可循。系统布局中允许有侧重点，但不可偏颇，以减少极端思想，如由于过度侧重成绩标准进而造成应试教育思想严重。

## （二）协同治理

协同治理是指要坚持"放、管、治"相结合，发挥市场对教育标准化资源配置的作用，激发市场主体活力；要更好发挥政府作用，调动各地区、各部门积极性，加强顶层设计和统筹管理；要强化社会监督作用，形成标准化共治的新格局。教育标准本质上是一套公认的原则和规范，是一种制度性安排。因此，构建教育标准也是为了促成多方达成共同意见，遵循共同的要求。

教育标准构建中主要涉及市场、政府和社会三方力量，推动三方的协同治理是现代教育标准的应有价值取向。首先，激发市场主体活力。市场是教育系统产出的接受者，也是教育系统的投入者，会主动对教育提出要求，如市场需要新型劳动力。因此，教育标准要考虑市场认可度，听取市场意见。其次，发挥政府统筹作用。教育不完全等同于市场，它有着自己的特点，如社会公平、政策服务等，教育标准的制定需要政府把关方向、维护底线，同时各级政府应该积极调动各方力量，兼顾本地实情，制定出更为可行的教育标准。最后，强化社会监督作用。教育标准是一种更为精细化、深入化的规范准则，具有很强的操作性，因此，社区、媒体、第三方机构等社会力量有机会进行监督，而社会监督也具有匿名性、速度快和信息多元等特点，可以更好地保证教育标准的实施效果。

### （三）开放创新

开放创新是指要以创新的思维、包容的胸襟来驱动教育标准构建。创新是发展的第一引擎、历史进步的动力，创新意味着要在正确把握教育规律和教育前景的基础上，突破陈旧的思想，运用新的管理方式和技术手段以实现教育领域的突破。一是组织制度创新，以组织制度创新为突破口，成立专门性的、统筹性的机构负责教育标准的整体运作，全面落实标准化改革，加强顶层制度设计，完善教育标准的体制、机制。二是管理创新，以管理创新为抓手，采用现代科学管理模式，加大教育标准实施、监督和服务力度，形成良好的运作生态，提高标准化效益。三是战略创新，以战略创新为目标，发挥政府对教育标准宏观引领的价值，积极预测教育发展形势，加强战略布局，形成有条不紊的教育标准规划。

开放是时代的要求，是创新产生的重要源泉，教育标准的运作不是一个孤立的生态，是开放包容的。《国际教育标准分类法（2011）》就是由联合国教科文组织根据多个国家的国情，组织多个国家的专家制定的，指标具有国际可比性。因此，我国要加大与国际接轨的力度，推动国际教育标准的引进和我国教育标准走出去，形成开放的教育标准生态。

### （四）依法推进

依法推进是指要加强教育标准与法律法规、政策规范等的衔接配套，符合国家整体法律环境要求，并发挥教育标准的补充支撑作用。法治化是现代文明的重要标志，是一个国家、地区治理现代化的关键。一方面，教育标准旨在形成一套科学合理且具有规范性作用的活动依据，它本质上是相关领域内法律法规、政策规范的延续，是更为具体化、细致化的操作性守则。从这点来看，教育标准的运转本身就遵循着依法推进的逻辑，是法制认可的标准。另一方面，教育标准也具有前瞻性、包容性等特点，需要根据教育规律和未来前景进行一定自主性的预测，在此基础上形成可能的规范，这就决定着教育标准也可能存在盲目性、偏颇性。从这点来说，教育标准需要法制来约束，避免盲目性，以维持教育底线。因此，要加强教育标准化的法治建设。既要加快推进《中华人民共和国标准化法》修订工作，为教育标准改革提供法律依据，同时要开展对现行标准化相关法规以及规章和规范性文件的评估清理，明确立、改、废的重点。各级政府应根据自身实际因地制宜地开展标准化的研究和文件起草工作，合理统筹改革优先领域、关键环节和实施步骤，并牢牢遵循法治逻辑。

### （五）清晰灵活

清晰灵活是指构建的教育标准应该明确、具体、通俗易懂，让执行者不会产生误解，同时，在符合统一规定的前提下也需要兼顾地区、学校及个体等的差异，留出一定的自主空间，便于标准的灵活落实。教育存在差异性，不同环境下的教育标准可以存在一定不同，不能盲目"一刀切"，否则不符合教育实际，也会扼杀执行人员的创新力。欧盟的《欧洲高等教育质量保障标准与指导方针》明确指出，欧盟各国在制定高等教育质量保障标准时应遵循灵活性原则，不能扼杀多样性和创新性。联合国教科文组织在对教育质量各维度全面分析的基础上，也鼓励各国制定符合本国、本地区乃至各教育机构自身特色的全面质量框架，并进行不同的实践。当前，我国也将教育标准分为强制性标准和推荐性标准，正是在遵循统一性前提下允许灵活自主的表现，允许按照实际需求制定和实行有一定差异的教育标准。

## 三、教育标准体系构建的主要目标

《国家标准化体系建设发展规划（2016—2020年）》提出到2020年基本建成支撑国家治理体系和治理能力现代化、具有中国特色的标准化体系。教育标准建设主要目标包括以下四个方面。

### （一）建立更加健全的教育标准体系

坚持政府主导制定和市场自主制定结合的构建思路。以强制性教育标准、推荐性教育标准、学校教育标准和团体教育标准为主要突破口。其中，强制性教育标准守底线；推荐性教育标准保基本；学校教育标准更加注重高质量；在技术发展快、市场创新活跃的教育领域发展一批具有影响力的团体教育标准，进而形成协同发展、协调配套的教育标准体系。第一，整合强制性教育标准，将原有教育标准体系进行整合精简，对拟废止的强制性标准公告废止，对拟转化为推荐性标准的强制性标准公告转化，使其不再具有强制执行效力，对整合或修订的强制性标准分批提出整合修订计划。第二，完善推荐性教育标准，解决教育标准滞后、老化等问题，提高推荐性标准供给质量，明晰各层级推荐性标准制定范围，厘清各类标准间的关系，逐步缩减现有推荐性标准的数量和规模，为市场自主制定标准留出空间。第三，壮大团体教育标准，鼓励具备相应能力的学会、协会、联合会等教育组织共同制定满足市场和创新需要的标准，同时，要制定团体标准管理办法，严格制定程序，构建团体标准信息公开制度，建立评价监督机制。第四，激活学校教育标准，激励学校自主制定、实施高于国家标准、行业标准的具有竞争能力的学校教育标准，建立自我声明公开和监督制度，落实学校教育标准的主体责任，鼓励标准化机构对其进行评价。

### （二）促成统一协调、运行高效的教育标准化管理体制

有效的教育标准体系需要一套协调、合理的运行机制，教育标准化管理体制是对教育标准运行中的组织、程序、技能要求等所做出的管理设计，它决定着教育标准能否运行顺畅、能否得到有效落实。因此，我国应建立统一协调、运行高效的教育标准化管理体制。首先，建立教育标准专门管理机构。要成立统一的、专门性的、高层次的教育标准技术委员会，制定全面可行的委员会管理规定，增强委员会成员的代表性，以形成广泛参与、公开透明、协商一致、管理科学的工作机制。同时，适当建立分门别类的教育标准管理机构，形成分工合作的格局，明确各管理机构的实体职责。其次，提高教育标准科学管理水平。加强对教育标准管理人员的培训，提高其专业知识水平、专业技能和专业素养，积极编撰教育

标准管理经验合集，引进国际先进教育组织的人员做辅导，充分运用信息化手段，提高标准制定效率，缩短标准制定周期。再次，完善教育标准的运行程序。树立统筹管理思维，形成教育标准制定、实施和监督一整套的管理流程，对各个环节进行质量优化，补充相应的制度规范。可以设定分层次、有重点的管理模块，进行特定的流程优化，并建立分类的监督评估机制以及完善的标准化统计制度，及时公开教育标准化的管理信息。

### （三）提高教育标准的服务能力

教育标准的制定是为了服务教育实践，是注重产出效益的。因此，切实提高教育标准的服务能力是标准化的目标之一。教育标准的服务大致可以划分为教育输入阶段、教育过程阶段和教育输出阶段，每个阶段都有主要的任务或侧重点，相应的教育标准也会有所不同。

具体而言，教育标准的服务能力包括以下几个方面。第一，筛选服务。教育标准是统一的、得到公认的规范与守则，是教育活动开展的依据，是各类教育参与者的行为准则。达到教育标准意味着教育生态得到认可，这对于教育输入阶段来说，是一种筛选信号，如达标的优质学校与未达标的薄弱学校。第二，指导服务。教育标准是教育活动过程开展的依据，具有指导咨询的价值，可以通过开展标准技术内容和编制方法指导、实施方案指导、与国外教育标准对接指导、标准化人才培养指导等发挥服务功能。第三，激励服务。教育标准是系统化、公开化的规则体系，教育主体基于教育标准进行自主约束和改进，这就为激发标准执行者的创新性和积极性提供了契机，有利于激发治理生态中各主体的参与活力。第四，评价服务。在教育输出阶段，教育标准可以成为相关教育输出（如人才培养、科研成果、社会服务等活动）的评价指标，从而为教育效率的评估提供依据，也为教育改进和教育资源的进一步优化配置提供参考。

### （四）提升教育标准的国际化水平

在全球化趋势下，各国家、地区教育标准的生态不应是孤立的，而是相互联系、相互影响的。教育标准的国际化不仅影响教育体系的发展，还影响教育外在生态，如经济环境、文化环境等的变化，影响一个国家或地区的整体竞争力。首先，教育标准影响国际教育话语权。教育标准是一套公认的规则体系，决定人才培养、学科建设、课程结构、科研设施等的规格。掌握了规则就掌握了主动性，享有领域内制度福利优先权。因此，扩大教育标准的制定权有利于扩大我国的话语权，形成引领作用。其次，教育标准带动国际市场开发。教育标准规范着教育活动的开展，而教育活动又会牵动一系列经济活动，如相关健康教育标准为相应的体育器材研发提供了依据，进而带动器材制造业的发展。扩大我国教育标准的国际影响力，有利于增强国外产业对我国教育标准的依附，也利于国内相关产业的输出和开发国际经济市场。再次，教育标准驱动文化交流。当今世界，文化被视为国际竞争中潜移默化的力量，教育标准不仅直接通过规范人才培养来塑造文化认同，还通过相关外在服务活动带动价值观念、意识形态的输出，间接辐射周边文化，教育标准国际化也是提升文化竞争力的一种渠道。因此，要提高我国教育标准国际化水平，不断扩大在世界范围内的影响力。

## 第三节　教育标准的研制与实施

在当前国家标准体系中，我国教育标准的研制与修订相对滞后，呈现出不规范、不健全、不平衡、不系统等问题，这对我国教育治理现代化形成了桎梏，也影响了我国教育的国际竞争力。随着《国家标准化体系建设发展规划（2016—2020年）》《深化标准化工作改革方案》等的出台，我国教育标准改革也日益深化，如2016年教育部发布《初中体育器材设施配备标准》，2017年教育部发布《义务教育小学科学课程标准》，2018年教育部发布《普通高等学校本科专业类教学质量国家标准》等。这些教育标准改革顺应了国内教育发展需求，也借鉴了国际教育发展的经验，在不断探索与学习中得到改进，也构成了我国教育标准改革实践的参考案例。在已有经验的基础上，我们还需进一步明确教育标准研制的原则，科学地选择合适的研制方式，更好地发挥教育标准的治理效用。

## 一、教育标准体系研制与实施的原则

实际中构建教育标准时往往是重叠使用多种方式，在不同层次、不同领域的侧重点可能不一样。因此，这就决定了在实践中要更多遵循互补原则，国家标准与地方标准相结合，定量标准与定性标准相结合，底线标准与弹性标准相结合，综合标准与单项标准相结合。

### （一）国家标准与地方标准相结合

国家标准从国家发展战略出发，兼顾全国布局，调动整体资源。地方标准在国家标准的基础上，更多结合本行政区域的实际情况。不同行政区的教育标准会因为教育资源、经济规模、对外开放程度等不同而存在差异，主要是适当高于国家教育标准。我国教育标准体系的构建要进一步坚持统筹与分工的原则，既要有全国性教育标准负责宏观统筹，体现战略引导性，也要有地方性教育标准负责区域分工，体现战术灵活性，调动社会积极性和创造性，二者形成互补。

### （二）定量标准与定性标准相结合

按照精确程度，教育标准可以分为定量标准和定性标准。其中，定量标准是基于数学语言，设定明确的数据作为教育实践的依据。如《初中体育器材设施配备标准》规定初中应配视频展示台 1 台、交互式电子白板 1 块、交互式教学触摸一体机 1 台等。定性标准是基于文字语言，对想要达到的状态进行界定，以作为教育实践的依据。如《义务教育学校校长专业标准》规定校长在"专业理解与认识"上要保障适龄儿童、少年平等接受有质量的义务教育，注重学校发展的战略规划，办出学校特色，等等。定量与定向是互补的，定量可以提升教育标准的可操作性，而定性可以丰富教育标准的真实性。因此，要综合使用定量与定性方法，既要通过定量方式归纳教育规律和特点，提供操作指南，也要通过定性方式明确方向引领，二者形成互补。

### （三）底线标准与弹性标准相结合

底线标准是一种强制性标准，也多是最基础、最低的标准，是保障一个国家或地区教育发展的最基本要求。底线标准对事关教育发展全局的规范赋予警示性效力，无法达到底线的将面临警示危机，这种教育标准往往具有法律属性，如2018年1月实施的新的《中华人民共和国标准化法》。弹性标准是一种推荐性标准，国家可根据发展战略和国际形势制定出一定的教育规范，但地方或其他主体有权进行选择。现代教育治理理念提倡分权和自治，既要维护整体核心利益，也需要兼顾多方利益诉求。因此，我国教育标准的构建应重视底线与弹性方式结合，将必须的和可行的结合起来，明确教育标准的主次和轻重。

### （四）综合标准与单项标准相结合

从内容数量上来说，教育标准的构建分为综合方式和单项方式。其中，综合方式是指对教育标准进行多方面、多层次考虑，所规定的内容较多、覆盖范围也更广，如《国家语言文字工作委员会语言文字规范标准管理办法（2015年修订）》。单项方式是对某个领域、某个对象等特定方向的教育标准进行设定。这种标准的研制周期往往较短，时效性更强，更具专业性，也更能体现差异性和特殊性，如《特殊教育教师专业标准（试行）》。当前，我国整体处于教育标准构建的起步阶段，一方面国家可以采用综合方式来提供方向引导进行框架设定，以保障整个教育生态的健康；另一方面可以鼓励地方或行业等采用单项方式进行更专业、更灵活的补充，以提高教育生态的效能。

## 二、教育标准体系的研制方式

采用何种途径来研制标准是对标准生成的考量。从关键性技术环节的工作模式看，标准研制方式可分为研制技术内容、研制技术关系、研制标准、研制基准产品等。从研制和实施的主体来看，教育标准研制大致可分为三种基本方式：一是行政主导的教育标准研制方式，二是专业主导的教育标准研制方式，三是专设机构主导的教育标准研制方式（中国教科院教育质量标准研究课题组，2013）。

## （一）行政主导的教育标准研制

这是以中央政府相关行政部门为主导，统一负责教育标准制定的执行。政府制定相关法律法规，然后依法招标、审批、颁布、实施各种教育国家标准，行政部门具有最终决定权，是一种"行政范式"。这种研制方式的优势包括：能够在大范围内政令统一，便于总部战略统筹，制定出兼顾全局的教育标准；指挥便利，权力从上而下贯彻，提高教育标准的执行效力；创造规模效应，降低多部门协商的组织成本，缩短教育标准制定周期；集聚高级人才，在顶层形成职责明确的教育标准制定的专门性力量等。其弊端包括：不利于地方因地制宜，教育标准缺乏灵活性和环境应变性，实际效力受影响；官僚主义加剧，限制民主力量，不利于现代治理体系建设；抑制执行人的创造力和积极性，不利于教育标准的更新修订；地方对中央依赖性强，敷衍了事，不愿承担责任。采用这种方式的典型国家是俄罗斯和日本。

《俄罗斯联邦教育法》对国家教育标准制定进行明确规定：国家教育标准的制定通过招标进行，并且至少每10年一次在招标的基础上加以修订。普通教育国家标准由俄罗斯教育科学院承担，俄罗斯教育科学院于2001年开始设计教育标准草案，2009—2011年分别完成了普通教育阶段1—4年级、5—9年级、10—11年级的国家教育标准的制定。国家教育标准是俄罗斯指导教育实践的基础性依据，也是具有相应法律法规效力的教育事业发展的基本要求。

在日本，文部科学省统领教育标准的制定和实施工作。其中，中央教育审议委员会及国立教育政策研究所作为日本文部科学省最高教育咨询机构，在教育标准及法规的形成过程中起着重要作用。在进行重大教育标准起草与修订时，文部科学省会组建临时专门委员会，负责相关工作的开展。中央教育审议委员会向文部科学省提出议案，通过后再向日本国会提交，发展成为法律法规。国立教育政策研究所对有关教育质量标准的法规及出台前的前期调研、标准制定、标准实施后政策评价、全国教育课程实施情况评估、全国学力调查等有发言权。可见，日本国家教育标准的制定基本掌握在政府及其委员会手上，政府内部进行分工合作，最终形成教育标准，之后其他规范以此为基础进行设计。

### （二）专业主导的教育标准研制

专业主导方式是由处于相对中立地位的专业学会或大学等机构制定教育标准，或是由政府机构以项目的形式委托专业学会、大学或研究机构来制定教育标准。专业学会或大学等中立机构可以基于教育发展规律和教育实践需求提出更具专业性的教育标准。专业主导方式适应了新公共管理理念：政府不再是公共物品唯一的提供者，通过放权转移，鼓励市场等外在力量参与公共事务。专业主导方式有利有弊，其优势包括：制定的教育标准更具专业性，更加适应教育发展规律，更多兼顾不同地区的实践差异；政府放权，更多利益相关者得到自主权，民主权益得到更大体现；创新管理方式，为更大范围内教育标准的国际接轨和多平台合作等提供了可能。其弊端包括：容易造成教育标准各自"开花"，难以统一，不利于大范围推广；教育标准的专业性提升可能造成与政府的政治需求联系不紧密，国家的教育战略不易直接体现；等等。采用这种方式的典型国家是德国和美国。

在德国，教育质量发展研究所（IQB）是国家教育标准的主要负责机构，其基本任务是统一、深化、修订国家教育标准，以及对其在学校实施予以学术上的支持，提供反馈意见并及时加以推广。IQB 由文教长会议决定设立，该研究所负责监测及评价国家教育标准在德国各州的具体实施情况，而选择挂靠在柏林洪堡大学也可以获得更为优质的学术生态的支持。IQB 有五个主要的研究领域，包括测试与标准研究、实施与评价研究、能力获得与能力发展、教育质量标准监测、教育学与心理学诊断等。总体而言，IQB 的核心工作始终围绕国家教育质量标准的实施，发挥专业主导在教育标准制定中的作用。

在美国，教育事业以地方分权为主，由各州直接管理，联邦政府只有财政资助等权力。美国相关教育标准的研制主要是由各州委托专业组织或与其合作完成，各州可以自行委托专业机构按照各州的教育情况、发展预测、政府战略等制定各州的教育标准，而联邦政府则可以根据国家战略设定一些指导性的纲领，具体的标准把握权仍在各州。例如，2013 年美国公布了面向 K–12 年级段学生的全国性教育标准《新一代科学教育标准》。NGSS 的制定可分为两个阶段：一是美国国家研究理事会先研制发布《K–12 年级科学教育框架：实践、跨学科概念和核心概念》，提出毕业生应达到的标准，于 2011 年发布；二是美国成就公司（Achieve，Tnc）组织 26 州代表人员在该框架基础上研制出科学教育的标准，于 2013 年发布。整个标准的研制过程都由专业机构和人员操作，是典型的专业主导型研制方式。

### （三）专设机构主导的教育标准研制

专设机构主导是指政府专设负责教育标准研制与实施的委员会或机构，这些机构独立于教育行政部门，并直接向国会或总理报告。这种方式是将行政力量与专业力量相结合，在政府和学校之间成立一个半官方的中介机构，既可以体现政府官方的意愿，也可以及时反映教育发展的自身需求。近些年，过去一些坚持教育部或专业学会为教育标准制定主体的国家，也逐渐向这种新方式趋近。专设机构主导方式的优势在于可以拥有专门性的教育标准负责机构，教育标准具备政府效力，便于统一推广，也能够发挥专业性进而更好地适应执行环境，同时也便于明确职责，促使教育标准负责机构更为系统科学地发展。采用这种方式的典型国家是英国和澳大利亚。

在英国，政府专门成立了教育标准局负责组织教育标准的制定和实施工作，它是由 1992 年英国原皇家督导团从英国教育与就业部独立出来进而组织成立的，成为英国实施教育质量监控和管理的独立政府机构。该局隶属于议会下面的一个专门委员会，直接对教育大臣及国会负责。同时，该局还与就业部下设的资格与课程管理局（QCA）、师资培训局以及审计委员会等保持密切联系。QCA 是半官方中介机构，负责对英国教育和培训系统的质量进行外部监控，进而建立起兼顾个人、市场和社会需求的统一质量标准体系，其主要工作包括：统一管理教育证书和职业资格证书的鉴定工作，主持全国统一考试，检查国家课程的实施情况，等等。

在澳大利亚，政府通过资格框架委员会等专设机构来负责各项教育质量标准的制定和实施工作。负责制定全国教育质量标准的机构是澳大利亚政府教育、就业和劳动关系部。负责国家教育质量标准的机构是澳大利亚学历资格框架委员会，这个委员会的成员包括来自中小学、职业教育与培训以及高等教育三个领域的专家、政府和企业代表。澳大利亚学历资格框架是澳大利亚目前最完备的教育质量标准和保障体系。另外，澳大利亚于2008年开展了国家评估项目（NAP），联邦政府采用招标的方式委托澳大利亚教育研究委员会（ACER）和澳大利亚考试中心（EAA）等机构对中小学生进行持续跟踪评估，对全澳大利亚各地的教育水平和发展进行定期的、系统的评价。澳大利亚教育标准的制定是由行政推动下的专业机构或委员会来具体承担的，体现了其行政与学术的统一。

# 第四节　标准驱动教育治理体系现代化的战略选择

教育标准贯串着法治精神，对于提升教育治理的效率和效益具有显著作用，它既是教育治理体系现代化的一部分，又是提升教育治理能力现代化的有力策略。因而，在教育治理现代化战略中应充分考虑提升教育标准的建设水平。

## 一、国家教育标准体系建设

国家教育标准体系是指具备国际视野、适合中国国情、符合教育规律的结构健全、内容完备、表述科学的教育标准体系，是在国家宏观统筹下的标准，能够较好地整合零散、过时、不协调的标准。构建国家教育标准体系不仅要提升教育标准的层次，也对教育标准的覆盖范围、时效性、约束力等提出要求。

### （一）提高教育标准制定或颁布主体的层级

根据法律效力，我国形成了宪法、法律、行政法规、地方法规或自治条例、行政规章或地方政府规章等不同层级的法律规范。不同层级的规范文本的社会接受度往往存在差异，公众的执行意愿也可能有所不同。目前，我国教育标准的制定或颁布基本未上升到立法层面，大多教育立法中仅是粗略提及某些教育标准，而多数教育标准是由教育部或由其会同相关部委颁布，而由国务院或国家标准化管理委员会颁布的教育标准数量较少。从国际上看，日本主要由国会制定法律，以法代标、依法定标；韩国教育标准大多由总统发布执行令；俄罗斯联邦政府对国家教育标准的制定与颁布有专项立法规定。我国也应提升教育标准制定或颁布的主体层级，可以追求全国人大立法形式，日常则多由国务院颁布教育标准，不断授予教育标准"国标"的头衔，进而保障教育标准的权威性、强制性和执行力（国家教育标准体系研究课题组，2015）。

### （二）强化软件类教育标准

按照教育标准服务对象的属性，可以划分为软件类教育标准和硬件类教育标准。软件类教育标准多侧重无形的、看不见的标准，如对不同群体的知识、技能、水平等作出的规定，以及对相关制度、文化、价值观、品质等作出的规定。硬件类教育标准则多侧重可视的、实体性的标准，如对校园建筑规划、体育设施、实验器材、生活配套设施等作出的规定。当前，我国硬件类教育标准的覆盖面较大，具体执行效果很好，而软件类教育标准虽也有很大供给，但覆盖面较窄，多集中在师资队伍建设、教育教学质量及语言文字方面，实际执行力也存在漏洞，操作性不强。为此，我国要构建整体的教育标准生态，应加大对现有软件类教育标准的研制力度，加强价值引领，补充结构不足，同时要增强软件类标准的实际操作性。

### （三）适时修订、动态调整教育标准

教育标准是系统的、操作性的、具体的执行依据，是对国家教育相关法律法规的补充与细化，这就决定了教育标准要与实践环境相适应。而社会经济发展对人才规格的需求，以及教育规律自身的调节等都导致了教育环境的变化，因此，作为指导教育管理者、教师、学生等行动的大纲，教育标准也应是适时变化的。从国际上看，俄罗斯从 1992 年后开始制定教育标准到 2010—2011 年开始研制第三代部分教育标准，其标准更新周期约为 10 年；韩国教育标准多附在相关教育

法令和规程中，其国家课程标准大概每 7 年重新修订一次（国家教育标准体系研究课题组，2015）。我国应根据社会经济需求，以及教育的阶段和规律适时、动态修订和调整教育标准。

### （四）强化教育标准的法治化建设

教育标准的一大特色是可以通过具体化的、精细的划分依据，令执行者能够基于信息公开进行自主管理、多方协同，为教育治理体系的发展提供可能。法治化建设不仅是现代教育标准建设的要求，也是对教育标准化体系形成与运作的保障，可维护其体系的权威和影响力。我国教育标准的法治化进程仍处于发展阶段，需要完善的环节仍很多。对此，一方面我国应加强相关教育标准法的修订与更新，另一方面更要加强执行队伍、执行环节、执行配套的建设或保障，发扬法治理念，形成自觉、合理、突出的教育标准法治化生态。

## 二、教育标准的基础性建设

教育标准体系是一套涉及多种要素、多个环节、各类关系相互协调的结构生态，如教育标准可能涉及人力、财力、物力等要素，可能涉及研制、试点、推行、监督及反馈等环节。加强教育标准的标准化建设就是要用宏观整体视角、协调布局理念、科学管理方法来完善教育标准的体系生态，使各要素、各环节的标准化水平不断提高，基础性工作得到落实。

### （一）加强标准化人才培养

标准化人才是指接受过专业训练，在教育标准方面具有一定的知识储备、技能水平和态度的人，能够一定程度上参与教育标准的研制、执行、监督或反馈等环节。教育治理是一种授权分工的机制，需要各主体的有效参与，而通过教育标准化驱动教育治理发展则必然需要各主体具备一定的标准化素养。为此，我国应加强标准化人才培养，包括推进标准化学科建设，支持高校、研究机构开设标准化课程和开展学历教育，设立标准化专业学位，加强标准化的普及教育；为专业技术人员、管理人员及普通员工等在职群体提供标准化培训，使其成为标准化的劳动力；加大国际标准化高端人才队伍培育力度，引进国际标准化教育或培训项目，促进国内外人才交流，拓宽标准化人才的国际视野。

### （二）加强标准化管理与科研等机构建设

标准化机构为教育标准的管理、研制、宣传、协调等提供了载体，是法治化建设的有效途径。为此，一方面，要成立国家教育标准委员会及各专业教育标准委员会，负责组织制定国家教育标准及行业教育标准。同时，委员会内部要优化结构，增强委员构成的广泛性、代表性，吸纳行业、企业和产业代表，完善委员会考核评价、奖惩退出机制。另一方面，加强标准化科研机构建设。支持标准化科研机构开展教育标准化理论、方法、规划、政策研究，提升标准化理论水平；鼓励教育标准化的项目申报、实践合作，鼓励科研人员与学校人员相互交流，提高科研服务的实践水平；加快标准化科研机构改革，激发科研人员创新活力，提供有竞争力的生涯前景。

### （三）加强信息化生态建设

随着信息技术和"互联网+"模式的推行，教育信息化成为当今世界发展的必然趋势，这也为利益相关者参与教育治理提供了契机。然而，作为一个发展中国家和教育大国，我国现代信息设施的建设还处于滞后阶段，不均衡、不充分的现象广泛存在。为此，我国应加强信息化生态建设，充分利用各类标准化信息资源，建立全国标准信息网络平台；按照积极稳妥、分步实施原则，实现跨部门、跨行业、跨区域标准化信息交换与资源共享，全面提升标准化信息服务能力；建立标准公开制度，促进由政府主导制定的教育标准的信息公开、透明以及共享，向社会公开标准制定、修订过程信息，及时向社会公开强制性教育标准全文，借助信息平台向群众征求对推荐性教育标准文本的意见。

### （四）加强标准化运行机制建设

教育标准的运行是一套协调互补、分工合作的过程，需求分析、研制、试点、推行、监督及反馈等各环节相互紧扣，这就需要运行标准化。所谓教育标准运行的标准化是指对教育标准体系在实际操作中行动的依据与规范加以设定，主要集中在研制、实施和监督环节。在研制环节，要广泛听取各方意见，增强标准制定的公开性与公正性，优化标准审批流程，缩短标准制定周期，加快标准更新速度，完善标准化指导性技术文件和管理制度。在实施环节，发布重要标准时要同步出台标准实施方案和释义，组织好标准宣传推广工作，规范标准解释权限管理，建立完善标准化的统计制度，强化政府在标准实施中引导作用的发挥。在监督环节，健全以行政管理和行政执法为主要形式的强制性标准监督机制，保证强制性标准得到严格执行。另外，可建立监督抽查、认证等推荐性标准监督机制，强化推荐性标准制定主体责任。最后，要加强标准实施的社会监督。

### （五）加强标准化的经费保障

教育标准体系从无到有、从粗放到精细、从概念到实践都需要耗费一定的人财物，因此，提供有保障的经费支持是必需的。首先，各级政府应当根据实际需要统筹安排标准化工作经费，发挥政府财政的主要导向作用。中央政府提供财政分配的战略导向，地方政府可根据自身实际作出灵活调整以适应国家布局。其次，制定强制性标准和推荐性标准等的经费分配界限及原则，由同级财政予以安排，对于强制性标准的整合精简、推荐性标准的优化完善和标准国际化等重点任务给予积极支持。最后，探索建立市场化、多元化经费投入机制，鼓励、引导社会各界加大投入，对教育标准体系的运行给予经费支持，厘清各主体的治理关系。

## 三、提高教育标准的国际化水平

世界的教育正越来越紧密地联系在一起，教育标准的国际化是促进教育国际化的重要媒介，是实现教育对话的平台。同时，教育标准化作为教育治理的一种渠道，伴随全球教育治理趋势的发展，教育标准国际化也成为全球教育治理的一种重要的规制手段。我国教育标准的国际化是指我国教育标准融合"引进来"和"走出去"战略，不断扩大在国际标准体系中的话语权，教育标准因优质、先进、科学而走在国际前端。

### （一）积极参与教育标准的国际规则制定及国际活动开展

教育标准的本质是一套具体的、细化的规则体系，是对教育相关法律、制度、政策等的进一步解读和补充，然后才是各类教育活动的有序开展。因此，教育标准的国际化水平也表现为对国际教育标准规则制定，以及各类国际教育标准活动参与的状况。为了提升我国教育标准的国际化水平，一方面，要积极参加国际标准化活动的管理，参加国际标准化战略规划、政策和规则的制定，争取担任更多国际教育标准组织技术机构领导和秘书处职务，多主导国际标准的制定。另一方面，推动我国教育行政机构、学校、教育企业、教育联盟和社会组织积极参与国际、区域教育标准化的政治、学术、文化交流等活动。

### （二）吸纳国际组织和人才参与中国教育标准研制过程

我国教育标准体系的构建在近些年才逐渐起步，存在不规范、不健全、不平衡、不系统等问题，而我国整体教育实力在国际上仍不及欧美发达国家，对教育标准问题的探索还存在很多空白。我国需要大力采取"引进来"战略，这不仅是为了学习国际教育标准理论与实践的经验，也是为了提高我国教育标准体系的国际化水平，展现开放、包容的精神面貌。为此，要吸引国际尖端标准人才、专家参与我国教育标准的研发，可尝试设立由境外人员承担的咨询岗位。向国际教育标准组织寻求修订意见，发现与国际标准的差异。鼓励境外相关机构参与我国文化展示、学术会议、设施制造等教育标准化活动，营造更加公开、透明、开放的标准化工作环境。

### （三）开展项目合作，实现我国教育标准的实践转化

除了要融入国际教育标准体系，我国更应该主动建立自己的教育标准概念，形成自我主导、科学引领的教育标准体系。为了提升教育标准的国际化水平，我国应在研制科学合理的教育标准的基础上，努力实现教育标准的实践转化，使其成为教育活动中实际遵循的依据。为此，我国可积极借助项目合作实现教育标准的落地转化。围绕"一带一路"倡议、《中国制造2025》、"双一流"建设、孔子学院等战略，研究制定中国教育标准"走出去"工作方案，考虑与不同国家或地

区合作的可能性。项目合作中，积极输出我国的教育标准产品，以及用我国教育标准帮助他国／地区建立教育设施等，尝试海外教育标准示范区建设，以让更多境外人群接触我国教育服务。

### （四）加强出版和外译，重视教育标准的文化交流

教育标准的文化交流可将教育标准从实践中进行升华，达到一定价值认同状态。教育标准的规范效力不只是停留在法律强制或行业约束上，还来源于文化意识的认可。当今世界，文化竞争是各国竞争的一大重心，我国要想提升教育标准的国际竞争力，也需要将其升华到文化层次。为此，我国应加强对中国教育标准相关成果的出版，及时对各类教育标准成果进行总结，形成文本、图片或视频成果，制成推广物。对我国教育标准进行外文翻译工作，结合当地文化风俗，将我国教育标准翻译成境外可理解的成果。组织我国教育标准的国际文化互动活动，如会议推广、学术研究、学校教学、技术展览等，推动我国教育标准文化的传播。

### （五）加强国际教育标准化人才培养

所谓国际教育标准化人才是指具有国际视野，对国内外教育标准形成专业知识、技能和素养的人。短期内，我国可以引进境外教育标准人才以供合作、咨询。但长期来讲，仍需要培养自己的标准化人才，如此才能够提供一定的国际教育标准服务，具有话语权。为此，我国可以在开展教育标准化学历学位教育、推动标准化学科建设时加入国际化计划，培养有国际视野的专业学生；引导专业技术人员、专业管理层积极进行境外标准化技能培训，并转化为实践；开展面向一般教育人员或社会公众的国际教育标准化知识的宣传普及；依托国际交流和对外援助进行人才交换，输出教育标准人才，增强我国人才的国际影响力。

## 四、增强教育标准服务能力

狭义来说，教育标准体系是一套具体的、细化的操作性教育规范，最终表现为文本型的执行条例等。但从广义来说，教育标准体系除了操作性教育规范，还

应该包含相关的支持机制、服务生态等，如标准研发咨询、标准协调机构等。教育标准服务能力就是为教育标准体系的生成、试点、推广、监督等环节提供保障的能力，产生服务效益。

### （一）加强教育标准的专业咨询服务

教育标准的研制多会经历需求产生、需求确认、组织研制、搜集资源、初步结果、试点调整等环节，在研发阶段需要更多的理论基础和经验借鉴，常常会出现从无到有、从粗到细的过程。我国仍处在教育标准体系建设起步阶段，研发力量存在地区、行业差异。而教育标准的种类较多，单一的研发力量往往难以满足需求。为此，要加强教育标准研发咨询的服务建设。及时撰写出版教育标准研发的书籍或指导手册，向社会发行推广。开展教育标准技术内容和编制方法咨询，为各地区、各行业制定标准提供国内外相关标准分析研究、关键技术指标试验验证等专业化服务，提高标准的质量和水平。组织教育行政督导团，为地方教育标准体系研制提供诊断和指引，以符合我国教育发展战略。

教育标准研制过后将进入实施阶段，实施阶段可分为过渡期实施和常规期实施。过渡期往往也是矛盾的激发期，是改革成败的重要节点。该阶段需要对教育标准进行深入宣传和解读，加强指引，及时调整改革路线。常规期教育标准的执行相对平稳，但容易出现目标偏离、职责推脱等问题。该阶段可加强监督指导，倾听民意。总体而言，要提供教育标准实施咨询服务。制定教育标准实施的技术解决方案，指导地区、行业、学校等正确、有效执行标准。为弱势群体提供教育标准化能力培训服务，协助其建立标准化组织架构和制度体系、制定标准化发展战略、建设学校标准体系、培养标准化人才、塑造标准化文化氛围等。

### （二）加强教育标准的国际对接服务

在当前阶段，教育标准的国际对接服务是指为使我国教育标准体系接近国际水平，便于国内教育输出和境外优质教育的引进，而主动采取的对外合作交流。为此，我国应完善全国专业标准化技术委员会与相关国际标准化技术委员会的对接机制，加强教育标准委员会的国际化意识，促进双方对教育标准的解读与转化。为相关的教育单位提高国际标准化水平畅通渠道，帮助他们实质性参与到国际教育标准化活动中，提升国际影响力。帮助教育输出机构了解对象国教育技术标准体系，促进教育产品和服务出口，提供争议纠纷协调支持，维持合法权益。

### （三）加强教育标准的监督诊断服务

监督诊断是为了保障教育标准体系运行顺畅，及时发现和解决问题，维持教育标准活力与实际指导价值的一种后期手段。当前，我国应增强教育标准的监督诊断服务。建立教育标准运行的监督和评估制度，为各地区、各行业等提供制度依据服务。教育行政主管部门和行业主管部门组织开展教育标准实施的监督检查，以强化教育标准监管的社会威望和影响，提供带头引领服务。组织教育标准专业技术机构提供第三方监督、承包购买诊断、合作监督等服务。积极发挥社会公益或民意组织的监督服务作用，完善社会公众信息反馈渠道，强化对反馈信息的分类处理。

### （四）加快建立教育标准服务机构

除了要在各环节上加强教育标准服务能力建设，建设各类实体的教育服务组织是明确职责、完善分工、提高效率的有效渠道。目前，我国专门性的教育标准组织较少，且以政府主导的组织为主，缺乏第三方、社会性的服务型组织，各类教育标准机构的建立速度缓慢，时效性不足。为此，我国要加快培育教育标准化服务机构；支持各级各类教育标准化科研机构、标准化技术委员会及归口单位、标准出版发行机构等的建设；鼓励社会资金参与教育标准化服务机构发展，引导有能力的社会组织参与教育标准化服务；探索国际教育标准机构在我国设立分支机构的可能性。

第四章

规划引领战略

教育发展规划就是为了实现教育发展的战略思想和战略目标，以规划教育发展的战略重点、战略对策和战略措施为基本指向，进行战略层面的决策谋划（郭德侠，楚江亭，2015）。

从国际视野来看，教育发展规划受到社会各界的广泛重视，是在"二战"之后出现的情形。这是因为，随着全球范围内的政治、经济等领域的发展变化，科学技术发展和社会文化形态出现了多元化的变革局面，世界各国更为迫切地关注立足长远的社会发展来预测对各类人才的需要和相应的教育培养举措。由此，从工商业领域产生进而在企业界被广泛采用的发展规划被逐步引入教育领域。进入 21 世纪，全球化趋势更为明显，人类社会正在经历新的转型——从工业时代进入知识经济时代，世界各国的发展更加需要增强科技实力。随着科技竞争日趋激烈，人们广泛认识到人力资源是科技发展和综合国力中的第一资源。这对教育也提出了新的要求。其中，以战略规划为标志，世界进入大战略和大竞争时代，教育战略规划的重要性日益凸显。

与此相应，中国正在经历着持续的改革开放。其中不仅有着从计划经济转向更为完善的社会主义市场经济的巨大变化，更有整个社会从传统社会变为现代社会的重大转型。进入新时代，中国需要在建设社会主义和谐社会、走新型工业化道路、加快推进城镇化和建设创新型国家等方面进行更多的创造性探索。对中国人口素质和社会发展质量有更高的要求，国家和人冥对教育事业提出了更高的期待。中国是世界上人口最多的国家，拥有世界上最大规模的教育。因此，中国教育的持续发展、优质发展，不仅影响着中国社会的转型发展，也影响着全人类的可持续发展，必须用更高水平的专业智慧来规划、引领教育事业的发展。从教育治理的视角看，更好地运用规划意味着更加科学地构建完善的治理手段，按照法治精神，合理评估成本、收益，提升教育发展方案的效率和效益。因而，规划是实现善治的必要路径，是推进教育治理现代化战略的必要工具。

# 第一节 教育规划与教育治理

联合国教科文组织提出：教育规划是一个过程，旨在确认最佳的行动过程，说明问题、确定重点目标并提供最经济合理的资源分配的方案。对于一个国家、地区或学校来说，教育规划就是针对一个教育系统的整体发展进行的全局性、长远性和战略性谋划。一般认为，具有现代意义的教育规划始于 20 世纪二三十年代苏联实施的五年计划。"二战"后，以联合国教科文组织国际教育规划研究所（International Institute for Educational Planning，IIEP）的成立和经济合作与发展组织为地中海国家制定的教育规划等事件为标志，教育规划的理论、模型、技术、方法等在西方国家迅速得到重视。其后，不少规划项目因没有达到预期目的而饱受质疑。直至 20 世纪 80 年代末 90 年代初，随着政策科学等学科的兴起及对自身定位的科学认识，教育规划重新得到重视并得以进一步发展（汤贞敏，2016）。

以国际上的这类经验和相关研究为背景，我国在新时期的教育发展进程中，也对教育规划的研究和实践开展了新的探索。时至今日，随着我国改革开放和社会发展，教育事业面临着更高的发展要求、更复杂的治理格局。在这样的发展趋势中，教育发展规划体现的战略思路需要在继承已有经验的基础上持续创新。

## 一、教育规划对教育治理现代化的战略意义

从教育改革与发展的实践来看，面对新的挑战，教育治理现代

化需要从多方面着手。从各地的改革与发展实践来看，整体推进教育治理现代化、推进教育系统变革（包括基础教育均衡发展或区域教育现代化）需要执行战略规划，通过整体规划区域教育系统，优化各部分之间相互作用的过程与方式。

例如，在探索推进区域基础教育优质均衡发展的过程中，需要将社会组织、学校、社区、家庭的优质教育资源整合起来，融入教育公共服务的合作供给格局之中。为此，一些地方在学校家庭社区合作、公共教育委托管理、通过政府向第三部门购买专业服务等方面进行了积极的尝试。这类新的探索就需要在区域层面整体筹划，并与其他的制度、政策工具和资源配置方式协调。

再如，在针对相对薄弱的学校开展委托管理时，需要精心设计并有效使用管办评分离联动机制，这包括聚焦阶段性的发展战略或重点目标，融通同时推进或前后相继的系列项目、整合系统的发展资源。又如，在推进本地区教育发展的过程中，北京等地采用《北京市中小学办学条件标准》等政策工具，广东等地采用信息化方式，成都等地采用城乡互动和城乡综合的方式，都取得了很好的效果。在类似的探索中，设计和采用各种制度方式，都需要对这一制度形式进行整体性的方案设计，并在实践过程中不断优化、完善和创新，以保证教育治理制度的科学性、合理性和有效性。这显然需要有更为具体的规划，并融入区域性的战略发展格局之中。

从国家、地方和学校每一级教育系统的层面来看，很有必要在制定和实施战略规划已有经验基础上进一步探索，以便用更高水平的战略规划引领教育治理现代化，为建设教育强国作出实质性的新贡献。

（一）国家层面：规划助力宏观调控

国家层面的教育系统涵盖不同层次、不同类别的教育子系统，要考虑每个子系统和国家教育系统逐步推进发展的具体举措和相关的资源配置。毫无疑问，这涉及众多复杂多变的因素，要从中梳理清楚教育改革发展的头绪，辨析新的历史阶段在人才培养和促进社会发展等方面的主要问题与次要问题、主要矛盾与矛盾的主要方面，需要倾听来自社会各界的不同看法。与这种复杂局面相对应，国家层面的教育发展规划就需要在比较长的时间内，凝聚各方的智慧，为宏观的教育改革发展培养适合甚至引领新阶段社会发展需要的人才描绘蓝图。具体来说，这表现为如下几个方面。

第一，指引发展方向。这是国家层面通过发展规划宏观调控教育系统的战略发展格局的首要功能。1985 年的《中共中央关于教育体制改革的决定》将改革教育体制作为主攻方向，1993 年的《中国教育改革和发展纲要》把基本普及义务教育、基本扫除青壮年文盲作为工作重点之一，1999 年的《中共中央国务院关于深化教育改革全面推进素质教育的决定》提出"深化教育改革，全面推进素质教育"，2010 年的《教育规划纲要》确定"到 2020 年，基本实现教育现代化，基本形成学习型社会，进入人力资源强国行列"的目标，2017 年的《国家教育事业发展"十三五"规划》明确提出"加快推进教育现代化"。这些战略性教育规划清晰地确立了我国不同时期教育改革发展的主要目标任务，这为进一步确定完成目标任务的原则、路径与条件保障和凝聚各方面力量提供了明确的指引，引领了我国教育事业的宏观战略方向。在推进教育治理现代化的过程中，需要进一步明确并强化国家层面的战略规划的引领作用，"明确社会各界及教育利益相关者的努力方向，从而统一认识，协调行动，最大限度地保障教育改革发展及人才培养目标顺利实现"（汤贞敏，2016）。

第二，引领发展理念。沿着新的发展方向选择新的发展目标和路径，都需要新的发展理念。在这方面，国家层面的战略发展规划对全国各级各类教育系统的宏观引领作用巨大。例如，1985 年《中共中央关于教育体制改革的决定》强调：从教育体制入手，有系统地进行改革。改革管理体制，在加强宏观管理的同时，坚决实行简政放权，扩大学校的办学自主权；调整教育结构，相应地改革劳动人事制度。还要改革同社会主义现代化不相适应的教育思想、教育内容、教育方法。经过改革，使各级各类教育能够主动适应经济和社会发展的多方面需要。《国家教育事业发展"十三五"规划》在强调坚持正确的政治原则的基础上，明确提出"全面深化教育改革，着力提高教育质量，着力优化教育结构，着力促进教育公平，加快推进教育现代化，推动创新型国家和人才强国建设"。这些与时俱进的发展理念都对相应历史发展时期国家教育事业发展发挥了宏观引领作用。

第三，配置发展资源。沿着新的发展方向、坚持采用新的发展理念，就需要通过具体的发展举措来逐步落实。为此，需要从国家层面考虑不同地区、不同类型和层级的教育事业发展需要和具体的项目设计，整体协调配置发展资源。党的十九大报告充分研究我国改革开放的成效，提出我国社会主要矛盾已经转化为人民日益增长的美好生活需要和不平衡不充分的发展之间的矛盾，这就意味着我国的教育事业发展面临着更加多元化的局面。与此相应，需要根据各地和各级各类教育事业的具体实际，有针对性地提供合适的发展资源。例如：对于相对薄弱的地区或教育系统，依然要立足教育公平，提供各种基础性的资源，在财力、物力和人力资源上予以适当倾斜。对于已经达到较高发展水平的地区或教育系统，就有必要在保障基础性资源的同时，鼓励改革创新，在确保教育公平的前提下促进教育发展效率和品质在新时期达到更高境界。

### （二）区域层面：规划促成改革发展

对于协调一个区域教育事业整体发展来说，阶段性的教育发展规划是一个很重要的政策工具。从历史的角度来看，我们不仅需要关注区域教育系统的宏观发展，还应关注区域内部微观层面的各级各类教育的布局、相应的人才队伍结构和教育资源配置；不仅应该关注基础性发展资源的开发和配置，还应关注通过促进改革创新来引导教育工作者创造高于基础标准的优质资源。为此，我们需要关注区域教育发展规划的多方面功能。

第一，更新治理理念。在适应国家教育发展战略的大前提下，要将最新的发展理念落实到教育系统的每个部分，一个重要的环节就是在区域教育发展规划中着力更新治理理念。首先，要在制定规划的过程中体现新的治理理念。不能仅将制定区域教育发展规划看作编制一套文本的过程，而应将制定区域教育发展规划的整个活动进程看作凝聚区域内外各界社会人士的共识的过程，"注重管理更新、公众参与、责任分享以及把区域教育管理的主要精力集中于那些可实现的重点项目"（郭德侠，楚江亭，2015）。其次，要在规划的文本及其实施举措中体现新的治理理念，"对区域教育进行系统思考，关注区域教育结构的调整、整体布局、均衡发展，在理性分析的基础上确定区域教育在较长一段时间内的发展定位、发展目标、发展内容及保障制度、监控措施等等，推进区域教育的发展"（郭德侠，楚江亭，2015）。

第二，改进发展方式。根据新时期的社会发展需要和教育事业的专业特征，更多的区域教育系统特别是基础教育系统，正为促进实现更加优质公平的教育而经历着从"基础均衡"到"优质均衡"的奋斗历程。据此，在规划区域教育发展时，要着力关注发展方式的改进。首先，关注优质资源的创生。在关注提供基础性资源、促进各类教育系统达到规范化标准的同时，倡导、鼓励并引领区域内各级各类教育系统（特别是各所学校）立足已有基础，努力创新，创造更多的优质教育资源。其次，关注内生发展的机制。鉴于优质教育资源的创生必须通过教育系统内的各类专业人员主动创新来实现，在关注各个教育系统更加开放地融入社会发展整体进程、主动开发利用更多外部资源的同时，立足教育系统内部，不断激发创新活力，主动选择创新的发展目标、教育内容和教育方法，实现内生发展。

第三，推进发展行动。区域教育发展规划的研制和实施，是一种系统的推进发展的行动过程。在区域层面开展的这些行动，一方面要体现整个教育系统的全局性和长远性，另一方面也要为基层教育系统特别是各级各类学校或其他教育机构的内生发展敞开创新空间，将自上而下的整体推进和自下而上的主动创新结合起来。从一些区域的已有经验来看，这样的区域性发展行动可以不同层次、不同维度的发展项目为载体，如集团化、学区化办学项目，创建新优质学校的行动项目，开展课程改革或其他专题性科研项目，以多种方式来组织项目团队，充分调动区域内各方面人士的积极性，让他们的创新活力融入区域教育系统的整体战略之中。

### （三）学校层面：规划引领学校发展

改革开放以来，随着我国教育事业的进一步发展，学校层面的主动发展和改革创新越来越受到人们的关注。与此相应，通过制定学校发展规划来协调校内各方面资源、促进学校实现更好发展，已经成为一条有效的经验。于是，我国教育改革中的学校发展规划实践和研究与国际上的教育改革形成相互呼应的局面。例如，我国很多地方开展的本土化的探索（如上海市通过"发展性督导评估"促进学校发展规划设计和实施的改革）促使各级各类学校立足自身已有条件和新的发展任务主动规划新的改革发展行动，取得了很好的成效和诸多宝贵经验。对学校而言，教育规划描画了一个前进的方向以及为了实现目标而必须采取的行动和相关解释，它往往意味着具有创造性的革新。

第一，凝聚更多智慧。在规划制定和实施过程中更新管理方式，可以在校内外凝聚更多智慧，激发内生动力。一方面，这要求学校领导团队带领学校成员主动思考和选择新的发展理念与目标定位，并据此对长达 3—10 年的学校发展内容、步骤及其保障机制进行全局性的设计。另一方面，这也要求充分调动包括校长、教师、职工、学生、家长、地方教育官员乃至社区单位等在内的学校共同体成员积极参与规划的研制和实施，让更多人主动关心学校发展，并为此贡献各方面的资源，特别是来自师生的思想活力以及在此基础上生成的更高品质的教育资源，如由一门门课程组成的课程体系、由每一位个体组成的团队（群体）、由每一次活动组成的学校育人系统。

第二，谋划新的格局。以分析学校发展基础为前提，新的发展格局就可以在凝聚各方智慧的基础上得以生成。当然，在这里，学校领导特别是校长需要发挥最重要的主导作用。在此过程中，需要从两方面努力：一方面，需要参照并对接国家或地区教育发展战略，以便主动引进新的发展理念、加入相关改革项目、凝聚更多资源；另一方面，需要主动分析学校已有发展基础、现阶段的发展机遇，根据自主选择的发展目标和理念，策划学校在持续多年的发展阶段内要达到的主要目标和发展途径，将学校优先发展的战略项目和需要常态化保障的工作项目结合起来，设计学校可持续发展的战略格局。在这样主动谋划的发展格局中，学校成员（特别是领导和教师）可以按照学校追求的教育价值观，协调并开发各方面的资源，提高学校的治理效能，切实提高学校的办学水平和教育质量。

第三，更新发展方式。学校发展规划需要提出新发展设想、形成战略布局，更需要通过包括"制定→实施→评价→改进"等环节在内的持续的、自觉的行动来逐步落实。其中，在学校发展的整体格局中，选择阶段性的战略项目，可以聚焦关键领域、积聚优质资源（包括优秀师资或高水平的智力资源），实现重点突破。与此同时，带动其他领域协同发展，开发学校发展潜能，整体提高学校的办学水平和教育质量。如此，就可以用充满智慧的战略行动积极有效地将学校发展的理想转化为现实。换言之，通过规划实施阶段性的战略项目，带动常态化工作项目在更高境界推进，更新学校的整体发展方式。

此外，学校发展规划还有助于学校与社区的沟通和融合，并通过学校的主动发展和自我调整为政府教育督导部门对学校进行评估提供客观依据，从而赢得各方面的支持。于是，我们就能理解并主动利用这样的发展趋势：随着我国学校管理改革的不断深化，越来越多的中小学开始制订和实施学校发展规划，借此提升远景规划意识，促进学校高水平、有特色发展。可以说，学校发展规划已经逐渐成为我国中小学改进管理、促进发展的重要工具。

## 二、教育治理视野下的教育规划专业新特征

在新的历史时期，我们需要在教育治理现代化的前进道路上进一步创新。在我国，为了确保教育改革与发展稳妥推进，需要继续发挥政府的核心主体作用，主动组织各类治理主体共同参与制定并实施教育发展的战略规划。不过，相比于以往过于强调政府的行政能力的情形，现代教育治理格局中的战略规划需要有更高的专业追求。

### （一）从单一主体规划到多元主体参与规划

在已有的实践和研究中，人们对于教育规划模式一直有不同的观点。在教育治理现代化的大格局中，教育发展规划的相关实践和研究越来越趋向多元主体参与。

考虑教育规模模式的一个维度是集权模式与分权模式。主张集权模式的学者往往强调技术统治论。他们据此认为教育规划是一种技术性活动，应该交给训练有素的规划专家来完成。根据这种观点，教育规划过程就是一种自上而下的、由专家控制的封闭行为。毫无疑问，这种模式往往没有充分考虑规划执行者的意见，也没有充分关注规划区域的特殊利益。与之相对，主张分权模式的学者认为应该由规划的实施者，即各个教育系统的主体来掌握规划的决策权和实施权，充分考虑规划区的人群或所在学校的成员的利益，关注规划实施者的权益和创造性。据此制定教育规划，可以调动各级教育系统中的治理主体参与教育发展的积极性。

当代教育发展中，越来越多地需要通过教育治理来动员更多主体参与，从而开发更多机遇和资源。我国幅员辽阔，各地区之间存在着明显的差异，需要兼顾不同的发展基础、资源条件和发展要求。从每个区域内来看，不同的治理主体

在不同的教育专业活动中发挥着不同的作用。进入学校这类专业组织内部，每一个组织的整体发展都需要团队成员齐心协力来推动各项教育活动改革和组织文化变革。总之，无论从哪个层面来看，制定教育发展规划都需要多元主体的积极参与，而不能沿用传统的行政决策、专家参与、其他主体负责执行的规划模式。

考虑教育规模模式的另一个维度是政府和社会各界治理主体之间的关系。以往，在以政府为主体的计划经济时期，政府是我国各地教育资源的唯一拥有者和支配者，教育规划是政府行为。随着改革开放的逐步推进，政府从教育的唯一供给者变为提供者、引导者和服务者，我国的教育发展格局中出现了与政府行为并存的市场行为、社会行为和公民个人行为。于是，教育发展的行为主体就开始向政府、市场、企业、社会和个人多行为主体转变。其中，教育投资者和受益者变为政府、市场、企业、社会和个人。与此相应，教育规划主体呈多元化趋势，各类主体有了新的分工合作。例如：政府更加重视教育发展战略规划的制定和实施；大学、职业学校更多面对产业结构、劳动力结构和就业市场变化，纷纷制定适应社会变化的规划。

今天，在更多地方，多主体参与制定教育发展规划的工作机制正在形成和完善。在教育规划编制过程中，各级政府及教育行政部门更加重视行业协会、利益团体、公众的参与，这些组织或群体在不同阶段以不同方式、不同程度参与规划编制工作，较好地反映了社会各界特别是利益相关者的教育诉求。例如，非户籍常住人口子女平等接受教育问题、城市与农村教育差距问题、农村地区和边远山区师资流失问题等，开始成为我国教育规划的重要内容。同时，鉴于这类问题具有特殊性，在国家、区域层面开展大范围的调研，大量的座谈，正式公布前广泛征求意见等也成为我国教育规划编制的必经程序，从而使教育公平、教育救济在我国教育规划编制中得到较好体现和落实（汤贞敏，2016）。与此类似，学校层面的发展规划研制和实施过程也更加关注所有学校成员和相关人士，包括师生和学生家长的意见，让他们有机会参与学校发展的进程，在享受参与权的同时也贡献各种创新智慧。

**（二）从依赖行政手段到综合运用战略智慧**

作为政策工具，教育规划理应体现政府及各级各类学校、教育学术团体和社会各界治理主体的意志。不过，在以往的发展进程中，我国教育规划的制定多为政府主导模式，政府职能部门扮演着教育规划的研究者、编制者、决策者、执行者多重角色，容易出现价值偏好、认识局限等自身难以克服的问题。现在，随着决策科学化、民主化、合法化水平的提高和新型智库的建设受到更多重视和鼓励，我国教育规划编制在充分发挥政府职能部门主导作用的同时，已经开始充分关注专业学术机构及专家团队等多元主体的参与。其中，具有雄厚研究基础和学术积淀的教育研究机构和有关高校成为重要参与力量。各级政府及教育行政部门在教育规划编制过程中，通过软科学采购、招标，以及项目合作、直接委托等不同方式与高校、科研机构合作，有效提高了教育规划制定的民主化程度和科学化水平（汤贞敏，2016）。

在这一转变过程中，教育系统的主管部门和主要领导的战略智慧对于教育规划的研制和实施发挥着越来越重要的作用，由此形成了用更高水平的发展规划来引领教育发展的战略思路。例如，教育部发展规划司提出制定教育规划应遵循的基本理论包括可持续发展理论、满足需求理论、协调发展理论、适度超前理论、资源配置优化理论、基础优先理论等。在综合参考、精心选择合适的理论的基础上，以富有前瞻性的战略思路，整体设计发展规划的调研过程和调研工具，充分了解教育系统内外的现状、发展需要与基础，进而形成系统的发展思路、策划典型的发展项目和逐步推进规划实施的管理机制，就有可能形成系统的战略智慧，确保规划的设计和实施达到更为理想的高度。

现在，这样的战略智慧不仅在国家层面的教育系统的战略规划中得到重视，也开始在区域层面、学校层面的发展规划研制和实施中得到更多的关注和利用。

### （三）从标准化实施规划到动态化引领发展

随着人们更多地通过教育治理的方式来推进教育发展，教育发展规划的作用就开始超越按照行政部署来"标准化实施"的传统"套路"，在教育发展进程中发挥动态引领的作用。

对每个层面的教育系统进行整体性的战略规划，不仅涉及发展方案的研制，更涉及管理方式的改变。教育发展规划的研制和实施是筹划、设计和整体推进教育发展的活动或过程。就这一过程来说，有必要在提出教育发展的目标、设想或未来蓝图以及设计、实施和评价系列发展项目时凝聚社会各界的力量，不断改进教育系统的各个要素，提升教育管理水平，在持续、自觉的行动过程中，引领各级各类治理主体协同努力，将教育发展的愿景一步步转化为现实（郭德侠，楚江亭，2015）。

此外，在新时期的教育改革与发展中，特别值得关注的是需要超越以往的配置基础性资源、促进各级各类教育系统达到规范化发展标准的情形，在标准化的规划研制和实施过程的基础上，着力倡导各级各类主体特别是教育专业人士主动创新，立足各自所在的教育系统开发内部潜力，创造更为优质的课程、教育活动、管理制度，由此创生更多优质教育资源。这样，就有可能从国家、区域和学校等各个层面切实打造优质教育，有效解决新时期的社会发展矛盾，将我国各级各类教育系统的发展推到更高水平。

## 第二节　教育规划的制定与实施

教育发展规划的战略引领作用，有赖于其战略高度和价值取向。鉴于教育活动是在社会发展到更高水平时逐步分化出来的专业活动，而且随着社会发展到更高境界，面临新的发展矛盾，这种专业性越发显得重要，在研制和实施发展规划时，需要通过专业的思路与措施来促进教育事业的发展。

联合国教科文组织国际教育规划研究所指出，战略规划一般由四个阶段构成，即对整个教育体系进行分析、制订政策、制订行动计划、监测与评估。无论是战略规划还是具体的项目，从开始阶段就应设置监测和评估环节，以便由此建立有效的推进机制（中国常驻联合国教科文组织代表团，2009）。以此为参照，我们可以更为系统地考虑教育规划的制定和实施。

## 一、教育规划的制定

要让一个教育系统在一定阶段内通过实质性的专业化的努力实现具有战略意义的发展目标，行政部门需要充分发挥领导作用，以便凝聚各类主体的智慧，共同谋划并具体推进。为此，就需要精心组织相关人员，组建调研团队，全面而科学地调查分析所在教育系统已有的发展基础、可用的发展资源、面临的发展境遇、新的发展需要；然后，据此结合本国、本区域或本校的实际，选择阶段性的发展目标，协调相关发展资源，聚焦战略性的发展项目，部署全局性的发展行动。

### （一）遵循规划制定的基本原则

第一，前瞻性。任何规划都需要着眼于未来的发展需要，教育系统的战略发展规划更需要有前瞻性。具体来说，要把握未来一定时期世界、国家和区域经济社会以及科技文化发展趋势，把握所在教育系统在新的发展阶段可能面对的发展机遇和挑战，进而预测教育在一定周期内所应有的状态和可能达到的目标以及达到目标需要的条件。与之相应，要对本系统或学校的现有发展条件、外部发展环境、自身的发展态势等多方面相关因素作全面的研究分析，以便让前瞻性的研究更有针对性，从而切实有效地指引本系统的教育发展。

第二，系统性。教育规划本来就是立足国家、区域或学校等不同层面的教育系统而展开的，因此，教育规划必须有系统的视野。具体来说，教育规划的系统性原则可从两方面理解。首先，教育规划必须充分回应经济社会发展的战略需求。它不仅要体现行政团队或领导团队的战略追求，还需要对教育事业发展及人才培养作整体设计，让教育系统的整体发展和更大范围的社会系统的发展相互协同。其中，国家层面的重大教育战略规划要涵盖学前教育、义务教育、普通高中教育、职业教育、高等教育和学习型社会建设，以及教育与经济社会发展的互动融合；区域层面的教育规划和学校层面的发展规划在涵盖不同层次不同类型的教育子系统时，也要立足本地实际合理定位各个子系统及其相互关系。其次，任何教育规划都要考虑与其他教育政策工具之间的统筹协调，包括与上位的教育政策及教育规划、前期政策及规划的衔接和协调。由于教育规划所依附的教育环境和外部社会环境（包括经济发展、人口变化、科技进步、社会文化等各种复杂因素）不易掌控，加上教育发展有着内在逻辑及规律，与政治、经济、人口、文化、科技等相互影响和相互作用，不断改变着教育自身及经济社会发展环境，因而教育规划的系统性必然蕴含着复杂性（汤贞敏，2016）。与此相应，在区域和学校层面，同样要协调发展规划与其他政策、制度、文化资源之间的关系，使之产生更好的系统效应。

第三，导向性。规划本身就体现着发展主体的价值取向和目标导向，而不可能不作价值选择和目标设计。更具体地说，教育规划实质上就是进行多种价值选择的过程，包括指导思想与目的、利益分配与权力运作、经费划拨与资源配置、教育权利保护与教育救济、教育公平与教育效率、教育规模结构与教育质量特色、教育发展速度与教育效益水平等，也包括行政团队的教育主张、教育家的教育理念和人民群众的教育诉求，都需要从多个维度充分权衡利弊、研究满足相关发展要求的现实可能性。可以说，编制教育规划其实就是一种具有强烈价值选择性的活动。其中，在国家和区域层面，我们需要特别强调教育事业的公益性，满足社会各界、各阶层及各种背景家庭的教育需要。在新的历史发展时期，教育是最大的民生工程，受教育群体数量庞大，教育优质化、多样化、特色化资源还相对不足，教育规划必须以解决公共教育问题、满足公共教育利益为重要出发点，增强教育治理的回应性，充分听取并反映广大人民群众的合理诉求，以学有所教、学有所成、学有所用为追求，全面解决好"有学上""上好学""好上学"的问题，努力办人民满意的教育（汤贞敏，2016）。类似地，在学校层面，需要充分听取学校成员和相关利益者的意见与建议，了解各种不同的诉求，进而在此过程中用先进的教育理念、富有前瞻性的发展目标来凝聚共识，在回应各种要求的过程中作出本阶段最合理的价值选择。综合起来看，现阶段的教育发展规划一方面要坚守教育公平，通过配置基础性资源而达到规范办学；另一方面还要追求教育创新，通过引导专业人士和组织主动创造创生更多优质资源。

在研制教育发展规划时，坚持前瞻性，把握其系统性和复杂性，明确导向性，通过解决更高层次的发展问题来推动教育事业发展，可以让教育规划编制达到更为理想的状态，确保教育规划科学可行，为实现预期目的奠定坚实基础。

### （二）通过科学调研明确发展方向

决策的科学性是教育治理的必要之义，具体到教育规划中，就需要超越传统意义上的政策制定和实施举措，凸显教育系统变革的专业品质。与此相应，在组建调研团队时，需要充分吸纳各方面的专业人才，以便设计更为专业的调研方案，才能进行更准确的信息搜集和专业判断。首先，应有熟悉先进教育理念和改革实践的研究人员。他们在教育政策、教育改革等方面有持久而深入的研究，对本地区及走在前列的国家和地区的教育发展情形有充分的了解，能提出新的见解和建议。其次，应有熟悉本地区教改经验和发展经历的专家。他们可以充分利用在教育行政管理、教育实践创新方面积累的专业智慧，特别是设计和实施本地区前期教育发展规划、教改项目的经验，从而在先进的理论、其他国家和地区的经验与本地区的实际之间做好衔接，确保通过调研获得的信息和据此提出的设想符合本地实际。再次，应有具体的教育组织（特别是各级各类学校）持续开展各方面教改实践的领导。他们熟悉以学校为代表的教育组织的基本业务和变革经验，善于用创新智慧来为具体的学生、家长、社区提供更合适的教育服务，能运用新的教育理念、用好教育政策、整合教育资源。

未来更好地解决当前教育发展中的现实问题，调研团队需要针对本地区的教育发展问题设计调研方案。一般来说，调研所涉及的主要问题可大致分为两类。一类是教育系统与社会其他系统之间的关系问题，即有关教育与社会、市场的关系问题。这包括政府在教育发展中的角色、市场机制介入后政府办学、社会公益力量捐资办学、教育经费投入、教育发展不均衡的原因、流动人员子女的教育、素质教育实施的外部环境等问题。另一类是教育系统内部各因素之间的关系问题，这包括学校自主权、学校面向市场、行政部门对学校的各类评估、社会捐资办学、普通教育课程中职业教育的渗透等问题（尤敬党，2006）。对这些信息的整合，以及对新的发展指标和各方面文献资料的梳理，可进一步完善调研方案，为新的决策提供坚实的基础。

在充分调研、资料充足的基础上，要从中解读出区域教育发展现状，对系统性的教育发展格局形成一个整体的判断，就需要超越经验描述、事例讲述、数据罗列等做法，借鉴代表新的发展高度的专业智慧，进而凝聚各方意见，共同协商制定本阶段的教育发展指标体系，选择新的发展战略，制定发展规划。从已有的成功经验来看，一个很有价值的切入点就是研制本地区的"阶段性教育发展指标体系"（包括以"教育现代化"或"教育信息化"等为专题的区域性教育发展专项指标体系），据此来明确本阶段的发展目标，衡量每一步取得的进展和尚需解决的问题，并在后续工作中评估验收各领域、各层次教育系统推进教育发展的实际成效。由此，就可通过科学的调研程序为一个阶段的战略发展确立明确的方向。

### （三）在系统格局中突出发展重点

教育规划是对系统的设计，既需要通盘考虑成分之间的关系，又需要突出关键点。如果规划涉及的各方面发展及相关举措能够相互协调，就能促使教育系统有机运作，产生大于各个部分之和的总效能；反之，若关联不足、顾此失彼，也有可能促使教育系统产生小于或有别于部分之和的结果。正如法国复杂性理论专家莫兰（E. Morin）认为，"系统同时大于、小于、有别于部分之和。部分本身也会有变小或变大的区别，总之它在系统内外不一样"（莫兰，2002：108）。因此，为实现"整体大于部分之和"的效果，教育规划需统筹系统内部与外部、纵向与横向的各要素，优化教育系统各个部分关联与运作机制，努力取得更高品质的系统效应。

为此，很有必要在形成系统格局时协调好各个子系统或子项目之间的关系，以便更高效地配置资源、鼓励创新。在这方面，联合国教科文组织国际教育规划研究所于2010年专门出台有关战略规划的指导性文件，明确指出：确定发展目标之后，选择优先发展领域、设计优先发展项目，是战略规划的核心内容。这里所说的"优先发展领域"和"优先发展项目"就是一个教育系统在一定历史发展阶段内的战略重点。显然，一个教育系统的发展，除了要有全局视野、整体布局，还要在系统格局中关注阶段性的和全程性的战略重点。如此，就有可能在切实的行动中一步步解决战略发展问题，最终实现一个历史阶段具有标志性的发展任务（如区域教育现代化或学校特色发展的五年战略任务）。此时，为了凸显战略意图，需要精心策划重点项目。在逐步完善发展规划的文本时，主动集中优质资源特别是专家团队和锐意改革的实践团队的智慧，参照区域教育发展可选的三个切入点（配置要素资源、实施行动项目、优化运行机制），针对不同领域的改革发展需要作出合适的选择（包括在不同的切入点之间灵活组合）。同时，要对本阶段发展格局中的重点项目（工程）进行专项设计，甚至制定专题性的分类规划，如教师教育、德育工作、学前教育等分类规划方案。

### （四）凝聚智慧研制规划文本

经过前述努力，教育发展的战略蓝图就已经被逐步描绘出来了。在此基础上，进一步制定体现战略意图的发展规划（或者以之为主线的区域性的五年发展规划）也就是顺理成章的事情。此时，主要从如下方面逐步推进。

首先，组织专业团队，制定发展规划的初稿。针对本阶段需要解决的发展问题和由此确立的发展目标与主要任务，整体构想规划文本，特别是其中的战略思路和重点项目。从战略的高度来看，致力于实现新的战略发展目标的发展规划应该具有超前性、引导性、操作性。超前性，意味着在立足现有条件的同时根据教育系统自身的发展规律对未来的发展趋势有合理的预判；引导性，意味着对教育系统的价值取向、整体功能和本地区的特色发展方向有着指导意义；操作性，意味着能够切实有效地解决本区域的教育发展问题，特别是为重点目标设计一批重点项目（工程）和相应的保障机制（陈峰，2012）。

其次，协调各方力量，商议修改发展规划。制定区域性的教育发展规划，显然需要协调整个教育系统内外的多方面资源。其中，从参与主体的角度来看，整个规划过程需要调动区域内相关职能部门和各层次力量来参与，特别要鼓励社会各界关心教育的热心人士、社会组织和专家学者参与规划的研讨制定过程，由此激发各方面主体的热情和智慧，通过多维、多向的沟通过程来凝聚共识，共同完善发展思路，修改发展规划初稿。通过这样的过程，原来存在于主要领导人或者专家思维中的战略思想就可通过与各方面意见的交流而得到进一步澄清、明确并得以丰富、完善，进而让教育系统内各类主体特别是各层级的关键人员都能在这种互动交流中达成共识，为后续实施发展规划作好思想准备。

### （五）完善配套制度设计

在促进一个教育系统实现战略发展的多方面保障条件中，特别关键的就是制度设计及机制优化。制度体系是一个教育系统的子系统，换言之，对制度的设计也应该有整体的系统视角。"我国现代教育的发展除涉及到国家教育行政部门外，还涉及到金融、人事、民政、社会保障等政府相关部门。如协调不好，容易政出多门，造成条块分割。"（黄明东，罗志敏，严希 等，2007）例如，在推进教育现代化的进程中，需要协调相关的人才政策、科技政策、就业政策、资源政策，由此构建合理的配套政策体系。此时，有必要从如下两个方面努力。

在横向上，协调与本阶段教育发展相关的各项制度（政策）之间的关系，使之产生协同效应。为此，需要界定每项具体的制度或政策的效用，同时保持各单项制度与其他制度之间的协同性。每一个单项政策在政策体系中的耦合状况良好，以其运行的范围、先后次序有机地结合起来，就可以构成一个制度体系。在这样的系统中，各单项制度（政策）之间相互兼容、贯通，可由此产生互补和互相支持的效应，从而降低政策运行成本，提高区域教育系统的整体效能。

在纵向上，协调好新旧制度（政策）之间的关系，在努力创新、避免冲突的前提下，形成前后相继、相互支持的发展效应。在此过程中，要从利益分配格局以及相关主体之间的力量对比关系的角度，充分研究原有制度（政策）和新的制度（政策）的关系，使教育系统的整体发展格局处于动态均衡状态，让制度体系（区域性的教育政策系统）形成良好的生成机制和生态环境。为此，有必要依托专业力量，梳理已有教育制度（政策）体系，对其中的单项制度进行整合，进一步明确既定制度的时效，辨明目标体系，促成前后衔接通畅、教育治理现代化不断推进的格局。

## 二、教育规划的实施

实施是对教育规划的实现，是落实规划精神和内容的必经之路。要确保实施就要明确规划的责任主体，以系统思维推进项目执行，并利用教育治理的网络化优势调动要素资源。

### （一）在战略布局中落实责任主体

在整体谋划一个教育系统的发展时，需要充分考虑教育规划编制与实施之间的关系，让各级各类主体在主动参与规划的过程中明确各自承担的任务，而不是按照上级意图、政治需要、领导人讲话精神，或者借鉴别人的经验，或凭借领导人的个人意志来实施规划。

为此，教育规划需要结合具体的发展项目和相关的资源配置、推进速度，选择具体的实施策略或方式方法，具体考虑完成各项工作所需投入的人力或社会资源状况，以及有关的保障制度和推进机制等。其中，要特别关注评价机制的建设，在充分商议的基础上确定衡量教育发展规划实施内容、具体进度、时间限制、存在问题等方面的具体指标，以便对教育规划进行有效的监测和评估，及时完善和改进。以此为基础，就可以确立具体的责任主体，有效落实各方面工作，特别是落实重点项目的责任。

### （二）以系统思路促进项目实施

从教育治理现代化的角度来看，新阶段的发展任务是促进教育优质公平发展，需要更多关注教育内涵、办学质量，着眼于内涵式优质发展、深层次内涵发展。据此，政府应减少对微观事务的干预。在配置公共资源时善尽职责，在提高公共服务效率时可酌情减少对微观事务的干预。同时，政府释放出来的权力需要有合适的主体来承接。此时，在教育治理中，学校和相关社会利益主体的治理意识和能力就尤为重要。与之相应，在整体规划一个教育系统的发展时，需要有相互支撑的两方面的努力。

一方面，要着力培育各个子系统（特别是各种专业组织），让它们在各类具体的教育系统或专业活动中发挥主动性、创造性，以便为各类治理主体特别是学校领导和师生通过高品质的教育活动设计和实施以自内而外、自下而上地创生优质教育资源。从更为开放、更有活力的教育系统来看，除了学校和以学校为成员的集团、学区、联盟等这类直接开展教育活动的教育组织之外，教研室、督导室、教育质量监测中心或考试院、评估院、承担"委托管理"任务的机构（包括中介机构或作为"被委托者"的其他学校）等专业组织也需予以充分关注、培育。

另一方面，促使各系统（各类专业组织）主动实施创新项目，以便让它们在各自负责的专业活动中更有活力地促成资源配置方式和资源使用方式的优化，促成优质资源的持续创生，进而营造出充满勃勃生机的教育生态系统。这里所说的"创新项目"包括可促进"优质"资源的获取（如主动引进优质师资和课程资源）和创生（如引领教师通过教改项目而开发更高品质的课程、引导学校通过制定实施新的发展规划而创生更高品质的学校文化）的行动项目，也包括促成优质资源"均衡化"的行动项目（如区域推进的课程改革研究、督导评估活动）。如此，与"优质均衡发展"相应的专业活动可以通过各种专业组织进行策划和实施，同时通过这些专业组织又促成更多专业资源（特别是专业人员）的培育，这些组织及其成员（特别是学校中的领导和师生）就成为创生优质教育资源的"生产者"，而不仅仅是传统视野所见的基础性公共资源的"消费者"。这就可以从根本上确保区域教育优质均衡发展具有可持续的内生动力和"源头活水"。

### （三）在项目驱动中协调要素资源

在整体规划一个教育系统的发展格局、设计各个具体的实施项目的同时，要充分考虑到每个项目推进过程中需要的各种资源，由此协调开发和利用各方面的要素资源。

在教育系统发展中，人们直接关注的往往是各种资源的配置，包括为促进校际和城乡之间均衡发展而建设标准化校园、配备图书等文化资源和各种硬件设施、建设课程、配备合格师资、让师资在不同学校间轮岗（此时往往把"均衡化"等同于"均等化"）。这类资源类似于经济学所说的"土地、劳动、资本"等生产要素，可被称为要素资源。这些要素资源可以由一个系统特别是区域层面的教育行政主体直接配置，但归根结底都是配置给教育系统内的一个个子系统（如学校的教育组织），以便通过其组织实施的各项教育活动（或行动项目）来发挥作用，而不是由行政主体直接使用。例如，"县管"的师资需要通过"校用"才能在每所学校开展教育活动，产生教育成效。

教育治理具有主体多元的特征，多元主体不仅代表着多种利益诉求，而且潜藏着多种资源。充分利用这一特征，有利于将原教育系统外部的资源吸引到教育之中，也有利于提高已有资源的质量。通过教育资源的"增量"和"提高"，教育规划的实施才能得到可靠保证。

# 第三节　提升教育规划引领作用的策略选择

在教育治理现代化的进程中，主动制定并有效实施具有前瞻性的发展规划，是促进一个教育系统的整体发展的前提。在此前提下，在推进教育治理现代化的过程中，提升教育规划的质量，具体可考虑以下策略。

## 一、增强规划的科学性与前瞻性

要充分发挥教育规划的效用，就必须提升规划本身的质量，而科学性是规划质量的核心。同时，规划的一大作用在于描绘教育发展的愿景，因而必须体现规划的前瞻性。

### （一）用专业智慧引领科学的战略规划

要解读教育发展现状，对系统性的教育发展格局形成一个整体的判断，就需要超越经验描述、事例讲述、数据罗列等，借鉴有代表性的、高度的专业智慧。

首先，参照最近的教育研究成果，深入理解教育发展政策。在紧跟时代步伐、理解国家和地区层面的社会发展战略时，决策者、研究者和执行者、参与者应该尽可能充分地学习、了解教育改革与发展的相关理论和经验（如教育治理的理念和实践），特别是关于教育现代化的理论成果和已有经验。如此，方能站在时代的前沿来深入理解教育发展政策和本地区的教育发展现状，作出更为合理的判断和选择。

其次，在系统格局中准确把握本地区的教育发展基础。一方面，要在我国社会发展的整体格局中把握本地区的教育发展，尤其是从本地区经济社会发展的大格局中来理解教育发展现状，据此拓展新的发展空间。另一方面，要立足区域教育系统内部，系统梳理已有的改革发展成果，描绘出本地区教育的整体面貌。其中，需要特别关注已有的发展优势和存在的发展问题。

### （二）采用专业方式增强规划的前瞻性

现代管理学之父德鲁克（ P. F. Drucker）认为，战略规划是为未来作现在的决策（德鲁克，2009：70）。教育规划的前瞻性要得到充分体现，以便使之产生更好的引领发展的作用。为此，在研制发展规划时，需要充分研究未来一定时期内的教育改革发展及人才培养等方面的趋势，据此在复杂的发展环境中选择合理的发展目标，提出原则、思路、任务和举措，用以指导全国、区域和各级各类学校的教育系统实现新的发展。

在这方面，可以先行国家和地区的教育发展指标为参照，审视本地区的教育发展需要。实际上，这也是制定本地区教育发展指标体系和发展规划的必要前提。在这方面，联合国教科文组织的世界教育指标、经济合作与发展组织的教育指标、世界银行的教育指标体系、欧盟的欧洲教育质量指标、美国的教育发展指标、新加坡的教育发展指标，都可以成为国际视野下的参照系；北京、上海、浙江、广东、江苏、天津、成都等地的教育现代化指标，可以成为国内不同地区选用的参照系。有了这些参照系，可以更清楚地理解本地区教育现代化的基础，更准确地定位新的发展空间。此时，需要特别关注的是，更高境界、专题更为鲜明的阶段性发展战略（如"教育现代化"）体现了新的专业追求，而不仅仅是一般意义上的行政任务。与此相应，这要求本地区的教育系统的整体发展实现"转型"或者在已经启动的教育现代化发展历程中走向"成型"或"更高境界"。

## 二、正确处理教育规划与国家整体规划之间的关系

教育是社会的一个有机组成部分，教育规划是国家整体规划的一部分。教育

承载着社会发展的希望，创造着一个充满活力的发展空间，并为此而凝聚各方面的社会资源。因此，在制定教育发展规划时，要在国家整体规划的格局中来思考问题，充分考虑社会事业发展的基本条件、新的需要和可能，并用教育专业资源来适应、引领社会的政治、经济、文化等多方面的发展。

### （一）立足社会需要确立教育事业的发展思路

教育在促进个体发展和社会发展中起着重要的基础性作用，但它既不可能单独地发挥作用，也不是解决所有发展问题的灵丹妙药。因此，需要把教育事业放在更为广阔的发展格局中来整体考虑。在这方面，从全球发展的视野来看，一个具有关键意义的变化就是"发展观"的变化。其中，关于社会发展，人们越来越清晰地看到：社会发展超越经济范畴，要考虑其伦理、文化和生态内涵。联合国教科文组织21世纪教育委员会正是基于这一扩大了的发展概念，对21世纪的教育作出新的判断：教育不只是一种发展手段，也是发展的组成部分，是发展的一项重要目标和主要目的之一；教育不仅要为经济发展服务，不只是把人们当作经济发展的工具，而且要为社会的全面进步服务。换言之，教育的首要作用之一是使人类有能力掌握自身的发展，也就是为促进人类自身发展和完善服务（联合国教科文组织，1996：68-81）。

就我国的社会发展态势来看，《教育规划纲要》和《国家教育事业发展"十三五"规划》等文件发布之后，各地区也陆续编制本地教育发展规划。这些文件都是在未来一定时期内指导全国和地区教育改革与发展的纲领性文件。教育系统的改革和发展应该与经济社会发展的总体规划相适应，体现全局性、宏观性、长远性和战略性的编制要求。不过，教育发展具有自身的专业特性，受到多种因素的影响和制约，这使得教育规划具有独特的复杂性。同时，我国许多地方的教育发展规划或教育规划纲要的编制时间早于地方国民经济和社会发展规划。因此，需要充分考虑到的一个重要问题是：教育发展规划是否与全国和各地的经济发展的总体规划相适应，规划的科学性和指导性能否得到更好的保障。

例如，教育事业要同国民经济发展的要求相适应，国民经济发展不仅与教育事业的数量、规模和发展速度有关，而且与教育工作的各个方面，如体制、结构、布局、学制、课程、教材、教法以至各级各类学校的全套制度和全部工作都有密切关系（蔡中宏，2008：115）。据此，在制定教育发展规划时，需要综合考虑社会发展变化的整体趋势和个体发展的新需要。就中国教育来说，教育的民生意义要求各级教育系统追求公共理性，基于公正、平等、自由等理念，接纳公民、政府、社会团体各种主体对区域教育服务尤其是义务教育发表意见、进行共商（陈峰，2012）。由此，让各级教育系统服从于国家的教育方针，落实党和国家对教育发展的总体部署，如《教育规划纲要》明确提出的"基本形成学习型社会"的战略目标和"构建灵活开放的终身教育体系"的具体要求。为此，有必要规范教育规划的编制流程，进而用更高的专业标准来引领规划研制及其实施，让教育发展与社会事业发展之间的良性互动有更好的专业保障。例如，在制定发展规划时，在选择编制内容特别是发展目标的指标选取上，要克服随意性，对一些关键领域要用有科学测算依据的定量指标来界定发展目标，并对配置系统的资源、设计切实的行动项目进行战略部署。

### （二）以教育优先发展引领社会事业的进步

教育发展是社会整体发展的一个有机组成部分，但这一部分有着独特的作用。联合国教科文组织早在 1972 年就在《学会生存：教育世界的今天和明天》中提出："教育在历史上第一次为一个尚未存在的社会培养着新人"（联合国教科文组织国际教育发展委员会，1996：36），这更强调了教育事业需要有前瞻性，相应地，教育发展规划更应该有前瞻性，以便在适应国家或区域的经济社会发展的大格局的进程中，主动谋划教育发展，引领社会事业的进步。例如，在教育规划目标中，不仅要对人才培养目标或发展数量提出要求，更要对发展质量提出明确的要求。相比之下，对推动经济社会发展有直接作用、与社会劳动力素质直接相关的职业教育和高等教育在这方面的要求更为紧迫。

其中，促进教育系统实现优质公平发展，当为现阶段的一个重要发展主题。随着我国社会发展进入新时期，我国社会的主要矛盾已经转化为人民日益增长的美好生活需要和不平衡不充分的发展之间的矛盾。就教育领域来说，就是要提供更加公平、更加优质的教育。具体来说，目前许多地方推进区域教育均衡发展的进程中超越"基准均衡"（从入学机会和办学条件上确保每个孩子拥有基本均等的受教育机会），追求"优质均衡"（在区域层面促成每所学校通过特色化的创新发展为每个孩子提供更为适合的优质教育），正是为了解决"不平衡不充分发展"的问题，以适应并引领这种新需要。与此相应，教育发展规划就应体现新的价值趋向，聚焦当前最为关键的新主题，为本地区或本校的教育系统确立具有前瞻性的发展指标和相关资源、行动举措。这不仅是为了促进教育系统自身可持续发展，更是为了引领整个社会各方面的发展。例如，通过优质公平的基础教育，促成社会事业发展实现更高品质的公平，让社会各阶层的人群都能通过优质而公平的教育获得发展资源、发展空间。同时，通过更为先进的教育改革，实现更高品质的公平，培养各行各业的人才，可以促进经济社会结构协调发展，促进社会整体文化水平和政治文明程度提升。

### （三）通过协同治理凝聚各方智慧

在各种发展资源尚不够充分的时候，人们对教育公平的追求体现在所有人享受同等标准的教育服务，今天，人们对教育发展的要求是不仅"公平"而且"优质"。"优质"教育资源固然离不开政府提供的基础性的标准化资源，特别是标准化的甚至是量化的资源（如合格师资、设备和其他办学条件），但更多的是通过先进的教育活动而创生的教育资源，如适合每一个学生个性的发展、更多样化的教学风格、更具学校特色的办学品质。与之相应，社会提供的支持性的条件也不仅仅是以往常见的物质资源，而更多的是制度化、文化资源。这就意味着，在新的发展阶段，教育规划需要着眼于开发利用更高专业品质的优质教育，通过协商治理来调动各类治理主体的主动性、创造性，利用各方面的智慧促进教育改革、提升教育活动的内在活力，因为每一个充满智慧的主体都可能是优质教育资源的提供者或创造者。

教育规划的研制和实施涉及多元主体，除政府和教育行政管理部门外，还有高校和智库专家、校长和一线教师代表等。每一类群体形成一种场域。场域本身预设和产生着各自特定的利益形式，有多少种场域就有多少种"利益"，不同场域的利益形式不可完全通约。处于不同场域中的主体由于利益预期不一致而产生分歧在所难免。例如，教育行政管理部门重在通过教育规划从上级政府获取资源支持，争取"有人、有钱、有地（房）"的改革条件。教育专家希望通过教育规划编制工作了解和解决教育实践问题，为理论完善和知识生产提供充分例证，同时也希望借此机会验证具有创新性的理论或观点。校长和教师长期处于一线，关注所在学校和个人如何通过教育规划而受益，对教育规划的需求同样重在资源获得，且视野往往局限于学校内部（高准微，2016）。这就意味着要充分协调不同主体（特别是利益主体）之间的关系，让每类主体的发展需要（利益诉求）得到关注，并在参与规划研制和实施的过程中得到充分的表达和实现。

## 三、加强规划执行过程中的评估反馈

教育发展规划的研制和实施是一种政策行为，它是一个教育系统的领导会同相关的治理主体一起聚焦阶段性的发展问题，选择一系列目标，进而设计并实施行动项目、推进发展的过程。随着社会文明程度的提升，更多人不仅关注政府和其他各类主体对教育事业的投入及其阐述，而且更关注这一政策行为的效率。相应地，人们不仅关注一个发展规划达成的效果，而且关注规划执行过程中的评估反馈，以便提高相关决策和行动的效率，对社会产生正面影响。根据这样的思路，在类似的政策制定前、执行过程中以及政策结束后都需要进行评估，即事前的预评估、事中的过程评估以及结果评估等，以期"政令畅通、政策落地，改有所进、改有所成"——政策评估成为政策改进的重要工具（戴成林，2015）。其中，通过开展科学的评估反馈，可对教育规划执行过程产生更好的推动作用。

### （一）多方参与评估，确保规划的科学性和回应性

参照教育发展规划的目标和相关事业发展的要求，可以为教育规划的执行过程设计评估指标体系，包括约束性指标（或称刚性指标）、发展性指标（或称软性指标）。在具体的评估过程中，重点评估约束性指标，兼及发展性指标。与此同时，区域层面组织的系统化评估活动，可以参照评价理论研究成果（如第四代评价理论），采取共商、联动的监测评价方法，在各子系统之间沟通信息、激发活力，在区域教育系统的整体视野中把握全局状况，并据此采用必要的反馈措施，用以弥补不足、增强优势、彰显特色（李伟胜，2017）。在这一环节，按照管办评分离的要求，教育治理要逐渐形成政府管教育、学校办教育、社会评教育的模式。评估过程可分为决策、咨询和实施三个方面。其中，教育行政部门负责

决策，下设领导小组办公室，负责决策后的工作统筹；酌情成立专家咨询组，由规划处负责专家联络等工作，主要负责建议如何评估，分析咨询评估结果，根据评估结果对规划实施和修订提出建议，等等；评估的实施可委托教科院、考试院、教研室等机构实施，评估报告上报领导小组办公室、规划处。教育行政部门可以采取购买服务、委托课题、下达专项任务等方式领导评估工作，评估机构根据领导小组确定的评估总体方案开展工作。通过这一系统化的工作，可以让更多主体有效评估并推进教育发展规划的执行过程。

### （二）注重评估时机，有效推进规划执行

由于规划实施周期比较长，涉及事项繁多，评估工作团队有必要安排好评估时间、进度，发挥评估的最大效用。例如，可考虑主要安排好"三期"评估，把握好"四个工作节点"。前者包括每年初对上一年度规划实施情况的年度评估、规划实施时间过半的期中评估与规划实施结束后的期末评估等。后者包括阶段性发展规划启动时的重点任务分解，第一年年末的开局情况，其后年度的中期实施情况以及对党委、政府换届的潜在影响，最后一年年末阶段性发展规划收官时规划总体实施完成情况。

与此同时，还可建立健全重点工作监测机制。例如，天津市"十三五"期间教育监测的重点是学龄人口变动与教育资源布局，教育均衡发展，义务教育学生学业负担、学业水平与素质教育实施情况，高校学生就业创业情况与专业结构调整，高等学校学科专业群与京津冀产业链的动态匹配关系，教育舆情，等等（戴成林，2015）。

### （三）总结评估成效，生成改革创新智慧

在一个阶段内推进一个教育系统发展需要"自下而上"地主动协调多元主体、汇聚多方资源，因此，应该充分激发各子系统的内生活力，特别是各类基层单位（如各类学校、学区、集团和社区）的自主活力（李伟胜，2017）。让基层单位自觉参照发展指标来规划、推进并及时自评在各个具体行动项目或基层组织层面的进展情况，应该成为区域教育现代化评价反馈工作的基本着力点。

在此基础上，可以通过对规划执行过程的评估，总结专业经验，激活新的智

慧。从评价功能来看，不仅要关注真实的发展水平，而且要关注各子系统的进步程度与努力程度。可从区域教育治理和教育组织变革（特别是学校变革）的专业视角总结典型经验，并组织专业力量予以论证和提炼，形成有代表性的发展案例（管理案例）和体现先进理念的理性认识、理论成果，通过推广这些成果来激发更多主体的智慧，让教育系统的发展达到更高水平。

分类管理战略

分类管理是实现教育治理现代化的内在要求。它既是推进教育治理体系建设的具体举措，又是促进教育治理能力提升的现实需要。《教育规划纲要》对民办教育和高等教育都提出了分类管理。虽然两者有共同之处，比如都是教育制度的变革，都依据一定标准对学校进行分类，都刚刚起步，但在分类目的、分类主体、分类依据、资源配置等方面都存在诸多不同。本部分旨在对这两方面的分类管理政策与实践进行分析，以期为未来民办教育和高等教育分类管理提供借鉴，为推进我国教育治理现代化提供启示。

# 第一节　分类管理与教育治理现代化

分类管理以分类方法论为指导，教育分类管理则是方法论指导下的具体的教育治理实践。不同国家和地区在教育历史长河中形成了多维多样的分类标准和分类体系，构成了富有特色的分类内容。现阶段，我国民办教育和高等教育分类管理对实现教育治理现代化具有重要意义。

## 一、分类的方法论

涂尔干等人将分类外延分为"符号分类"和"技术分类"。符号分类是在观念上进行的划分，反映的是人们的认识水平和价值期望，是一种"价值有涉"的分类；技术分类是"操作分类"，旨在通过建立起能够实际操作的分类指标体系，揭示人们对事物、事件、事实的把握程度，是一种力求"价值无涉"的分类。潘懋元等认为，这个定义至少给我们三点启示，一是从分类的层面看，分类可划分为逻辑分类和操作分类，前者属于理论层面，后者属于实践层面；二是从分类的向度看，分类可分为横向分类和纵向分层，前者指横向上将事物、事件、事实划分成不同的类别，后者指纵向上将事物、事件、事实划分为不同的层次或等级；三是分类是一个连续不断和逐步完善的过程（潘懋元，陈厚丰，2006）。

无论是逻辑分类还是操作分类都涉及分类目的、分类主体和分类标准问题。分类标准取决于分类目的，分类目的来自分类主体。

分类主体包括政府、社会、学校等，它们依据各自目的和不同标准对教育进行分类。例如，在高等教育领域，政府作为分类主体更多地关注管理效能，提高管理能力和水平，最终建立一个功能强大的高等教育系统；社会组织更多地关注解读高校，便于公众了解高校办学，进而更好地参与办学、监督办学甚至是对高校做出选择；高校更多地关注明晰学校自身的特性与职能、进行科学定位，避免学校之间不合理的竞争、不必要的冲击和影响，最大限度地办出自己的特色，实现各自的良性发展（赵庆年，祁晓，2013）。因而，分类体系是不同分类主体、目的和标准相互作用的结果。

## 二、分类管理的内容

根据分类方法论，教育分类管理就是指人们为了更好地认识、研究和引导教育发展而将教育系统划分成不同的类型和层次，从而确定各子系统和各要素之间相互关系的过程。

纵观教育发展史，分类一直伴随着教育发展全过程。在原始社会，教育分类的依据是男女分工的不同，男性劳动侧重于狩猎、农耕、放牧，女性劳动侧重于采集、种植、家务、纺织。随着社会生产力的进步、私有制的产生以及体力劳动和脑力劳动的进一步分离，学校诞生有了物质基础和客观需要。我国最初的学校形态也是分类的，庠兼施养老与教育，序具有明显的武士教育特点，校则已是一种比较完备的军体性教育机构。在西方，进入奴隶社会后也出现了各种类型的古代学校，如古埃及的僧侣学校、宫廷学校，斯巴达的国家兵营式的公共儿童宿舍，雅典的文法学校等。从不同办学主体角度进行教育分类也一直存在。国家产生之前，教育是民间、教会、私人的事情；国家产生后，为了更系统地培养为国家服务的人才，公立教育体系逐渐建立和完善。在我国唐代，官学达到较为完备的程度，中央有六学二馆，地方有州学、府学和县学，民间也存在着大量私学和书院。在美国，有州立学校等公办学校，也有教会、私人、企业等兴办的私立学校。可见，公私分立是教育实践演变和国家意志干预相互作用的结果。随着知识经济时代的到来，教育在国家发展中的重要性日益增加，各国政府更加重视教育在人才培养、经济发展和文化传承中的地位和作用，积极加强教育管理，主动实施教育分类管理。根据不同历史、国情和需求，各国形成了各自的分类标准和体系，使得世界范围内的分类管理呈现多样化的格局。如在教育层次上，美国学历教育系统分为学前教育、K-12 年级教育和中学后教育；而我国并没有中学后教育的说法。在教育类别上，经济合作与发展组织成员国和地区将学校经营权作为区分公私立学校的标准；而我国多年来则以产权作为分类标准。

可见，分类管理具有历史性、多维性和多样性。具体到当前我国教育分类管理的两个重点领域——民办教育和高等教育，也有其不同的旨趣和内容。民办教育分类管理，是将我国各级各类民办学校根据举办者是否取得办学收益的标准，分为营利性和非营利性民办学校，其目的是更好地支持和规范不同类型的民办学校，促进其健康发展。高等教育分类管理是横跨公办、民办教育体制，以高等学校发展特色和办学定位为标准将其分为不同类型，其目的是引导不同办学定位的高校提高质量、办出特色。无论民办教育还是高等教育，政府作为主要的分类主体，在制度设计、政策引导、资源配置等方面都起着重要作用。

## 三、分类管理的意义

分类管理作为一种认识、研究和引导教育发展的治理方式，是教育治理现代化的内在要求，对实现教育治理现代化具有重要意义。

分类管理是教育治理现代化的内在要求。《中共中央关于坚持和完善中国特色社会主义制度推进国家治理体系和治理能力现代化若干重大问题的决定》指出，推进教育治理体系和治理能力现代化，要加强系统治理、依法治理、综合治理、源头治理。完善职业技术教育、高等教育、继续教育统筹协调发展机制。支持和规范民办教育。分类管理是统筹协调高等教育、支持规范民办教育发展的内在需要。《教育规划纲要》明确要求"建立动态调整机制，不断优化高等教育结构""促进高校办出特色。建立高校分类体系，实行分类管理""积极探索营利性和非营利性民办学校分类管理"。党的十九大报告也明确提出"实现高等教育内涵式发展""支持和规范社会力量兴办教育"。可见，推进高等教育和民办教育分类管理，实现教育治理体系和治理能力现代化，是新时期党和国家对教育发展的内在要求。

分类管理对实现教育治理现代化具有重要意义。我国民办教育和高等教育在长期发展过程中遇到了诸多难以解决的问题。如民办学校法人属性不清、产权归属不明、财政扶持难以落实、内部治理尚不健全等；高等学校定位不明确、特色不明显、资源配置不合理等。因此，根据国际普遍经验和试点改革成效，唯有分类管理，才能解决民办教育和高等教育领域的上述难题。通过民办教育分类管理及其一系列顶层制度设计，如把民办学校分为营利性、非营利性两类法人并分类扶持、分类规范，加强民办学校党的建设，健全董事会（理事会）、监事会等内部治理制度等，推进民办学校治理体系和治理能力现代化。通过高等教育分类管理，促进不同高校科学定位和特色发展，将政府宏观治理、学校自主发展和社会分类评估有机结合，根据经济发展需要和人才培养需求，合理布局国家和地区高等教育格局，持续优化高等教育结构，从而推进高等教育治理走向现代化。

# 第二节　民办教育分类管理

2018 年，《中华人民共和国民办教育促进法》的修订及实施，标志着我国迎来营利性和非营利性民办学校分类管理新时代。这是我国民办教育发展史上的里程碑事件，在未来较长一段时期内奠定了发展的基础、引导着前行的航向。作为一项重大战略，民办教育分类管理虽动议较早、呼声较大，但还是几经延宕才最后落定，在推进过程中也存在诸多问题需要解决。

## 一、民办教育分类管理的动因

早在 2002 年《中华人民共和国民办教育促进法》制定过程中，

营利性和非营利分类管理制度设计的思路就已被许多专家学者和民办学校举办者提出（程化琴，2012：65），然而由于受到《中华人民共和国教育法》约束，营非两分法的分类管理建议终究未被采纳，而是根据现实举办者的营利需求和促进民办教育发展需要，作出了"合理回报"的折中选择。民办教育发展十多年来，这种模糊的顶层制度设计虽然客观上导致了民办教育规模的增长，但对其管理却造成了障碍，长远来看并不利于民办教育发展，主要表现在以下方面。

### （一）法人属性的矛盾

20 世纪末以来，大量民办学校的诞生和注册是根据《民办非企业单位登记管理暂行条例》在民政部门登记为民办非企业单位法人。民办非企业单位法人既不是公办学校所属的事业单位法人，也不是企业法人，被业界戏称为"非驴非马"。这致使在机构属性、人事制度、社会保险、税收等方面难以落实民办学校"与公办学校同等的法律地位"，这是民办学校在办学实践中遭遇歧视的制度根源。

### （二）产权归属的争议

1997 年《社会力量办学条例》第四十三条规定"教育机构清算后的剩余财产，返还或者折价返还举办者的投入后，其余部分由审批机关统筹安排，用于发展社会力量办学事业"，这事实上承认了举办者的产权。然而，2002 年《中华人民共和国民办教育促进法》颁布后，《社会力量办学条例》废止，《中华人民共和国民办教育促进法》第五十九条对举办者产权采取了模糊处理，规定"民办学校清偿上述债务后的剩余财产，按照有关法律、行政法规的规定处理"。而随后制定的《中华人民共和国民办教育促进法实施条例》及其他有关法规中均没有就举办者投入形成的校产和民办学校"剩余财产"的处置作出具体规定。如果遵照 2004 年《民间非营利组织会计制度》的规定，"资源提供者向该组织投入资源不取得经济回报；资源提供者不享有该组织的所有权"，则举办者都是捐资办学。这些相互冲突的规定使得民办学校产权在不同时期归属不一，从而产生了较大争议。

### （三）合理回报的困境

合理回报制度被认为是 2002 年《中华人民共和国民办教育促进法》最具创新之处："民办学校在扣除办学成本、预留发展基金以及按照国家有关规定提取其他的必需的费用后，出资人可以从办学结余中取得合理回报。取得合理回报的具体办法由国务院规定。"然而，合理回报的制度设计不仅在修法时存在争议，诸多利益相关者认为这种制度设计本身存在界限模糊的问题，并与《中华人民共和国教育法》第二十五条相抵触，与有关会计制度规定相矛盾，不符合国家实施有关教育优惠政策的初衷，与国际趋势不符，有消极后果（程化琴，2012：32-33）。多年来，这项制度在实践中始终未能明确和落实。一方面，民办学校举办者为了享受财政扶持和税收减免，主张不要求合理回报，而实际上却通过关联交易分配结余；另一方面，民办学校无法执行《民间非营利组织会计制度》和相应的税收优惠政策。民办教育管理混乱，从长远来看也不利于我国民办教育事业的发展。

### （四）税收优惠的难题

《关于非营利组织免税资格认定管理有关问题的通知》规定，对非营利组织获得免税资格认定的条件之一是"投入人对投入该组织的财产不保留或者享有任何财产权利"，此规定不符合《中华人民共和国民办教育促进法》关于民办学校财产权的规定，直接导致了绝大部分民办学校将无法通过免税资格的认定，从而成为企业所得税的纳税主体（民进中央课题组，2016）。另外，民办学校在征地建校和资产过户过程中所涉税（费）种类较多（如耕地占用税、契税、营业税、增值税等）且税（费）率较高，这增加了民办学校办学成本。

### （五）财政扶持的困难

举办者的关联交易和获利行为，导致政府财政资金进入民办学校不仅存在障碍，还颇具争议。目前看来，民办学校学生与公办学校学生在享受国家公共财政资源方面并不平等。即便是在义务教育阶段，实际承担义务教育任务的民办学校也未能充分获得"两免一补"政策的财政关照。

以上制度冲突、政策模糊给我国民办教育发展和管理造成了障碍，迫使顶层制度设计者从长治久安和长远发展考虑，对民办教育施行分类管理。

## 二、民办教育分类管理相关举措

民办教育分类管理之所以能够推行，是一系列顶层制度设计不断推进和完善的结果。其中，《中华人民共和国民法总则》的修订首次以基本法律形式明确了营利和非营利法人的区分标准；《中华人民共和国教育法》《中华人民共和国高等教育法》取消了禁止举办营利性教育的规定，消除了法律间的冲突抵牾；《中华人民共和国民办教育促进法》及其配套文件的颁布开启了分类管理新时代。

### （一）厘清学校性质

《中华人民共和国民办教育促进法》第十九条规定："非营利性民办学校的举办者不得取得办学收益，学校的办学结余全部用于办学。营利性民办学校的举办者可以取得办学收益，学校的办学结余依照公司法等有关法律、行政法规的规定处理。民办学校取得办学许可证后，进行法人登记，登记机关应当依法予以办理。"这与《中华人民共和国民法总则》对营利性法人和非营利性法人的规定相一致，意味着非营利性民办学校在办学期间举办者不能取得办学收益或者不能分配利润；学校终止时，在清偿应退受教育者学费、杂费和其他费用，应发教职工的工资及应缴纳的社会保险费用和偿还其他债务后的剩余财产，只能用于非营利性学校办学。同时，这也意味着营利性民办学校办学期间举办者可以取得办学收益或者说分配利润，清偿应退受教育者学费、杂费和其他费用，应发教职工的工资及应缴纳的社会保险费用和偿还其他债务后的剩余财产，按照《中华人民共和国公司法》的有关规定处理，举办者可以收回（袁曙宏，李晓红，许安标，2017：30）。《中华人民共和国民办教育促进法》对两类学校的规定，明确了不同类型学校的法人属性、产权归属及是否可以获得回报，解决了旧法遗留的模糊性问题。

### （二）采取分类登记管理办法

《中华人民共和国民办教育促进法》第十二条、第十九条对学校登记进行了阐述。与之前规定不同的是，强调了"民办学校取得办学许可证后，进行法人登记"。根据分类管理要求，对非营利性学校和营利性学校实行分类登记。非营利性民办学校符合民办非企业单位有关规定的，在民政部门登记；符合事业单位登记有关规定的，在事业单位登记管理机关登记。营利性民办学校按照公司管理的规定，在工商部门登记。

### （三）明确准入领域

营利性学校的准入领域在许多国家和地区都是备受争议的话题，不同国家和地区对不同教育阶段的准入采取不同策略。总体上，营利性学校在非学历高等教育阶段较为普遍，而在中小学阶段却是被普遍禁止的。在我国，《中华人民共和国民办教育促进法》第十九条明确规定："民办学校的举办者可以自主选择设立非营利性或者营利性民办学校。但是，不得设立实施义务教育的营利性民办学校。"义务教育领域限制举办营利性民办学校，是党中央明确提出的要求，表明了我国政府对义务教育的重视和承担的责任，体现了教育的公平性和公益性。

### （四）实行差别化扶持策略

对两类学校实行差别化扶持政策是分类管理制度的应有之义和最大亮点。相较于之前对所有民办学校实施无差别化的扶持举措不同，新法实施后，将对两类学校在财政扶持、税收优惠和用地政策等三方面采取差别化的扶持策略。

在财政扶持上，《中华人民共和国民办教育促进法》第四十六条明确规定："县级以上各级人民政府可以采取购买服务、助学贷款、奖助学金和出租、转让闲置的国有资产等措施对民办学校予以扶持；对非营利性民办学校还可以采取政府补贴、基金奖励、捐资激励等扶持措施。"一方面，此法条明确了对所有民办学校包括营利性民办学校都可以采取购买服务、助学贷款、奖助学金等方式予以扶持；而对非营利性民办学校的财政扶持方式不仅相较于旧法有所扩展，而且相较于营利性学校也更为多样。另一方面，这赋予地方政府在财政扶持方式上更大的创新空间。为落实法律相关规定，地方政府应当建立健全政府补贴制度，完善购买服务的标准和程序，设立民办教育发展基金、落实鼓励捐资助学的相关优惠政策等。

在税收优惠上，《中华人民共和国民办教育促进法》第四十七条规定："民办学校享受国家规定的税收优惠政策；其中，非营利性民办学校享受与公办学校同等的税收优惠政策。"这意味着所有民办学校包括营利性民办学校都可以享受税收优惠，但非营利性民办学校税收优惠则与公办学校相同。根据2004年财政部、国家税务总局《关于教育税收政策的通知》的规定，非营利性民办学校享有增值税、营业税、企业所得税、个人所得税、房产税、城镇土地使用税、印花税、耕地占用税、契税、农业税、农业特产税和关税等12个税种的减免。[①]而对营利性民办学校的税收优惠则没有明确规定。

在用地政策上，《中华人民共和国民办教育促进法》第五十一条规定："新建、扩建非营利性民办学校，人民政府应当按照与公办学校同等原则，以划拨等方式给予用地优惠。新建、扩建营利性民办学校，人民政府应当按照国家规定供给土地。"这体现了差别化的用地政策，非营利性民办学校与公办学校对等，采取划拨方式给予其用地优惠；而对营利性民办学校原则上应当采取招标拍卖挂牌方式出让或有偿租赁等，同一宗地只有一个意向用地者可以按照协议方式供给土地。

（五）完善民办学校治理制度

《中华人民共和国民办教育促进法》及其配套制度对民办学校内外部治理作出了相关规定。相较于旧法，其创新点主要体现在：外部监督方面主要增加了教育行政部门及有关部门"建立民办学校信息公示和信用档案制度"；内部治理方面主要增加了"建立相应的监督机制"。

---

[①] 2016年5月1日，营业税改为增值税后，营业税税种取消，因此12个税种减免变为11个。参见《关于教育税收政策的通知》。

信息公示和信用档案制度主要记录民办学校获得办学许可的情况、日常监督检查的情况、办学水平和质量评估情况以及违法处罚情况等。这些信息向社会公开，使得家长和学生对这些情况有所了解，从而加强对民办学校的社会监督，促进学校依法依规办学。关于营利性民办学校的信息公开，《营利性民办学校监督管理实施细则》还专门作出规定，如第三十五条指出："营利性民办学校信息应当通过学校网站、信息公告栏、电子屏幕等场所和设施公开，并可根据需要设置公共阅览室、资料索取点方便调取和查阅。除学校已经公开的信息外，社会组织或者个人可以书面形式向学校申请获取其他信息。"

民办学校不仅要加强外部监管，而且也要加强内部监督，建立监事会或者监事等相应的监督机制。监事会是与董事会（理事会）并列设置、对董事会（理事会）和校长等行政管理系统进行监督的内部组织，这种设计体现了权力相互独立、相互制衡、相互合作的治理原则。一些民办高校已经初步建立了监事会制度，但仍很不完善，存在着监事会与董事会不平等、监事在学校取酬且受董事长或校长领导的现象，严重阻碍了监事会职责的履行。根据《中华人民共和国民办教育促进法》要求，所有学校都应建立监督机制，对按公司模式治理的营利性学校而言更应如此。《营利性民办学校监督管理实施细则》也对建立党组织、董事会、监事（会）、教职工（代表）大会、工会及其职权等作出了规定。这些规定对推动营利性民办学校治理起到重要指导作用。

## 三、民办教育分类管理面临的主要问题

尽管我国已经在民办教育分类管理中取得了一定成绩，解决了部分历史遗留问题，但是未来一段时间还需在以下方面进一步解放思想、提升治理水平。

### （一）不同教育类型二元对立思维依然存在

改革最难之处是改变人们的思维和观念。这些思维和观念体现在实践中就是民办教育歧视政策的存在、公办民办教育的对立以及非营利性和营利性教育的对立。虽然相关文件都强调要清理并纠正对民办学校的各类歧视政策，然而没有一个地方政府采取切实措施纠偏（王佐书，2014：177）。一些地方政府官员仍然将

公办教育和民办教育对立，对部分民办学校相比公办学校具有更高教育质量的现象存在抵触情绪；一些民办学校举办者仍将学校视为私人财产和赚钱的工具；一些民办教育管理者和家长歧视营利性学校，造成了非营利性学校和营利性学校不公平的发展环境。这些二元对立思维方式对未来民办教育分类管理的有效施行造成了障碍。

### （二）地方政府制度创新动力不足

分类管理顶层制度设计的一个重要特征就是赋权地方、因地制宜，即将一些制度实施的具体办法交由地方政府根据本地实际情况制定，如财政扶持、土地政策、过渡安排。这给地方政府民办教育制度创新留下了空间。根据教育部要求，各地应出台相关举措落实《中华人民共和国民办教育促进法》及相关文件精神。全国各省份都陆续印发了实施细则或相关配套文件。总体而言，从地方民办教育制度创新的视角审视，各地实施意见亮点不多。不少省市实施意见文本一定程度上存在照抄照搬、回避关键问题的现象，从而使其形同虚设。更有甚者，部分省市的实施意见在解决了民办教育分类管理一些问题的同时，又因与其他部门的规定或教育部门的其他规定相冲突，产生了新的问题。如某省规定"支持社会资金和民办学校依法依规利用 BT（建设–移交）、BOT（建设–经营–移交）、企业债券、项目收益债、中期票据等融资工具投入学校项目建设。允许营利性民办学校以各种方式引入风险投资、战略投资，发行专项债券，通过资本市场进行规范融资"，这与财政部《关于进一步做好政府和社会资本合作项目示范工作的通知》规定的"对采用建设–移交（BT）方式的项目，通过保底承诺、回购安排等方式进行变相融资的项目，财政部将不予受理"相冲突。

### （三）非公平关联方交易大量存在

关联方交易分为公平关联方交易和非公平关联方交易。非公平关联方交易是民办学校转移利润的重要手段，指关联方利用对学校的控制与影响，实行不公允价格、非必要交易等手段转移利益。其方式包括：支付关联方过高工资；通过控股公司、可变利益实体架构、后勤公司等非法转移学费；通过诸多项目或方式，如课程开发、教师培训、服装、教学用具、咨询、管理、物业等，虚抬价格，从而达到转移利润的目的；将公司运行成本转移到学校；利用学校资产从事有偿服务（如收取租赁费等）；举办者投资以借贷名义借给学校；直接做坏账；等等。非公平关联方交易的大量存在，使得非营利性学校举办者也变相获得了办学收益，如不严格监管，将直接威胁分类管理的法律精神。

### （四）学校内部治理体系尚待健全

目前我国民办学校法人治理结构尚不完善。如对 S 市 16 所民办高校的调研显示，截至 2017 年底，党委不健全的有 3 所、因学校领导干部离职导致董事会不健全的有 1 所、设立监事会的仅有 1 所。在督导专员的设置方面，还存在不少问题。第一，督导专员在学校取酬，严重影响督导效果。目前，民办高校督导专员在学校取酬甚至领取高薪，成为完善督导制度最大的机制障碍。这成为督导专员无法履行职责的重要原因。第二，部分学校党组织不健全，党委书记未进入董事会。这不符合《中共中央办公厅印发〈关于加强民办学校党的建设工作的意见（试行）〉的通知》相关规定。第三，督导专员职责不明确，督导工作缺乏制度保障。虽然教育部 25 号令规定了督导专员的五项职权，但仍有"有责无权，有官没兵，还不是很清楚自己能干些什么"（董圣足，李蔚，2008）的现象存在。督导专员在学校中的具体职责有哪些，怎样有效地起到督导作用，怎样处理好监督指导与学校自主权间的关系，是否应该赋予督导专员在董事会的表决权，等等，在制度规定上仍较为模糊。第四，督学功能未受到足够重视，督导专员业务能力有待提升。督导不仅要"督政"，还要"督学"，对民办高校课程建设与教育教学、教师队伍、学生发展等进行督导。这就要求从领导岗位、公办学校退休的领导和教师，加强对民办学校教育教学规律的理解和掌握，提升自身业务能力。未来，实施分类管理后，鉴于营利性民办学校在我国还是新生事物，大部分举办者都没有相关经验，其内部法人治理体系的完善还有较长一段路要走。

## 四、进一步推进民办教育分类管理的对策

在营利性和非营利性民办教育分类管理的顶层制度设计基本完成的背景下，未来民办教育分类管理战略的实施更多的是依靠地方层面的稳步推进。这就需要

人们切实转变教育观念，正确对待不同类型的民办学校；地方政府应积极作为，充分利用法律法规赋予的制度创新空间，推进分类管理；各级各类民办学校应在法律框架下不断完善内部治理机制，积极落实分类管理政策。

**（一）转变观念，公平对待两类学校**

在公共教育框架下正确看待不同类型的学校。私立教育和公立教育都具有公益性，都是公共教育的有机组成部分。私立和公立大学都是以社会进步、文明传承与发展为己任，都对自己的国家和人类社会的发展作出了卓越贡献，因而也都得到了政府、社会的高度评价和大力支持，完全可以超越"公办"与"民营"的体制之争，充分利用各类教育共同追求教育结果的公益性（文东茅，2008：2）。因此，在公共教育框架下，正确看待不同类型学校的公益性，不仅应在法人类型上实现法律地位上的平等，而且还应在思想观念和思维方式上实现真正的公平，这是落实分类管理改革的前提。

首先，民办学校要切实履行好自己的职责。人们对民办学校的看法部分是由学校举办者和办学者本身的行为决定的。对于一些民办高校，政府的资助数额是巨大的，换言之，政府放心将巨额资金交予学校，相信学校举办者和办学者会将其合理地用于学校教育教学，促进发展。然而，大部分学校投资办学特征明显，举办者套利行为频繁，在年检过程中出现的诸多问题，都使得财政资金的进入面临障碍。未来，在分类管理框架下，营利性和非营利性学校只有切实依法依规办学，才能真正转变人们对民办学校的看法。其次，转变观念需要一个较长的过程。我国民办学校特别是民办高校大部分都是投资办学，要真正转变民办学校的固有观念和思维定势，除了政府政策引导和民办学校自身制度建设外，也需要较长的时间。

**（二）积极作为，稳妥推进分类管理**

地方政府应担负起相应责任，积极推进分类管理。新法新政下，地方政府应在以下几个方面进一步细化和落实，出台可操作的具体办法。第一，制定可操作的民办学校分类登记许可办法；第二，落实对民办学校的财政扶持政策；第三，制定非营利性民办学校收费管理办法；第四，完善民办学校法人治理与制定财务管理办法；第五，建立跨部门的民办教育协调机制；第六，改进政府管理方式和健全监督管理机制（王文源，2018）。然而，纵观各地实施意见文本，一定程度上存在照抄照搬、回避关键问题的现象，从而使得部分实施意见形同虚设。究其原因，大体有如下几个方面：一是民办教育分类管理本身极为复杂，涉及面广，利益相关者众，部门协调较为困难，利益博弈较为激烈，这使得每个点上的制度创新都牵一发而动全身。二是分类管理是一项创新性事业，在教育领域没有经验可以借鉴，其他领域如医疗机构等的经验又与教育领域极为不同，其他国家如美国等情况又与中国迥异，因此，对"摸着石头过河"的各地政府而言，较少创新意味着较少失误，而复制中央政府的文件无疑是稳妥的。三是分类管理的顶层制度设计虽已基本完成，然而进一步的实施细则《中华人民共和国民办教育促进法实施条例》于 2021 年 9 月 1 日起施行，此前，一些事项仍处于悬而未决状态，地方政府不得不采取原则性的制定策略。

在这种情况下，要取得进一步突破，首先，要充分发挥地方政府关键领导者的创新动力。根据地方政府制度创新的经验，激励其创新措施，除上级部门的督促和监管外，最为关键的是激发地方主要领导的创新动力。各地改革实践证明，在民办教育改革进入深水期的当下，没有地方政府主要领导牵头，很多工作的开展是较为困难的。其次，要建立部门协调机制，对民办教育分类管理的关键问题及时进行研究和协调。协调机制的顺畅运行对涉及多部门的民办教育分类管理的顺利推行至为重要，而部门协调机制能够运行的关键仍是地方主要领导的推动。再次，建立地方政府民办教育新政落实的良性竞争机制，将地方政府的作为与否纳入政绩考核，客观激励新法新政的落实。

### （三）完善治理，积极落实新法新政

首先，完善法人治理架构。无论营利性还是非营利性民办学校，都应当建立决策机构和监督机构，并明确决策机构、执行机构和监督机构相互分离、相互合作又相互制衡的原则。决策机构一般由董事会（理事会）组成，也可以由其他机构如校务委员会、管理委员会组成。监督机构可以根据学校实际设立监事会或监事，也可以设立其他监督机构，如校务监督委员会等。董事会成员应包括党委书记、校长和董事长。监事会独立于董事会，对董事会的决议、实施和执行情况进

行监督。考虑到学校规模有大有小，情况各不相同，《中华人民共和国民办教育促进法》只规定了民办学校应当建立监督机制，至于监督机制的具体形式，没有作统一规定。营利性民办学校可以依照《中华人民共和国公司法》的规定，设立监事会或监事；非营利性民办学校根据学校实际，可以设立监事会或者监事，也可以设立其他监督机构，如校务监督委员会等（袁曙宏，李晓红，许安标，2017：93-94）。

在治理结构中，"谁决策"是首要问题。当前，非营利性民办学校的实际决策者是举办者，这与有关法规规定有所矛盾。根据《中华人民共和国高等教育法》第三十九条，《中华人民共和国民办教育促进法》第二十条、第二十一条，以及其他相关规定，民办学校的决策机构是理事会、董事会或其他形式，由举办者或代表、党委书记、校长、教职工代表组成。然而，实际运行过程中往往是举办者或者董事长"一言堂"。为此，一要发挥党组织保障和制约作用；二要完善学校章程及有关部分章程，通过法定形式健全"决策—执行—监督"的内部治理机制，完善有关议事规则和决策程序，以制度化的形式杜绝举办者或董事长一个人说了算的现象。

其次，建立健全多元制衡的监督机制。完善的监督机制应该加强党的领导，充分发挥党组织政治核心作用；健全党组织、监事会、工会和教代会的民主监督制度；探索建立营利性民办学校教师评议会制度。具体而言，需要建立独立的资产及财务监督制度，建立健全营利性民办学校内部财权制衡机制。借鉴现代企业的财务治理体系，实现营利性民办学校财务决策、执行和监督三权之间的互动、良性制衡。完善董事会内部财务决策机构设置，发挥预算管理委员会、发展管理委员会、审计委员会、薪酬与绩效考核委员等的专长，对学校重大财务决策提出审议、评价和咨询意见（陈伟晓，2015）。董事会作出的内部财务决策应由校务会具体执行，其中财务治理的执行权由专职财务人员负责，以强化营利性民办学校财务管理的核心功能。教代会不仅要进行财务治理监督，而且要进行业务监督，包括事中监督（即预算决策时的监督）和事后监督。

# 第三节　高等教育分类管理

　　高等教育分类管理是一项多元、开放和系统性的事业。随着高等教育大众化和普及化，高等学校发展类型和定位日益多元。这种多元为政府的分类管理带来难题，人们不得不根据蓬勃发展而又不断变化的高等教育实践，力图设计出科学而又开放的分类体系和分类标准。而要将这种体系和标准顺利推行，又需要国家和地方政府通盘考虑、系统设计。我国对高等教育分类管理的研究始于 20 世纪 90 年代，在国家政策的要求下，各省市逐渐尝试建立高校分类体系，并取得了明显成效。这些地区的做法和经验为国家层面构建分类管理的制度设计提供了有益借鉴。

## 一、国际高等教育分类体系

　　我国的高等教育分类管理实践相对晚于欧美。这些国家和地区的相关理论与经验对于我国实践具有重要的借鉴价值。目前来看，较为有影响力的分类包括伯顿·克拉克体系、国家教育标准分类法、卡内基高等教育机构分类法以及欧洲一些地区和国家采用的分类法。

### （一）伯顿·克拉克分类体系

　　克拉克（B. R. Clark）从劳动分工的角度，对高等院校内部和学术系统进行分类。他认为，一种四分法的分析有助于澄清劳动分工。区分既可以是横向的，也可以是纵向的；既可以是机构内的，也可以是机构间的。在机构内，我们称横向结合的单位为部类（sections），纵向的联系为层次（tiers）；在机构之间，我们称横向的区分为部门（sectors），纵向的区分为等级（hierarchies）（克拉克，1994：41）。部类包括学部、学院、学系等，层次包含本科教育、研究生教育等。部门从简单到复杂，分别为单一公立系统的单一机构部门（整个系统实质上只有一种形式，即国立大学，如意大利、瑞典等）、单一公立系统的多重机构部门（系统分化为两种或更多类型的机构，主要部门是一批大学，此外还有一个或几个以技术 – 职业教育或 / 和师范教育为基础的"非大学"部门，如法国、苏联等）、多重公立子系统的多重公立部门（高等教育分成许多州级或省级系统，但不同程度上受中央政府的影响，如澳大利亚、加拿大、英国等）、私立和公立系统并举的多重机构部门（至少 15%—20% 的学生在私立学校就读，如日本、美国等）。纵向的等级分类有两种形式，包括以任务层次为基础进行分等的次第等级和以声望为基础进行分等的地位等级。前者如美国的社区学院—州立学院—州立大学在教育层次上存在的显著差别；后者以不同教育机构公认的毕业生社会价值为基础，又包括金字塔形（日本）、梯形（法国、英国）、无分等型（意大利）等。

作为世界上较早的高等教育分类研究，克拉克的工作无疑是富有价值和启示性的。他对不同体制国家高等教育机构间和机构内横向和纵向的交叉分类，为人们了解世界范围内高等教育系统的存在样态和运行机制提供了认知图示。不止于分类，克拉克还基于不同国家权力、市场、学术权威的不同作用关系对高校的影响，构建了高等教育运行机制的三角协调模式。然而，三十余年来，随着民营化进程加速和高等教育实践的发展，公立、私立教育格局已经改变，纯粹的公立高等教育系统已经凤毛麟角，公私合作办学、教育成本分担已经成为高等教育资源配置的常态。因此，克拉克关于各国分类（特别是机构间部门的分类）的梳理以及三角协调模式中各国的位置，有进一步修正的必要。

（二）《国际教育标准分类法》

这种分类法最早由联合国教科文组织于 1976 年制定、1997 年更新并于 2011 年再次修正。它从教学计划的角度，纵向上将教育层级分为 9 级，5—8 级为高等教育阶段，包括 5（短周期高等教育）、6（学士级别和同等学位）、7（硕士级别和同等学位）、8（博士级别和同等学位）。横向上，将高等教育又分为普通 / 学术、职业 / 专业。

### （三）卡内基高等教育机构分类

卡内基高等教育分类（简称卡内基分类），是卡内基教学促进基金会（Carnegie Foundation for Advancement of Teaching）的一项标志性研究成果。区别于政府主导型，它是机构主导型的分类方式，倡导高等教育机构自主定位及发展，而非政府强制。卡内基分类自 1976 年以来已经历了七次修订。最大的一次变革是 2005 年的卡内基高等院校分类体系变革，将之前的单一分类体系变为综合性分类体系和选择性分类体系，即"6+1"分类，"6"是指基本分类、本科教育分类、研究生教育分类、入学学生类型分类、本科生类型分类、规模和住宿设置分类；"1"是指高校自愿参加的社区参与情况分类。由单一的分类到"6+1"分类的变化体现了分类体系在具体内容上愈加细化，分类标准愈加弹性化（王茹，高珊，吴迪，2017）。

### （四）欧盟大学地图

大学地图（U-Map）是欧盟委员会 2010 年颁布的面向欧洲高等教育机构的分类框架，它具有现实性、多维性、描述性的特征（高飞，2011）。现实性立足于欧洲高校的发展现状、切实需求、特殊背景以及整体目标；多维性体现了高校的多样性，是建立多维指标的基础；描述性旨在反映高校真实生存状态。此外，大学地图并非固定不变，它还可以根据用户选择形成不同的分类。在 U-Map 网站上用户可以根据自己的偏好优先选取分类维度和指标，创造属于自己的个性化分类子集，这意味着用户可以根据自己的需要对大学进行深度再分类。通过再分类，使得学校能够和其他学校进行对比，找出差距，以便改进。由此可见，大学地图不同于政府主导的事前分类，而是一种基于大学现实状态和经验数据的事后分类（茹宁，2012）。

### （五）德国高等教育机构分类

根据办学定位和办学特色，德国的高等教育机构分为四类：综合性大学及与其同等级的高校，如科技高校／科技大学、高等师范学校等；应用科学大学，也称高等专业学院；高等艺术与音乐学院；职业学院。前两类容纳了德国绝大部分学生，高等艺术与音乐学院针对少部分人群，而职业学院仅在部分州存在。它们在培养目标、办学层次、专业设置等方面均有明确的区分，具有不同的办学定位和特色，并以此为基础形成一种分工合作的格局（孙进，2013）。值得一提的是，德国四类大学不是在学校声望或排序等第上有优劣，而是办学定位和特色有差异，即为学生提供不同类型的教育。如从生源质量上看，应用科学大学 50% 多的学生持有高校入学资格，这说明这些学生是放弃了去综合性大学的机会而选择了应用科学大学。

### （六）日本大学功能分类改革

在世界高等教育特别是美国高等教育多元分类的影响下，在高等教育大众化的进程中，为改变学校同质化的不良发展趋势，2013 年日本文部科学省发布了《国立大学改革方案》，提出了公立大学分类改革的愿景。根据方案，日本将实施三组类型的大学功能分类改革，分别是"世界一流水准的卓越教育研究"大学、有"特色专业领域的优秀教育研究"大学、主要致力于为"地域发展贡献"的大学。根据三组功能分类的改革要求，东京大学、京都大学、名古屋大学等 16 所大学为第一组，以进行世界一流大学水准的卓越教育研究为目标；筑波技术大学、东京医科齿科大学等 15 所大学为第二组，利用强势专业领域，创设富有特色的教育研究大学据点；剩下的 55 所大学为第三组，致力于为地域产业界培养人才，为地域发展贡献活力（程亚静，2016）。

以上分类体系，既有官方的也有民间的，既有纵向的也有横向的，既包括自然形成的也涵盖政府干预的，既包括纯公立学校也涵盖公私体制。其可资借鉴的经验包括以下几条。

（1）分类体系是不断发展、开放的。由上述各个机构和国家的分类体系及其演进过程可知，无论是权威机构的分类还是国家主导的分类，在分类结构总体稳定的前提下，高等教育分类体系大都是不断发展、与时俱进的开放体系，根据高等教育发展的现实情况、变化趋势、发展战略等不断进行周期性调整。

（2）分类体系是纵横结合、多元的。纵向分层、横向分类的网状分类体系是上述机构和国家高等教育分类的普遍做法。这一方面源于国家培养不同类型人才的需要，另一方面也是高等教育内在分化、多元发展的结果。

（3）分类管理宜采取上下结合的策略。大学是底部沉重的组织，运行有其特有的规律和惯性，因此，政府在规划高等教育发展、对高等教育机构进行分类管理时，应根据每个高校的发展情况，采取上下结合（政府、学校、市场结合）的策略，分类施策，促进不同类型教育机构错位、特色发展，促使同质学校良性竞争。卡内基、欧盟的描述性分类当然遵循了大学的实际发展情况，即使是政府主导的规范性分类，也是根据本国、本地高校发展的现实状况进行分类和调整的。

（4）分类管理依法依规推进。加州和日本等由政府主导的高等教育分类，是在法律法规的制度保障和规约下进行的。依法推进高等教育分类管理是值得借鉴的经验和做法。

## 二、我国地方高等教育分类的实践探索

在《教育规划纲要》要求下，一些省市相继出台了高等教育分类管理、分类指导的相关意见，布局本地高等教育发展规划，力求高校错位发展、特色发展。通过对部分省市分类制度与实践的分析，可总结出如下特点：一是顶层制度设计尚不健全，中央政府指导各地方高等教育分类的整体性制度体系暂缺。二是地方分类管理的实践探索刚刚起步。无论是专门的高等教育分类的制度设计，还是以高等教育规划方式出台的分类文本，这些制度设计如何落地并达成良好的政策效果，还有待进一步探索。三是各地高等教育分类的思路不一。上海和浙江设计了高等教育的二维分类，将不同高校放在相应维度或格子（12或6）里，引导高校多维发展，进行分类评价。陕西、河南、江苏、云南的分类制度是按研究型、特色型、应用型、职业型进行一维分类，对不同类型高校的人才培养、专业设置、资源配置、评价体系等进行分类设计，相对而言是一种简单的分类方式。

### （一）一维划分法

河南省《关于促进普通高等学校分类发展指导意见的通知》将大学分为高水平综合性大学、特色骨干大学、应用技术类型大学、高职高专院校四类。在人才

培养方面，高水平综合性大学主要培养具有扎实的理论基础、实践能力和创新能力的复合型高素质人才，巩固本科教育，发展研究生教育；特色骨干大学主要培养具有较强的理论基础、实践能力和创新能力的专业型高素质人才，巩固本科教育，提升研究生教育，停办专科教育；应用技术类型大学主要培养有一定理论基础、掌握新技术、具备较强实践能力和创新意识的本科层次技术技能人才，主要发展本科教育，适度发展专业学位研究生教育，兼顾专科教育；高职高专院校主要培养面向生产、建设、管理、服务一线需要，具有熟练操作技能和一定实践能力的专科层次技术技能人才。

陕西省采取了类似的划分办法。陕西省教育厅制定了《陕西省普通高等学校统筹管理与分类指导实施办法》，将学校分为"985 工程"和"211 工程"高等学校、进入国家"中西部高校振兴计划"和特色鲜明的省属高水平大学、应用型本科院校、高职院校、民办高校。该办法要求：科学定位，实施对各类高校的分类指导；错位发展，实施学科建设的分类指导；彰显特色，实施专业建设的分类指导；追求卓越，实施本科人才培养的分类指导；深化改革，实施研究生培养的分类指导；多元参与，完善高等教育分类咨询服务；工学结合，推动高等职业教育分类发展；完善绩效评价，探索建立高等学校分类拨款机制，对不同层次的高等学校实施分类支持，根据各类高等学校的人才培养质量评估结果，综合考虑办学效益和对区域经济社会文化发展贡献，在绩效评价的基础上，优化高等学校专项经费支出结构。

### （二）二维划分法

二维划分法是指采取两种分类标准相结合的划分方法。如 2015 年上海颁布的《上海高等教育布局结构与发展规划（2015—2030 年）》，按照人才培养主体功能和承担科学研究类型等的差异，将高校划分为学术研究、应用研究、应用技术和应用技能四种类型；按照主干学科门类（本科与研究生）或主干专业大类（专科）建设情况，将高校划分为综合性、多科性、特色性三个类别，由此形成二维十二宫格分类发展体系（表 5.1）。通过主管部门与学校的双向沟通，全市高校各安其位，从原有"一列纵队"变为"多列纵队"。

表 5.1　上海高校二维分类体系

| 按人才培养主体功能和承担科学研究类型等的差异 | 按主干学科门类或主干专业大类 | | |
|---|---|---|---|
| | 综合性 | 多科性 | 特色性 |
| 学术研究型 | △ | △ | |
| 应用研究型 | | △ | △ |
| 应用技术型 | | △ | △ |
| 应用技能型 | | | △ |

　　2015 年，浙江省出台《关于推动我省高等教育新一轮提升发展的若干意见》，次年颁布《浙江省普通本科高校分类评价管理改革办法（试行）》，采取了两种维度相结合的分类方式，推进本省本科高校分类发展。该办法规定，浙江本科高校分类的总体思路按二维结构，根据学科建设、师资队伍、人才培养等分为研究为主型、教学研究型、教学为主型，根据学科门类、专业数量等分为多科性和综合性，全省本科高校分为六种类型（表 5.2）。分类实行自愿申报的原则，高校按照分类标准指引，结合自身实际，认真研究、统筹考虑、申报学校类型，学校类型一旦确定原则上 3 年内不作调整；分类评价按照研究为主型、教学研究型、教学为主型三类评价指标体系，对各种类型高校相关指标经一定程序进行评价赋分，并汇总形成各个学校的总分；在资源保障方面，每种类型中的高校按分数高低排序，分出 2—3 个等级，并与财政绩效拨款挂钩，其中教学类型高校可按公办、民办（含独立学院）再作区分。

表 5.2　浙江省普通本科高校分类指引

1. 分类维度一

| 序号 | 指标 | 指标观察点 | 研究为主型 | 教学研究型 | 教学为主型 |
|---|---|---|---|---|---|
| 1 | 学科建设 | 国内同类学科竞争力情况，学科排名前 30% 学科数 ≥ 3 个，或 ESI 前 1% 学科领域 ≥ 2 个。 | | | |

续表

| 序号 | 指标 | 指标观察点 | 研究为主型 | 教学研究型 | 教学为主型 |
|---|---|---|---|---|---|
| 2 | 科学研究 | a. 专任教师人均科研经费 10 万元以上，计算公式：（人文社科类经费 ×4+ 科技类经费）÷ 专任教师数；<br>b. 专任教师每百人拥有 4 项国家自然基金（项目）或 0.5 项国家社科基金（项目）；<br>c. 有国家级科技成果奖［含教育部高等学校科学研究优秀成果奖（人文社会科学）一等奖］。<br>备注：3 个观察点满足 2 个以上 | 以本科生、硕士研究生、博士研究生培养为主的高校，需满足指标 1 或全部满足指标 2、3、4。 | 以本科生、硕士研究生培养为主的高校，需满足指标 2。 | 以本科生培养为主的高校。 |
| 3 | 师资队伍 | a. 有国家级人才；<br>b. 专任教师硕博士学位占 85% 以上；<br>c. 专任教师博士学位占 45% 以上。<br>备注：3 个观察点满足 2 个以上 | | | |
| 4 | 人才培养 | 研究生在校生 / 本科生在校生比例 20% 以上。 | | | |

注：学科建设指标数据来源于 2012 年教育部学位与研究生教育发展中心组织的第三轮全国学科评估。

2. 分类维度二

| 序号 | 指标 | 多科性 | 综合性 |
|---|---|---|---|
| 1 | 专业数量 | 专业数 < 50 | 专业数 ≥ 50 |
| 2 | 前五个主干专业学生占比 | 前五个主干专业学生占全体学生数比例 > 20% | 前五个主干专业学生占全体学生数比例 ≤ 20% |
| 3 | 专业类数量 | 专业类数量 ≤ 30 | 专业类数量 > 30 |

续表

| 序号 | 指标 | 多科性 | 综合性 |
|---|---|---|---|
| 4 | 学科门类数 | 学科门类 < 9 | 学科门类 ≥ 9 |

注：满足 3 个及以上观察点，可认定为该类型，若同时符合两个类型，优先满足专业数量观察点。

## 三、我国高等教育分类的理论探讨

高等教育分类的理论探讨包括高等教育分类面临的问题、分类的框架，以及为推进分类应采取的保障措施等。

### （一）高等教育分类的问题

在高等教育自然分化过程中，产生了高校特色不明确、办学定位不清晰、同质化竞争严重的情况。这不仅不符合社会对不同层次人才的需求，还使得资源配置重复浪费，高校人才培养的规格类型不明晰、质量不高。这就需要对高等教育进行分类管理。科学的分类是分类管理有效实施的前提，然而，现有的分类体系还存在诸多不足之处。

首先，人们习惯于按层次将高等教育分类，而忽视了层次之前的类别划分。比如以隶属关系为标准，将学校划分为部委属、省（区、市）属、地（市）属三个层次；以是否列入各级政府重点建设行列为标准，从纵向上将我国高等学校划分为"985 工程"建设大学、"211 工程"建设大学、全国重点大学、省（区、市）重点大学等；以行政级别高低为标准，从纵向上将我国高等学校划分为省部级高校、正厅级高校、副厅级高校等层次；等等（潘懋元，陈厚丰，2006）。这种单一层次的分类方式使得高校竞争异化，质量、水平、效益之争演变为地位、身份、等级之争。

其次，分类不科学使得高等学校特色不明，同质化倾向严重。各个高校无法各安其位，不够注重打造和发展自身优势专业和学科、凝练学校特色。学校忙着"升级""升格"，从而朝着大而全、小而全的方向发展，造成了同质化竞争严重和政府资源配置的不科学、浪费。

再次，分类不科学使得评估机构的评估指标未起到很好的引领作用。在高等教育分类体系不科学的前提下，针对各层、各类高校的评估指标也就存在不适合的问题，从而降低了结果的可比性。

### （二）高等教育分类的框架

为解决上述分类问题，研究者借鉴国际上的权威分类方法，试图建立我国高等教育科学合理的分类框架。总体而言，人们倾向于将高等教育系统按照类型和层次进行横向和纵向的划分，以解决长久以来重视层次、忽视类别的弊端。例如，在横向类型上，依据承担的任务，划分为高等普通教育和高等职业教育。普通教育根据人才培养类型和学科专业面向又分为学科型高校和专业型高校，并与职业型高校并列；或者根据学科（专业）内在关系分为综合性、多科性和单科性。在纵向层次上，将普通高等教育分为研究型、教学科研型、教学型三个层次；将职业型高等教育分为教学科研型和教学型两个层次（潘懋元、陈厚丰，2006）。也有研究者主张，在横向类型上，构建"学术型人才培养—应用型人才培养"框架；在纵向层次上，构建"教学型学院—研究型大学"框架，以使不同高校导向明确、办出特色，并安于定位、办出水平（马陆亭，2005）。

### （三）高等教育分类的保障

解决我国高等教育分类存在的诸多问题，有效推进高等教育治理现代化，不仅需要科学的分类框架作指导，还需要不断健全顶层制度设计，清晰界定资源分配机制，持续完善高校评估体系并积极鼓励社会各界参与，等等。

第一，健全顶层制度设计。高校分类离不开政策支持，完善国家顶层制度设计尤为重要。例如，在地方本科院校转型发展方面，教育部就采取了先研究制订关于地方本科高校转型发展的指导意见，后启动实施国家和省级改革试点，引导一批本科高等学校向应用技术类型高等学校转型的策略。2014 年，地方本科高校向应用技术型转型发展几经动议被写入教育部年度工作要点；2015 年 10 月，教育部颁布《关于引导部分地方普通本科高校向应用型转变的指导意见》，随后，各省市颁布试点高校名单，正式开展转型试点。然而，地方本科高校转型发展仅是高校分类管理的其中一个方面，如何形成全面、系统的顶层制度框架，还有待进一步探索。

第二，界定资源分配机制。资源分配是分类管理改革成败与否的关键要素，在所有改变高等院校分类的力量中作用最大。因此，在分类管理推进过程中，应以法律法规清晰界定公共资源在高等院校的分配，并以此为杠杆，推动高校按照社会需要的类别调整。

第三，完善高校评估体系。评估是推进分类管理的必要一环和有效保障。高等教育分类管理应建立全程评估机制、信息定期公开机制、与政府的协调机制等。如构建由相关部门和国内外专家组成、相对独立的全国性的高等院校评估鉴定机构；在其指导下，建立东部、中部、西部、北部和南部五个相对独立的区域性高等院校评估鉴定机构；建立不同类型高等院校的评估指标体系；定期向社会公开各高校的评估结果和层次类型定位；同时建立评估机构与政府部门的协调机制（闵维方，2016）。

第四，鼓励社会各界参与。高等教育分类的成功施行，不仅需要政府为主导，也需要社会各界包括高校管理者、专家学者等的广泛参与，以保障分类的科学性和可执行性。然而，政府作为分类主体，仍然起着举足轻重的作用。它可以通过政策倾斜提高高校办学的积极性；也可以制定高校分类多元发展的政策，引导高校多元发展；还可以通过高校评估、高校排名，进一步使评估指标多元化、评估结果与资源分配政策挂钩、完善评估配套制度，进一步正确引导高校排名，为高校分类发展创造社会推动力等（史秋衡，2016：200-213）。

## 四、我国高等教育分类的未来思考

立足我国现实，充分借鉴国际经验，在进一步推进和完善我国高等教育分类管理进程中，有几对关系仍需要进一步思考。

### （一）国际经验与国内实际的关系

对我国刚刚起步的分类制度设计和分类实践而言，国际组织的分类经验无疑具有重要的参考价值。然而，不能简单移植这些国际经验。这不仅是因为不同国家的政治体制、治理方式殊异，还缘于我国高等教育的发展历史与欧美等西方国家相比有很大不同。例如，在我国，分类管理更多是政府主导的，而有些国家或某些分类体系却并非如此。因此，仍要仔细分析每种分类的特点、指标的适用性问题，并结合我国的特殊性，设计出富有中国特色的分类体系。

### （二）政府分类指导与学校自主发展的关系

国际上，政府指导下的学校分类，与政府或民间机构根据高校发展现实情况进行的引导性分类分庭抗礼。高等教育分类是强制的还是自主的，至今还是一个有争议的话题，按照什么标准进行分类又涉及多维权力之间的博弈。分类管理中，政府如何摆正位置、引导高校自主发展，进而建立服务型的高等教育管理体系，是值得进一步研究的重大课题。

### （三）分类体系复杂与简单的关系

从地方现实的做法来看，一维与二维并行带来了一个问题：高等教育分类体系是复杂细致好，还是简单明了好？根据潘懋元等的分类方法论，先分类再分层、纵横交叉的二维分类体系似乎更科学。然而，也存在不同的实践和声音。如加利福尼亚高等教育多年来一直保持三级系统的核心框架——加利福尼亚大学、州立学院和社区学院的设定，其研究型、特色型、应用型、职业型分类也符合人才培养的定位。因此，统筹复杂与简单的辩证法，仍是将来高等教育分类管理需要认真研究的课题。

第六章

学校自主办学战略

战略是目标、方向或指导，以及为此而制定主要方针和系列计划的一种模式。它在立足现实的基础上，合理分析事物前进的方向，为未来的发展提供方向指导。习近平总书记在十九大报告中提出了国家的发展战略：到 2020 年全面建成小康社会，到 2035 年基本实现社会主义现代化，到本世纪中叶把我国建成富强民主文明和谐美丽的社会主义现代化强国。教育作为社会发展和进步的重要推动力量，是国家大战略的基础性子战略，需要为国家战略的实现提供智力支持和人才储备。从这个意义上说，学校要充分利用国家赋予的自主办学权力，制定自主办学战略，自主发展。学校自主办学也可视为一个战略体系，包含着一系列子战略。它以发展规划战略为前提，奠定发展蓝图，明确发展的目标和方向；以教师发展战略为支撑，为学校发展培养专业化人才，提供人力和智力支持；以课程创新战略为载体，建立适合学校发展的课程体系，为未来人才的培养奠基；以特色发展战略为目标，形成独具特色的学校发展模式，提高学校竞争的综合实力。

# 第一节　学校发展规划战略

规划是用来指导组织发展的蓝图，通常指富有预设性、战略性并且相对全面的发展计划。自人类世界出现管理活动以来，规划就被视为其中的一项重要内容，美国管理学家古利克（L. H. Gulick）在 20 世纪 30 年代提出著名的"管理七职能论"时，就把"规划"作为第一项职能。但是，许多国家的学校并没有规划意识——长期以来，教育领域内的规划更多关注宏观的教育事业层面，而忽视微观的学校层面。英国最先进行了学校发展规划的探索和尝试。1977年，伦敦教育局颁布的《使学校保持自评》标志着英国学校注重发展规划的开始。1988 年英国出台了《教育改革法》，明确提出要制定学校发展规划。此后，学校发展规划（school development planning，SDP）逐渐从英国传至澳大利亚、新西兰、加拿大等国家，进入更多学校管理者的研究视野。我国于 20 世纪 90 年代开始引入学校发展规划这一概念和做法，经过专家和学者不断完善和发展，现在很多地区都将学校发展规划纳入学校的日常管理。可以说，学校发展规划已经成为促进学校发展、提高教育质量的重要手段。

## 一、学校发展规划的内涵

学校发展规划这一概念出现的历史并不长，学界对于其内涵也没有形成统一的认识。通过对搜集到的已有研究资料的整理和分析，主要有以下两种见解。

第一，文本论。这种理论侧重把学校发展规划视为一种静态的文本、计划或纲领等，认为制定学校发展规划就是最终形成规划方案的活动。例如，学校发展规划是指在学校层次，通过自下而上的方式，广泛征求社区群众的意见，由学校和社区自主制定的关于学校未来发展的计划，包括学校未来 3 年要达到的主要目标和每一年的行动计划（晏清才，龚春燕，2006）。再如，学校发展规划指通过学校共同体成员的努力，系统地诊断学校的原有基础，确立学校的办学方向和发展目标，分析学校的优先发展项目并制订相应的行动计划，促使学校挖掘自身潜在资源，提高学校的管理效能和教育质量（倪梅，陈建华，2010：6）。

第二，过程说。这种看法主要把学校发展规划看作一种发展的过程，制定学校发展规划就是根据不断变化的主客观情况作出的持续的修改和完善活动。例如，学校发展规划既是一种学校管理方式的更新，又是通过学校共同体成员来制定和实施学校发展综合性方案的过程，是为学校发展提供支持能力，并不断探索学校的发展策略，持续改进教育教学质量而进行的管理行动（楚江亭，2008）。学校发展规划是学校全体利益相关者（教职员工、学生、家长、社区、上级部门等）为应对教育变革和教育发展的双重挑战，在系统地诊断学校原有发展基础、深刻剖析学校文化的前提下，着眼于学校中长期发展，战略性地确立学校办学方向和发展目标，分析学校优先发展项目，挖掘自身潜在资源，制订相应行动计划并在实践中充分予以落实、积极完善和修正，持续保障学校改进的动态过程（孙军，2012）。

以上两种理论都有合理之处，同时也各有偏颇。把学校发展规划视为静态的文本，在某种程度上忽视了规划的发展性特征，据此作为行动的方针和指南，难免存在照本宣科、无法对变化的形势进行灵活处理的可能。而过程论过于重视发展规划适应未来教育发展需要的特点，忽略其指导学校行动的功能，使学校在面对某些客观、现实问题的时候无所适从。合理的态度是要把这两种观点进行融合，既要使学校发展规划成为一种指导行动的文本，同时也要留足发展的空间，充分考虑可能出现的新教育问题。因此，本章的学校发展规划是指学校在总结发展历史、分析现实状况、面向未来需要的基础上，由学校共同体成员共同努力、自主制订的事关学校发展的独特计划，并根据情况不断加以补充和完善的持续性行为。据此，学校发展规划具有以下特征。

　　第一，学校发展规划是由学校自主制定的。制定发展规划是学校为了提高综合竞争力，在激烈的竞争中保持生机和活力的内发性行为。通过制定与实施学校发展规划，最真切地表明了学校自身的觉醒，体现为高度自觉、真正的能动，促进学校由以往的被动发展变为主动发展，变"要我发展"为"我要发展"（田继忠，2012）。

　　第二，学校发展规划内在地具有发展性。学校发展规划是"规划"学校"发展"的意识明确、目标强烈的活动，"发展"是目的，而"规划"则是手段（倪梅，陈建华，2010：7）。作为促进学校发展手段的规划，本质上体现了发展的内涵和要求。这有利于学校摆脱传统的桎梏，脱离盲目继承的惯性，诊断过去，立足现在，指向未来，在分析学校原有优势和不足、实事求是地分析现实状况、对教育趋势保持敏锐的洞察力的基础上，制定学校的发展目标及其实施措施，实现学校的内涵式发展。

　　第三，学校发展规划需要学校共同体全体成员的合作和努力。在教育治理现代化进程中，学校已经从传统、封闭走向合作、开放，学校不仅促进内部成员保持交往，也会与外部系统进行资源、能量的交换。学校的发展已经不能单纯依靠领导班子或内部人员的努力，同时还需要政府和社会以及其他利益相关者的支持。学校发展规划本质上是一种合作的过程，它建立在所有利益相关者积极参与的前提下，体现了学校共同体成员——教职员工、学生、家长的广泛合作，并集中他们与政府和社区人员的力量，共同勾勒学校发展的使命、愿景和目的，实现学校发展的蓝图。

　　第四，学校发展规划具有独特性。每所学校都是独一无二的发展个体，它们在长期的办学实践中，形成了自身独特的、稳定的办学风格，学校发展规划正是立足学校的办学风格，对学校的教育传统、现实条件和未来发展方向等进行的个性化设计。学校在制定发展规划时，一定要深入分析学校的特色，找准学校发展的定位和优劣，在贯彻和执行国家统一的教育目的与教育方针的前提下，集中凸显学校的办学思想、办学资源、文化和发展思路等独特内容，彰显学校的核心竞争力。

　　第五，学校发展规划需要持续改进和完善。与方案的制定相比，学校发展规划更多的是一种动态的管理过程，更要注重过程的持续性。制定出学校发展规划的文本，并不意味着规划活动的结束，而是标志着规划管理活动正式开始（郭良君，2011）。在本质上，规划是过程而非结果。学校发展规划注重规划的持续性，目标确定、方案出台、文本执行、规划评价、规划调整等构成一个完整的循环过程。上一个循环的结束意味着下一个循环的开始，下一个循环是对上一个循环的改进和超越，层层推进，持续进行，促使学校发展规划不断完善。

## 二、学校发展规划的制定原则

学校发展规划是学校为提高竞争力、应对复杂的教育形势的战略性选择，是学校的管理理念、管理价值和管理手段在新时期的集中体现。发展规划作为学校管理活动的重要一环，在制定时除遵循通常的管理活动的科学性、方向性等原则之外，还需要注意如下原则。

### （一）前瞻性原则

合理的学校发展规划是在分析学校历史和现实的基础上，面向未来而制定的。相比历史和现实，规划应该更多地指向未来，是为"发展"这一前瞻性行为服务的。因此，制定学校发展规划不能对原有的工作进行简单的复制，必须在立足学校传统和现状的基础上，根据国际国内社会形势的变化和教育发展的需要，合理地预测未来的教育趋势，科学地界定学校的发展目标和办学定位，据此设计明确可行的实施途径，并根据不断变化的社会和教育形势进行定期、不定期的完善与修改。

### （二）协同性原则

发展越来越被看成是一种唤醒的过程，一个激发社会大多数成员创造力的过程，一个释放社会大多数成员个体作用的过程，而不是被看成一个由计划者和学者从外部来解决问题的过程（Ribes，1981：65）。任何规划都是共同体成员行动的指南，理应成为集体共识，因而制定规划要突出公开性和透明性，要有较大的公众参与度。同样，学校发展规划是学校组织成员对于学校发展方向和路径的共识，需要最大限度地体现全员利益，调动组织内外所有利益相关者的积极性和主动性，充分发挥每个人的力量和价值。因此，制定学校发展规划必须把自上而下和自下而上的方式结合起来，让规划成为统一认识、凝聚人心的过程。学校领导者应该做好组织发动工作，激励全体成员积极参与、集思广益，充分发动教师、学生等对学校发展规划建言献策，利用各种形式对不同的观点进行讨论、深化，产生共识，使内部成员形成对学校发展理念和路径的深刻认同。在此基础上，邀请政府部门、社区、家长代表对规划方案予以补充、完善，使学校发展规划能够回应有关利益群体的需求。

（三）整体性原则

学校发展规划有不同类型和表现形式。例如，根据功能或作用的不同，可以分为基于管理诊断的学校发展规划、基于目标的学校发展规划和基于改进的学校发展规划（戚业国，2016）。根据规划发挥作用时间的长短，可以分为三年规划、五年规划或十年规划等。但是，学校发展规划是一种整体概念，是针对学校全局发展所作的战略性规划。从学校发展规划制定的实际看，有的学校把规划按照时间、部门、范围等进行分解，形成不同的分类体系。这种方式在降低工作难度的同时削弱了学校发展规划的整体功用，缺乏对学校全局优化和持续发展的系统思考。由此，制定学校发展规划应该运用系统思维的方法，采取集体合作的模式，由各相关职能部门和人员对规划展开集中讨论和研究，对学校发展作整体性考虑，做好宏观战略规划、中观策略规划和微观部门规划，最终把它们整合为有内在逻辑关系、整体合一的学校发展规划。

（四）特色性原则

当前教育变革日新月异，只有认真地规划未来才能保证学校发展前景良好。学校在现代教育改革与发展中内在地要求形成自己的特色，体现核心竞争力。形成学校发展的特色应该在制定学校发展规划和实施发展项目中占有重要的地位，学校必须跟随形势的不断变化寻找自我生长的空间，既要对已有的特色资源进行深入挖掘和发展，同时也要对学校未来的特色建设作出规划，并以规划的实施来促进学校特色的形成与彰显。这要求学校立足自身实际，充分考虑学校的发展历史、办学定位、现实需要以及未来方向，通过认真分析和研究，选择适合学校发展的特色项目。更重要的是立足本土、因地制宜，避免盲目跟风、求高尚新，认真分析学校的实际情况，挖掘本土特色资源，就地取材，开发和充分利用本土特色资源，增强学校文化底蕴，充分展示学校风貌。

## 三、学校发展规划的制定策略

伴随着国家依法办学战略的提出和学校自主办学目标的逐步实现，学校发展规划已经成为统一国家与学校、依法办学和自主办学的基础性手段。学校发展规划作为提高学校教育教学质量而实施的管理行动，有利于建立和完善校本管理机制，促进学校自主发展，引领学校共同体成员逐步落实既定规划。在当前学校发展规划制定中存在发展目标定位不清晰、学校问题诊断和分析不全面、发展规划分解与落实不到位等问题。妥善解决这些问题才能有效发挥规划对学校发展的引领作用。

### （一）合理设定发展目标

目标是行为的先导，也是行动的方向和指导。学校发展规划以学校目标为核心，这样的目标体现了利益相关者对学校的要求，目标可以起到引领作用，同时也是学校对社会的一种承诺，对学校自身具有约束作用，这样的目标推动学校不断进步，也在约束学校的办学行为不偏离方向（戚业国，2006）。在制定学校发展规划时，首要的任务就是对学校的发展目标进行科学的界定，这关系到学校向何种方向发展以及如何发展的问题。

规划是对过去、现在和未来的综合考量，制定学校发展规划需要用客观的、发展的眼光，全面而系统地研究学校的过去、现在和未来。详细了解学校的建校时间、历史沿革、学校性质、学校规模等，客观分析学校当前的师生情况、学校的优势及不足、发展过程中面临的机遇及挑战，根据学校发展的定位和社会及教育形势的变化对学校的人才培养、科学研究、服务社会等进行合理的预测。在此基础上，实事求是地确定学校的发展目标，避免好高骛远、超越学校的实际，同时也避免盲目降低目标、失去进取的动力。

学校发展规划是对学校的发展使命、共同体成员的共同愿景、利益相关者的努力方向的预测，由于未来的不可预见性和客观形势的不稳定性，对学校发展目标的厘定会不可避免地存在偏差或失误，因此，要对整体的目标进行分解以随时对子目标进行改正和完善，保证全局目标的达成。根据规划涉及时间的长短，可以把学校发展规划的目标分为战略规划目标、战术规划目标、操作规划目标和工作规划目标。战略规划目标是学校发展规划目标的最高层次，通常是 5 年及以上时间的目标，主要考虑学校办学定位、发展方向、人才培养目标等战略性构想。战术规划目标是依据战略规划目标而制定的、学校 1—5 年的发展目标，涉及学校课程开发、教师招聘、招生计划等活动。操作规划目标是学校学年规划任务目标，通常包括特定活动的日常实施、教育计划和教学安排等。工作规划目标是最具体、最微观的学校规划目标，是学校针对每学周的工作任务或者临时、突发性活动的安排。这四种规划目标的稳定性依次递减，战略规划目标一般是不可变的，而工作规划目标可以随时调整。通过对下级规划目标的修改或微调，可以保证上级目标方向的恒定，以促进战略规划目标的实现。

为保证目标真正成为指明学校共同体成员努力方向的"灯塔"，需要限定战略规划目标的数量，目标不能过多，以免分散工作的重心，使员工把注意力集中在有限的战略规划目标上才能真正去实现它们。应该把所有的目标转化为操作规划目标甚至工作规划目标，通过各种具体的工作影响当前的活动，从而使现实行为和中长期战略规划目标、战术规划目标建立联系。学校发展目标应该要时时处处指导学校的工作，学校领导需要经常强调目标的关键要素以体现对目标的重视，通过各种不同的活动使学校发展目标处于一个持续的过程中、一个不断反思和发展的过程中。

### （二）充分发动全员智慧

全世界的学校基本上都是保守性的组织。当我们处于稳定社会，我们的经验也适于解决未来的挑战之时，学校可以保持其稳定的、保守的组织形态。然而，世界已不再稳定（达林，2002：中文版序 1）。随着学校的"围墙"被打破，学校的边界日益开放，学校与各利益相关者发生联系的广度和深度不断增加。学校发展规划是学校为应对教育变革和教育发展的双重挑战，促使校内外共同体成员形成共识、凝聚人心的过程，需要得到所有成员的支持和赞同。制定学校发展规划的任务不能仅由校长或领导班子承担，校长是组织者，领导班子是协同者，教职员工和学生是参与者，还要积极与上级行政主管部门沟通，并广泛征求社区意见。

校长负责制的实施确立了校长在学校的领导地位。一位好校长就是一所好学校，校长及其领导班子在设计和执行学校发展规划的过程中起着关键性作用。他们需要运用一种综合的方法，通过经验和技巧共同制定出一个学校发展规划的基本框架，其余的人员可以在此框架内发挥聪明才智。校长和领导班子成员除在学校发展规划制定中进行必要的领导和设计外，还必须对规划程序进行协调与管理。

教职员工和学生是学校的主体，在学校成员中占有绝对比重。现代心理学认为，参与管理可以使成员获得心理投入的体验，产生心理认同。学校发展规划必须考虑教职员工和学生的利益及要求。例如，"作息时间表不仅仅对教师和学生的行为施加权力，而且形成了他们'学校是什么、应该是什么'的概念，限定了什么是可能的、什么是不可能的，指令什么是正确的、什么是不正确的"（欧文斯，2001：205）。可以以办学定位和办学思想为基础，由教职员工和学生进行分层、分组讨论，总结学期或学年工作，让每个人对自己的工作（学习）进行分析、对学校的发展进行展望，逐步归纳意见和建议，由此形成发展规划的具体内容。

学校需要其他利益相关者的参与以保证发展规划制定的民主性和广泛性。学校要坚持经常与上级行政主管部门沟通和交流，把握政策，明确办学的方向。同时通过学校发展规划使上级行政主管部门了解学校的办学思想和发展动向，增强学校自主办学的外部合法性，获得更多的办学支持。社区参与是学校发展规划的重要支持，没有社区的积极支持，学校的发展就难以实现。学校在制定发展规划时，可以通过绘制社区地图、组织社区调查、召开社区代表会议、组建学校发展委员会等方式调查社区的情况，了解社区需求与意见，达成学校与社区的合作，学校发展规划的制定过程和后续的执行也应该使社区公众知晓并参与监督。

### （三）切实推动规划执行

学校发展规划既是文本的呈现，也是过程的完善。制定一个学校发展规划，其重要性不在于拿出一个"文本"，关键在于实施。学校发展规划更强调规划的执行"过程"，通过这一过程提高学生的学习质量和教师的专业化水平，提升学校的教育质量（陈建华，2004）。当前，大多数学校都已经认识到规划对学校发展的指导作用，但"重规划、轻执行"仍是不可忽视的问题，这不仅使学校发展规划成为形式，而且损害了学校的社会公信力。

在学校发展规划执行过程中，需要树立"人人都是规划执行主体"的意识。校长在统揽全局的基础上，精选规划执行的团队，这是学校发展规划顺利推行、切实执行的关键。学校发展规划执行团队的成员可以由学校部门负责人、年级教学组和后勤服务组负责人、教师和学生代表等组成，他们一般也是制定学校发展规划的主要参与者，对学校发展规划的理念和精神具有最直接的理解，天然地可以成为规划的贯彻者和执行者。要进行任务分工、责任落实，使得庞大的学校发展规划通过若干部门的合作完成。具体、详细地规定各个部门的任务和应该承担的责任，并规定任务阶段和整体的完成期限以及需要达成的目标，并在推进过程中不断进行监督和检查，通过目标管理和项目管理，提高执行的效率，真正把学校发展规划落到实处。

当今社会处于信息大爆炸的时代，信息的传播、流通和占有可以在某些方面决定事业的成败。同样，信息沟通也成为影响学校发展规划成败的关键性因素。对信息进行藏匿甚至垄断，学校共同体内部成员的信息占有不对称，会导致规划执行的失败。因此，应该建立学校内部不同层级、不同部门间的信息流通和共享机制，建立从上到下、从下到上、横向贯通的立体闭合"回路"，利用周会、月会或不定期的座谈会以及电话、邮件等形式，将学校发展的愿景目标、情报信息、工作打算、师生员工建议等传递给所有成员，消弭规划制定层和执行层的信息短路，形成一个无间断、无阻滞的循环。

### （四）始终贯彻规划评价

在行为过程的整体架构上，学校发展规划可以分为四个环节，即 diagnose（诊断）、plan（设计）、do（执行）、estimate（评估）。四个环节共同组成了学校发展规划的系统，学校的持续发展正是一个又一个的学校发展规划的实践。管理的真实任务是要应对甚至利用不可预测性、反主流文化的冲突、歧见、争执、冲突和矛盾（富兰，2010：88）。制定学校发展规划是前瞻性很强的活动，为保证规划的实效，必须发挥评估的基础性功能。在根本上，评估不是一个阶段，而是一个过程，它需要贯串学校发展规划制定的各个环节，起到联结各环节的作用。

学校发展规划以诊断学校客观情况为基础，对诊断本身展开先期的评估是保证规划正确性和目标达成度的关键。在规划文本出台之前，应该组织专门的机构和人员对学校发展规划予以评估论证，包括是否全面掌握学校环境、细致分析规划背景，是否对规划目标进行分层、把战略性目标和工作性目标结合起来，是否明确不同层级目标完成的责任主体以及相关的具体方法和措施。

评估是一种连续性活动，学校发展规划评估应该重视计划性，使评价人员明确各自的任务和职责，以便在日常的学校管理活动中更加有效地关注评价目标的进展情况。同时要着眼于评估的过程性，使评估活动与学校各项举措的实施情况相结合，做到形成性评价和终结性评价相映照。重视对学校发展规划实施过程的评估，对规划执行的各个环节进行分析、评价，进一步发现可能存在的问题，制定调整方案或纠偏措施，随时对原有规划的目标、范围、力度等进行调整或更新。评估是一种周期性、循环往复的活动，一次评估的完成并不意味着管理活动的结束。因此，在注重评估学校发展规划实施过程的同时，也要关注不同时期和阶段规划目标的完成情况，并以此作为下一阶段规划活动的基础和依据。

# 第二节　教师发展战略

教师是教育发展的主导者，也是学校改革的主力军。《教师教育振兴行动计划（2018—2022年）》提出"经过5年左右努力，办好一批高水平、有特色的教师教育院校和师范类专业，教师培养培训体系基本健全，为我国教师教育的长期可持续发展奠定坚实基础。师德教育显著加强，教师培养培训的内容方式不断优化，教师综合素质、专业化水平和创新能力显著提升，为发展更高质量更加公平的教育提供强有力的师资保障和人才支撑"，为教师发展指明了方向。在自主办学背景下，学校应当不断完善教师发展的内部机制，为教师自主发展提供良好的氛围，教师也应该注重个体的自主发展，探寻多元发展途径，兼顾普遍的素质要求和个性发展需要。

## 一、教师发展的内涵解析

从广义上说，所谓教师发展，是指所有在职教师通过各种途径、方式的理论学习和实践，使自己各方面的水平得到持续提高、不断完善。从狭义上说，教师发展更多地强调其作为教学者的发展和提高，也就是强调教师教学能力的提高（潘懋元，罗丹，2007）。教师发展与教师教育、教师培训是三个称谓不同的概念，但含义大体相同，在某些方面可以相互换用。教师教育是对教师职前培养和职后培训的总称，以前大多称为教师培训，现在称为教师发展。但是教师发展和教师培训是两个联系密切但又有区别的概念。教师培训着重从外部社会或组织（如政府、学校和社区）的要求出发，使教师被动地接受上级规定的某种培训；教师发展更多侧重于从教师的主体需求出发，教师自主地学习某些知识、技能以促进自身职业的发展，实现个体生命的价值。教师发展一般需要借助不同形式的培训，但更加注重教师的自主性学习和个性化学习，培训的方式和途径更加灵活和多元。从教师培训到教师发展，体现了教师要求成长和进步的意识的增强，彰显了教师教育的现代化、个性化和多元化趋势的发展。

教师既是一种职业，同时也是独立个体；教师发展不仅包括教师专业发展，也包括教师自主发展。专业（profession）和自主（autonomy）互为体用、不可分割，自主必须以专业为基础，专业必须通过自主来完成。自主是专业的特性，是专业工作的核心，任何专业工作若缺乏自主的特性，便称不上专业（高强华，1997：64-65）。自主是一种个人或团体不受他人或组织的安排所完成的自我支配、自我导向的过程，这种自主通常是建立在个人或者团体拥有一套专门化的知识体系的基础之上的。教师专业发展是教师为提升专业素养与专业能力而经过自我选择所进行的各项活动与学习的历程，以达到改进教学效果、提高学习效能的目的。教师专业发展是外塑与内修相结合的过程，但更多的是教师个体的自主发展过程。教师专业发展不能仅仅局限在"专业人"的发展范畴，更要关注教师作为"个体人"的自我需要，帮助教师主动寻求自我完善与专业提升，激活教师的职业自觉力。只有当教师拥有强烈的内在动机和自我发展的意愿，才可能充分利用资源、主动寻求机遇，不断提升自身的修养与专业水平。教师自主发展是指教师有一种较强的自主发展意识，能够不受外在压力的影响，制定适合自己的专业发展目标、计划，选择自己需要学习的内容，而且有意愿和能力将所制定的目标和计划付诸实施。因而，"教师自主发展"是与"教师他主发展"相对的概念，侧重的是教师发展的主体性价值以及内在统一化（即基于自我设定的原则、把自己当成目的）的能动选择（邬志辉，钱俊华，欧阳海燕，2012）。

总之，教师专业发展的内涵包括教师职前、入职和职后的学习与发展，也包括教师在专业信仰、理念、精神、情意、知识和技能等各方面的自我成长活动，更是包含两个统一，即教师群体外在和教师个体内在专业性提升的统一、教师自主发展和促进教师专业发展过程的统一（潘懋元，2017）。教师发展不仅指教师教育教学知识的丰富、能力的提高，也包括教师为人师表的情感、态度的升华；不但指教师个人的个体发展，也指教师群体的整体成长；不仅是教师个人的主动发展，同时也是教师适应职业需要的专业发展。

## 二、教师发展的动力因素分析

教师发展是内外部动力综合作用的结果，内部动力是教师发展的基本依据，外部动力提供了教师发展的条件。在教师发展中，内部动力主要是教师自身要求发展、追求进步的内在驱动力量，外部动力通常是来自政府、学校、社会等组织的作用力。

### （一）外部动力

教师发展的外部动力主要源于政府、学校、社会等所给予教师个体的物质与非物质的奖惩，如行政上所制定的业绩考核与评估、职称（学术）的晋升、工资及其他待遇的提高、优秀教师的评选、社会声誉的提高等。外部动力对于教师发展既能起到推动作用和导向作用，也会产生阻碍作用和消极影响，如重科研轻教学的业绩考核、只对少数教师起作用而与一般教师无关的奖励、引发内部矛盾的排名、过于烦琐的量化考评（潘懋元，2017），在某种程度上打击了教师工作的积极性和发展的主动性。尽管外部动力存在诸多消极影响，但在教师发展的过程中也是不可缺少的现实激励要素。因此，要慎重运用外部动力对教师发展的作用，采取有效措施发挥正面作用，避免负面影响。

### （二）内部动力

教师发展的内部动力来自教师对自我价值和自我理想的追求，它具有内源性、主动性的特点。美国心理学家班杜拉（A. Bandura）提出，人的行为不仅受外部因素的影响，也受到自我所生成的各种内在因素的调节。自我对行为的调节主要通过三个环节来实现：自我观察，个体由此获得关于自身行为的信息；自我判断，个体依照自我确立的内部标准评判自身行为的质量和价值；自我反应，个体根据观察和判断的结果做出积极或消极的反应（如自豪、自责等）。人们将延续那些产生积极自我反应的行为，限制那些产生消极自我反应的行为。在推进教师发展时，要重视外部动力的作用，如树立优秀榜样、制定奖惩制度等，同时更要发挥教师的自觉性和主动性，调整个体的心理状态、行为的归因等。

## 三、自主办学背景下教师发展的路径探析

由以上分析可以看出，教师发展是内外动力共同发挥作用的结果。在获得办学自主权后，学校要充分调动教师的主观能动性，不断提升教师素养，同时在培训方式、评价制度等方面为教师发展提供制度保障，构建教师专业学习社群和网络平台，帮助教师发挥创造性和积极性，增强职业信心，激发职业潜能。

### （一）增强教师发展意识

从教师成长的视角分析，教师发展是指教师具有较强的自我发展意识，自觉承担个体发展的主要责任，激励自我更新，通过发展设计与计划的拟订、发展计划实施和发展调控等，并结合教师自我反思、专业结构剖析等达到教师发展和更新的目的。对于教师本人而言，教师发展有两个关键要素，一是教师发展信念，

二是教师自我反思。在学校成为独立的办学主体、教师获得了教学自主权后，教师信念显得尤为重要。教师信念是指教师在对自己所从事的职业有了一定认识的基础上在自我人生价值追求方面所产生的坚信不疑的态度（肖正德，2013）。这是教师所奉守的职业信条，是教师行为的隐性导引，是教师发展的内在力量。伴随着教育治理理念的深入，教师间的合作交流、分享成为教师发展的一种源泉，教师之间应该经常分享自己的愿景，通过相互交往与沟通，将不同愿景整合、塑造为整体图景。将教育教学工作中的困惑和感悟呈现出来，将个体的教育教学经验和实践智慧外显出来，与教师团队成员共享，有效达成学习目标，从而促使教师整体的共同发展。

20世纪80年代以来，培养教师反思能力迅速影响世界范围内的教师教育，培养反思型教师成为教师教育的重要任务。如果教师仅满足于获得的经验而不对经验进行深入的思考，那么，其教学水平的发展将大受限制，甚至有所滑坡（Schön，1983：34）。在教师发展中，反思是教师立足教育教学过程，对自己已有的观念和做出的行为以及由此产生的结果进行审视和分析的过程。教师要经常记录对个人发展影响较大的关键事件，如教学活动的成败之处、课堂教学中突然出现的灵感等，客观分析教学活动的结果，尝试探索问题的原因，尝试新的方法、方案，思考并采用多种教学方法并注意不同的效果，对个人的认识过程、行为过程以及由此产生的结果不断进行评价。

### （二）创新教师发展方式

最早提出教师发展的概念的是美国，它将教师发展的权力分配给学校，不同学校呈现出多样化的教师发展方式，包括模拟教学、教学讲座和讨论会、教学咨询、教学档案袋、教师发展工作坊、教学改革试验小额资助、收集学生对教师的意见等。20世纪末，日本制定了教师发展制度，重视教学方法与技术的培训，如教学改革演讲与讨论会、公开教学观摩课、教师对学生的访谈调查、教育援助中心等。我国采取的教师发展方式是外向型的，以政府为主导、注重顶层设计，以教师为客体、要求改进提高，以前沿理念和优秀案例为基本内容、重视学习模仿。由于培训过程中缺失对话协商、缺少主体实践，在有意无意之间教师的主体性和主观能动性遭到弱化（李方安，2015）。

教师是一种学术职业，教师要熟练地掌握所从事学科的专业理论、专业技能和学术新动向，担负创新科学知识和应用科学知识的职责，熟悉跨学科的相关理论和知识。更为重要的是，教师不仅要提升专业水平，而且要提升师德境界。学校应该创新教师发展的方式以适应教师发展的实际情况，倡导教师自主学习、研讨学习、兼职锻炼、访问学习和开展研究，培养教师自我发展的能力，增加教师之间相互交流的机会。不断完善教师培训机制与计划，加强校本培训，充分利用校内资源为教师发展营造良好的氛围。在培训方式上可借鉴国外教师培训的做法，突破讲授与说课等传统方式，组织户外沙龙、主题演讲等趣味性较强的活动，增强教师参与培训的愉悦感。需要注意的是，针对不同发展阶段和不同年龄层次的教师应当制定不同的、切合实际发展要求的培训方案。

### （三）革新教师评价制度

当前我国的教师评价制度主要以奖惩为特征。这种制度基于一个理论假设：在一所学校中，教师工作表现在统计学上应该符合正态分布，其中处于两端的是极少数的"优秀教师"和"不合格教师"，居于中部的是占绝大多数的"普通教师""一般教师"和"中游教师"。教师评价的基本任务就是通过"排名次"的方法，把极少数的"优秀教师"和"不合格教师"甄选出来，分别给予奖励和惩罚。奖惩性的教师评价制度是一种典型的终结性评价，特别注重教师评价的结果，较少关注教师专业发展的过程（王斌华，2007）。然而在实际操作中，正态分布规律并非在每所学校都适用。作为评价对象的教师，往往缺乏参与权和知情权，只能被动接受评价结果，甚至可能对评价结果产生不满而消极怠工。

学校应当致力于改革以奖惩为手段和特征的教师评价制度。在评价理念上，以促进教师自主发展为根本目标；在评价内容上，关注教学、科研、社会服务等方面的综合评价；在评价主体上，要求主体多元化，同事、领导、家长以及教师本人都应该作为评价主体，同时注意领导评价、自我评价、同事评价、学生评价、家长评价等的权重分配；在评价方法上，提倡量化评价与质性评价相结合；在评价标准上，关注教师的个体差异，用"多把尺子"去"丈量"不同教师。有关学校可以实行教师分类管理及考评制度，根据课程体系将教师分为两类——理论教学岗和实践教学岗。理论教学岗的教师主要负责专业课的教学并开展基础理论研究，侧重于学生理论知识水平的提高；实践教学岗的教师主要负责实践课程的教学并开展应用开发研究，侧重培养学生的实践应用能力。在考评前者时应当侧重于其所教学生拥有知识的系统性、实用性和先进性以及所从事科研的基础性；考评后者时侧重于其所教学生综合运用知识分析与解决问题的能力以及所从事科研的实用性。

### （四）构建专业学习社群

随着教育面临的形势日益复杂和教师之间交往更加密切，教师发展呈现出从个人转向社群的趋势。打破孤立学习的状态，建立学习共同体，通过合作学习增强教师发展的动力成为当前的时代要求，因此，专业学习社群应运而生。专业学习社群（professional learning community，PLC）的概念始于 20 世纪八九十年代的美国，强调学校必须重视组织与团体的专业学习动力，鼓励学校成员积极参与决策与内省，希望可以改变教师独自教学的封闭状态，加强与课堂之外人际互动与合作。

受传统思想和学科间壁垒的影响，我国学校中教师专业社群更多以备课组或系、所为单位，这在加强专业研究和学习的同时也限制了学科知识的拓展与延伸。新时代的教师需要具有多领域、多学科、多视角的能力，因此，专业学习社群基于成员对专业的共同信念、愿景或目标，强调不同学科、不同专业间通过沟通、合作的方式建立多元、专业、分享、创新的互动式学习形态，以促进服务对象的最大福祉或专业效能的最大化。教师专业学习社群主张的不仅仅是教师能力的提升与学生学习的改善，更期待教师能够由下而上促进学校结构与文化的转变。通过专业化运动，教师可以在日常的专业对话中形塑有效率的教学模式，分享优良教学，逐渐打破教师之间的藩篱，构建有利于发展信任、分享、学习与专业认同的组织文化。

### （五）利用现代信息技术

技术对教师发展的影响无可置疑，在当今技术时代，技术化在教师发展中的地位与作用更加明显，可谓成为一切动力之本（李美凤，2012）。随着互联网的蓬勃发展，教师发展渠道也从传统模式向网络研修模式转变。教师和课本不再是知识的唯一来源，信息技术改变了传统面授教育的封闭局面，它为教师教学打破了时间和空间的界限，通过开放的网络知识共享空间，拓宽了人们获取知识的途径，降低了获取知识的成本，提高了获取知识的效率。一方面，教师可以在其中充分体验自我的存在，改变对现实的不满与不平衡心态。另一方面，通过互联网，教师寻找到拥有共同话语的伙伴，形成自己的圈子，为需要帮助的人提供支持或服务，大家共同处理好原本觉得棘手的"事"（李芒，李子运，2016）。网络技术为教师培训构建了更加开放和多元化的平台，教师培训不再局限于校本培训、集中备课、相互听课、脱产进修等方式，教师可以根据自身情况随时随地学习，合理利用网络上优质培训资源，完善专业知识，提高专业技能，优化专业素养，增强人格魅力。

科学技术的进步对教师发展提出了新的要求，对教师的需求正在从数量向结构和质量转变；对教师的学历要求正在从学历达标向素质提升转变；对教师的素质要求正在从单一技能向研究型、专家型转变。因此，每位教师都应当把握机遇，迎接挑战，充分利用互联网平台，整合丰富的学习资源，提升搜索、加工处理信息的能力，完成自主学习，实现个性化发展。同时，教师可通过社交软件（微信、微博、博客、云笔记等平台）开展针对教学实践的反思活动，如创建网络反思档案袋记录自己的教学实践、他人的优秀案例、得失等，或通过微格教学观察自己或他人的教学片段并进行反思。

## 第三节　课程创新战略

教育的终极旨趣在于育人，而课程是实现这一旨趣的最重要载体。就具体意义而言，正是课程决定着把学生培养成为什么样的人的问题（张铭凯，靳玉乐，2016）。随着学校办学自主权得到落实并不断扩大，各级各类学校都对课程进行了有益的探索，我国课程改革进入了全面深化阶段。2001 年《基础教育课程改革纲要（试行）》提出实现国家、地方和学校三级课程管理体系，并且为学校自主开发的课程留出 15%—20% 的空间，但是，由于国家、地方课程任务重，严重挤压了学校自主开发课程的时间空间。这导致了学校自主课程建设的权利难以落实（胡定荣，2015）。在新的历史背景下，学校获得了更多自主办学的权力，因此，再次重视课程创新理念，切实提高课程创新能力，才能为学校发展夯实基础。

## 一、课程创新的时代内涵

当前，课程创新正成为越来越多的学校的自觉主动选择，日益推动并深化着 21 世纪之初提出的课程改革的战略。课程创新，根据字面意思，意味着标新立异、与众不同。随着国家对办学权加大下放力度，当前学校拥有的自主办学权和范围相比以前有了本质的扩充，这也体现在学校的课程自主性上。在合理的权力范围内，学校因地制宜地开展了一些课程创新的实践。根据已有研究，课程创新主要体现在以下方面（潘涌，2004）。

第一，课程目标观的创新。受高度集中的行政管理体制和一统化的计划经济体制的影响，我国长期以来在课程培养目标上片面追求人的平均化、一统化和所谓全面化的发展，注重静态的课本知识而轻视主动的实践能力，注重知识的承继与复制而轻视质疑、批判和创新精神，致使从课程"流水线"上整合出来的往往是难以适应时代发展的"教育产品"。在对历史反思的基础上，国家明确强调"新课程的培养目标应体现时代要求"，尤其要促进学习者发展创新精神和实践能力，顺应科技、文化和教育全面创新的时代潮流。这表明课程价值的重心发生着重要的位移，即从单纯突出国家教育意志到兼顾学习者个体的充分发展，提升学生的科学和人文素养及社会责任感，以期在结束课程学习后的学习者能够真正成为矢志创新、复兴中华的一代新人。

第二，课程内容观的创新。作为实现课程目标的载体，课程内容长期以来只是局限于全国通用的教科书，而且还必须统一课程进度、教学计划安排甚至课程讲授内容。这样既束缚了教师选择、重组和优化教学内容的主体性与创造性，更封锁了学生自主性学习和个性化学习的课程空间，使之陷于消极被动接受课程内容的无奈窘境。因此，国家鲜明主张"改变课程内容'难、繁、偏、旧'和过于注重书本知识的现状"，提出加强课程内容与学生生活以及现代社会和科技发展的联系，关注学生个体的学习兴趣和经验。这表明，在课程内容建设中应该突出课程内容的发展性、现实性和生活化，赋予静态的课程内容以新鲜的时代气息，激活学习主体的生命体验和心灵感悟，使作为课程学习主体的人与作为课程内容的客体之间完全融合。

第三，课程结构观的创新。由于受学科本位主义的负面影响，长期以来我国指令型课程结构单一，即重视必修课程、轻视选修课程，重视学科课程、轻视活动课程，重视分科课程、轻视综合课程。这在相当大的程度上剥夺了学生对课程选择的自主权，压抑了他们课程学习的热情、兴趣和个性活力。为了克服课程结构上这种普遍的单一性和狭隘性，国家围绕"在普遍达到基本要求的前提下实现有个性的发展"这一课程理念，富有创意地设计了课程结构框架。诸如要求学校创造条件设置丰富多彩、弹性化的选修课程，并将综合实践活动列入必修课程。课程结构的多样化和开放性会改变千校一面、全国雷同的课程设置旧格局，催生各地特色课程面世。

第四，课程资源观的创新。在指令型课程范式中，课程内容和教学进度均是按照国家的要求整齐划一的，且有课程终结的统一考试作严格"把守"，因此，教师普遍缺乏对课程资源的自觉意识。随着三级课程标准的建立和校本意识的兴起，国家强调"积极开发并合理利用校内外各种课程资源"，激发了广大教师的"课程资源意识"。除了校内课程资源以外，还有社会课程资源、自然课程资源、信息课程资源等，所有这些课程资源为教师拓宽了课程空间和教学视野，为其走出"教科书为中心"的应试主义误区、释放教学潜力、创造凸显鲜明风格的"自己的课程"提供了必要的前提。

第五，课程评价观的创新。指令型课程评价观在评价方法上偏重定量和结果而轻视定性和过程，评价维度上偏重知识和智性而轻视情意要素，评价功能上偏重甄别和选拔而轻视学习者的可持续发展，评价方式上往往只是自上而下的单向式，即校长评价教师、教师评价学生。当前国家在对教师和学生的评价的两个向度上进行了根本性的调整。一方面，对教师而言，要求以教师自评为主，强调教师对自己教学的分析与反思，校长、教师、学生和家长对评价的参与都是为了促进教师创造性教学水平的提升。另一方面，对学生而言，教师对其评价的重点是发现和发展学生多方面的潜能，帮助学生认识自我并建立自信，促进其在原有水平上的发展，同时主张评价主体的多元化，即教师评价、学生自评和互评相结合。这样评价的目的不仅仅在于横向上的区分或筛选，更是教学双方各自在纵向上的提升。

## 二、新时期课程创新的基本原则

贯彻课程创新理念，推动学校长足发展，既要坚定地继承原有的优秀课程习惯，又要在新兴的课程理论的指导下结合教育实际和社会现实循序渐进地展开，适应新的历史时期对教育提出的高要求，同时也要尊重思想、观念、文化的差异，求同存异，给予不同课程资源更多的空间。

### （一）继承性原则

课程创新不是对原有体制和模式下的课程资源来源、课程设计方式、课程内容构成、课程实施环节等的完全移植或全盘否定，而是教育工作者根据教育教学的实际需要，对原有的课程框架进行审慎的批判，对新的课程理念等进行有选择性的吸收，慎重选择符合实际情况和学生身心发展需要的课程内容。课程应该具有一定的连续性和稳定性，在课程创新中，要避免对整个课程体系的颠覆性改变，在保持整个体系框架完整、脉络清晰的基础上，对部分过时、片面甚至错误的内容进行创新性改变；可以借鉴国外的最新课程理论、课程模式等，但要与我国的教育实际相结合，与学生的教育基础、心理发展特点相呼应。只有这样，通过科学的继承或学习，选择符合当前教育实际的课程模式，才能使课程创新的理念落到实处。

### （二）兼容性原则

兼容性原则是课程创新的另一重要原则，它包括课程创新主体的兼容和课程创新内容的兼容。由于国家课程改革的不断推进，不同的利益主体有更多参与课程的机会，他们对课程创新的内涵、要素、模式等有不同的意见和见解。在课程创新中，要尊重不同群体的意见，求同存异，在保留不同意见的基础上取得共识。尤其需要注意的是，长期以来，学生在课程中的主体性一直受到遮蔽，学生一般是作为被动接受的对象而存在的。实际上，学生在治理中的参与是学校自主办学的重要组成部分。学校获得了发展的主动权后，应该重视学生在课程创新中的主体作用，给予其与其他参与主体同等的对待，让其平等地参与课程创新。此外，课程是时间与空间的结合，课程内容既要有历史沉淀而来的人类文明智慧的结晶，也要有新时代催生的崭新的内容；既要体现国家对课程的整体要求，更要有符合本土特色的内容。这些不同历史时期、不同发展阶段、不同地域范围的课程内容应该相互兼容，使学生既能够对传统文化有深入的了解，同时也掌握最新的发展现状，具有国际化视野。

### （三）渐进性原则

课程创新需要循序渐进，坚决不能一蹴而就，这要求在课程创新中应该遵循渐进性原则。课程创新必须逐步推进，分阶段进行。首先要认真分析不同课程的属性，了解课程创新可能取得的成效，尽量减少利益受损而引致的社会冲突。其次要重视课程创新主体理念的转变，深入培养多元课程创新主体，让不同的参与主体逐渐认识到课程创新的重要性和必要性。最后逐步推进课程创新进程，在实施过程中不断调整。

## 三、学校课程创新的路径分析

课程创新理念为学校课程设置适应学校自主办学新形势的需要提供了思路。首先要求多元课程设计主体的参与，兼顾不同利益群体的权益需要；其次在明确学校发展方向的基础上，因地制宜、因校制宜，发展多元课程资源；最后要对课程实施效果采取多维度的评价方式，通过课程评价激励各主体参与课程创新的积极性，最大限度发挥课程的引导作用。

## （一）建构多元参与主体

根据胡塞尔（E. G. A. Husserl）提出的"主体间性"的基本范畴，世界上的事物之间并非只有"主体—客体"的单一关系，而是同时存在着"主体—客体"和"主体—主体"两种关系（冯向东，2004）。在教育治理中，主体间性表现为不同治理主体之间的相互关系。学校自主办学内在地要求各主体之间通过对话、讨论、契约建立一种合作、交流、分享的关系。当前，教师和学生共同担任课程设置的主体在很大程度上受到了人们的赞同，在课程创新中，不仅要发挥教师的主动作用，更要鼓励学生的积极参与。但实际上，课程创新的主体不能只是师生双方，还有一个经常被忽略但非常重要的主体——学校。学校在课程创新中经常"脱离"课程要求的实际，导致学校发展动力不足、后劲不够，人们常常将这一切归咎于教师不够出色、学生不够努力。实际上，学校、教师和学生是课程创新不可分割的参与主体，只有三者共同发挥作用，才能更好地完成课程创新工作。

课程创新具有一定的先验性，是课程需要达到的应然状态。作为"主体们"的客体，课程创新需要学校、教师和学生在实践中重视以下内容。第一，关注三方的需求与限制。课程创新是一个庞大的工程，学校需要重视对课程资源的需求、课程本身的质量以及学校和学生的未来发展等长远问题的考量；教师在课程创新中要关注通过本课程使学生达到何种学习效果，为达到这种效果需要做的准备，等等；学生更多地注重主体意识的表达，如从这门课程中能够学习的内容，这些内容对个人以后发展的作用以及采用何种形式的课程安排更有效果。三方要对以上问题进行交流、讨论，最终达成共识，才能取得较好的课程效果。第二，平等交流，这是实现课程创新主体多元化的前提和基础。失去了平等交流这个大前提，课程创新也就失去了意义，只能流于形式，无法达到应有的效果。在课程创新的实践中，每个主体，无论身份、地位、权力等的大小，都应该也必须享有对课程本身平等的发言权，都能够以自己的主观能动性对课程设计施加影响。第三，在平等交流的基础上求同存异。多方参与课程创新为课程的有效性和针对性奠定了良好的基础，但同时也增加了课程创新的成本。学校、教师和学生都有各自不同的需要，要求三方达成共识并非简单的事情，这更多的是一个博弈的过程。在这个过程中三方要以共同的目标为出发点，在大的方面求同，在小的方面存异，通过妥协或让步，将观点、思路与看法统一到课程创新的实践中，求得一个各方都能接受的结果。

### （二）开发多种课程资源

学校课程建设要为学校全面发展提供丰富的课内外课程经历和学习资源，但是，由于学校的师资、场地、设备、经费等资源条件的限制，学校难以开发适合学生发展需要的课程。课程资源的来源不能仅仅局限于国家要求、统一教材，应该做到立足当地、放眼全球。立足当地意味着要着眼于当地特色和学校历史，要尊重并保护本地、本校的特色资源，学好用好自己的东西，以包容的姿态对待具有地区特色的课程资源。我国不同地区间地理、环境、风俗、习惯等的差异决定了课程资源来源的多样性，学校在进行课程资源创新时，要结合学校的历史和实际，通过走访、调查、座谈等形式，充分了解当地的风土人情，掌握当地具有特色的教育资源，并通过系统化、理论化的整理和升华，生成符合学校实际的课程资源。

当前国际交流和合作日益频繁，开发课程资源也要放眼全球，迎合并推动这种趋势，以适应全球化和国际化的需要。学校要结合自身条件，发展面向世界的文化，引进优秀的课程资源，在坚守中华文化立场的前提下，吸取世界优秀课程资源的精华。课程资源除了组成课程内容方面的素材外，还包括物质资源、人力资源，这是一所学校办学的基础和保障。学校要结合实际情况，分析自身资源的优势劣势，增强自主办学能力，鼓励社会力量帮助办学，寻求社区援助。

### （三）完善课程评价制度

课程改革使课程评价问题成为国家和学界关心的重要话题。课程评价是课程创新活动的重要内容，它是指检查课程的目标、编订和实施是否实现了教育目的，实现的程度如何，以判定课程设计的效果，并据此做出改进课程的决策。课程评价应该贯串整个课程创新活动，通过有效的评价活动，发现整个课程体系中存在的问题和遇到的困难，并据此进行修订与完善，发挥评价促进学生发展、教师提高和改进教学实践的功能。

有效的课程评价需要通过课程评价工具来完成，评价工具能提供一种相对固定的实施途径和方法。在课程评价中，通常使用的方式有两种：第一，量化评价方式，如基于假设检验、因素分析、相关分析和回归分析等初步分析算法的评价工具，或者基于结构方程模型算法、系统科学方法、模糊数学方法和灰色数学理论等复杂分析方法的评价工具。在操作层面需要更多考虑对课程评价要素的分割和量化，设计科学的标准量表。第二，质性评价方法，如档案袋评价、表现性评价、发展性评价和苏格拉底研讨评定法等。这种评价工具不受知识内容的完整性限制，更多地关注过程中主体的参与，采用质性分析来解读和诠释课程实施。开发课程评价工具时要避免只使用一种评价方法，可以适当提高质性评价的比重。另外，开发课程评价工具要注意稳定性和针对性，即信度和效度。一要注意评价工具的普适性，最大限度地减少评价工具对环境和条件的依赖；二要关注评价工具的公平性，工具开发可以坚持独立的价值观，但是在指标、权重和量化方面应尽量合理和公正；三是工具运用的结果要有区分度（傅欣，2014）。

在对课程创新活动评价的过程中，要充分发挥教师的主动性和积极作用，这是提高课程评价有效性的重要方面。在课程活动中，教师是联结教材与学生的承上启下的重要力量，应该成为课程评价的主角。但是长期以来，在课程评价中教师被视为被动的参与者或者评价的对象，教师在课程评价中发挥的作用和拥有的权力十分有限。在当代课程评价活动中，应充分认识到教师自身蕴含着巨大的评价潜力，变过去教师单纯地作为课程政策和方案的执行者为课程的审视者和评价者。教师不仅在课程实施过程中不断地进行自我评价，提高自身的课程开发和实施能力，而且在课程设计阶段，对课程方案、课程标准也应该发出自己的声音（刘志军，2007）。

## 第四节 特色发展战略

为了扭转学校同质化倾向，鼓励学校办出特色、体现个性，1993 年印发的《中国教育改革和发展纲要》要求中小学"办出各自的特色"，这是首次在国家政策层面提出学校特色发展问题。此后许多重要文件也再次重申这一战略思想。总之，特色发展已经成为指导学校改革的重要方向和努力目标。

### 一、特色发展的概念解析

一般认为，学校特色发展是学校改进的一种基本策略，是学校根据对内部实际情况和外部环境变化的适应，对区域、学校资源进行挖掘或重组利用，使学校形成特定领域独特风格或优势的过程（范涌峰，宋乃庆，2017）。其核心在于对"特色"进行准确细致的解读。通过对已有资料的分析，对特色的研究主要有以下观点。第一，把特色视为一种风格。例如，学校特色就是学校基于自身的历史传统和实际情况，在长期办学实践中逐渐形成的一种区别于其他同类学校的独特、优质而且相对稳定的办学气质和办学风格（王伟，2009）。由此推之，特色学校指的是一所学校坚持按教育规律办学，整合各种资源，以本校优势为突破口，由点到面，中心开花，整体推进，逐步形成独有的、优化的、成熟的办学风格或样式（庞非，2013）。第二，把特色当作独特或优质的代称。譬如，学校特色是指一所学校的个性、独特性（石中英，2017）。那么，特色学校是为了提高教育质量，培养全面发展的学生，在长期的教育教学和管理过程中逐渐形成的具有独特个性、优质品格和稳定风貌的学校（任顺元，2010：5）。再如，特色学校顾名思义就是指有特色的学校，它是对能出色地完成学校教育任务，而又在整体上具有独特、稳定、优质的个性风貌的学校的统称（李保强，2001）。第三，把特色看作学校品质。例如，从操作层面看，学校特色是学校主体根据共同愿景和学校自身特点，经过长期努力而形成的优良独特的学校文化品质（孙孔懿，2007：37）。第四，综合性解释。例如，实现学校独特的整体风格和出众的办学成果的过程，就是学校特色建设。特色建设既是一种动态的、不断追求的过程，也是学校发展的目标，同时，还是一种自主内涵式的、创造性的、充满文化渗透性的提高（姚本先，曹前贵，2006）。

综上，特色是中性词，内在地不具有优劣的含义，而学校特色发展中的"特色"是褒义词，指事物的出类拔萃之处，即事物的某些方面优于其他方面且优于其他同类事物同一方面的优秀品质（孙孔懿，2007：31–32）。而发展是动词，体现了事物发展的过程性和前进性，是不断追求卓越、力争达到完美的过程。因此，特色发展是学校根据国家办学方针的要求，为促进学生成长，在分析客观实际的基础上，在长期办学实践中形成的独特的、稳定的办学模式。

## 二、学校特色发展的要求

学校特色发展是与学校传统发展相区别的办学模式，它以新颖的特点和创新的方式在新时期教育形势下为学校发展提供了独特的视角和个性的方法，能够改变学校发展理念，促进学校革新，焕发学校的生命力。在新的历史时期和教育需求下，坚持学校特色发展路线应该遵循如下要求。

### （一）促进学生成长

教育的本质在于促进人的成长和完善。学校作为育人的专门机构，在形成和发展学校特色时，必须时刻把学生成长放在核心位置予以考虑。特色发展是一种理念，学生成长是内核，特色发展并非学校建设的目的和归宿，而是促进学生成长的方式和途径，特色的价值在于实现学生的成长。针对当前流行的"为特色而特色"的倾向，学校必须摆正思想，放弃构建特色的功利性出发点，回归教育的本质，实现学校发展理念由工具性价值观向人本性价值观的转变。学校发展特色的取向必须以学生的全面发展为基础，以多样性和个性化发展为指向，并最终促进学生成长，实现学生全面发展。

### （二）形成学校个性

一般认为，独特性是特色发展的核心观念。独特性也可以称为个性，是一所学校与其他学校迥异的特征、品质。任何一所学校都是具体的、独特的、不可替代的，它所具有的复杂性是其他学校的经验无法完全说明的。在传统的教育体制下，我国学校注重形成统一性和整体性的特征，在某种程度上忽视了学校现实的差异和学生需求及个性的多样性。在现实中，每所学校都处于独特的发展环境中，都是独立存在的发展实体。在学校发展过程中，要求学校根据自身的实际情况和教育教学工作需要，形成学校个性，树立个性化的教育观念，尊重学校和学生的不同特点和个性差异，开发独特的教育内容、教育方法和教育形式。

### （三）力行优质办学

优质是学校特色得以存在和发展的关键，是学校个性赖以存在的基础。在特色形成过程中，假如学校过度追逐新奇而忽略了教育质量，特色就成为无源之水，失去了存在的土壤。学校特色理念的构建必须是科学的、先进的，顺应历史潮流，符合时代发展需要。要在正确认识和科学把握现实的基础上，以社会对人才的需求为导向，根据教育发展规律和受教育者身心发展需求，形成正确的教育价值观。学校特色不仅有理论建构的依据，也要有推广应用的价值，能够从根本上提高教育教学质量和学校总体发展水平。

### （四）实现整体优化

特色是一个集合性概念，体现了整体性特征。在学校发展过程中，某一方面区别于其他学校的优势不能称为特色。学校的特色创建是一项复杂的系统性工程，而特色是其中的纲领、线索。应以特色作为学校建设的切入点，对学校的人力、物力等有形和无形的资源进行整合，实现教育目标、教育内容、教育方法、教育设施及各项具体活动的整体优化，并将其拓展到学校建设的各个方面，使学校办学的价值取向、制度规范、校园建设、师生管理、物质环境等相互融合，形成一个具有内在联系、功能协调、分工明确的特色建设网络，在整体上推动学校的发展。

### （五）保持相对稳定

从具体形成过程看，特色是学校在办学实践中，学校共同体成员通过有计划、有步骤、坚持不懈的努力形成的，它不能因领导的更替、措施的改变、环境的变迁而随时转换或频繁改变，应该在一定时间内保持稳定。学校在探索其特色的过程中，应当保持宗旨和目标的清晰、稳定。特色一旦形成，学校必须坚定不移、积极内化，使之成为学校的办学目标和教育价值追求，并外化为成熟独特的教育特性和治理个性。稳定是相对性概念，学校特色并非一成不变，需要根据时代的发展和社会的进步进行调整。但是，应该保证特色发展趋向和目标的一致性，使其在深度和广度上有所拓展，促进特色在时代特征下的鲜明、优质，逐步走向成熟和完善。

## 三、学校特色发展的对策建议

学校特色发展是内涵式发展，即学校依靠自主改革，充分利用现有资源，挖掘本校的潜在优势，合理规避学校的短板，并在适应教育环境的进程中最终形成学校特色。在学校特色建设过程中，需要发展校长特色领导思想，形成特色发展理念，构建学校特色文化，建立和谐校社关系。

### （一）发展校长特色领导思想

学校自主办学权力的获得并不必然表示学校能够自然地实现特色发展，相反，其意味着学校办学责任的加重，这对校长素质和能力提出了更高的要求。从某种程度上说，特色学校与校长个性特征的外显有着密切关系，它不仅体现着校长独特的办学理念和价值取向，而且再现着校长自身的工作威望和行为风格（李保强，2001）。在学校特色发展过程中，校长需要以教育家的情怀践行自己的责任和使命，积极领导全体师生员工实现特色建设。

　　在特色学校初创时期，学校特色通常不够明显，处于一种自发和隐性状态，校长要具有敏锐的特色意识，善于捕捉这种潜在的特色萌芽，寻找合适的切入点，给予政策支持并加以重点扶持，使特色逐渐完善和显现。校长的特色领导能力并不仅局限于个人知识和能力的提升，更重要的是对学校其他人员形成统领和激励作用。学校特色发展理念不能仅仅体现校长的个人愿景，必须经过民主化和合法化的程序，成为学校全体成员的共同愿景，才能具有长效性和行动力量。校长要接纳教师和学生等参与教育决策，运用集体智慧发现现象背后的真正问题及其破解机制，对特色发展方案的合理性进行研讨，获得师生员工的高度认同，得到持久的承诺和投入。在日益复杂的教育形势中，学校特色建设面临的环境和问题也更加多样，校长要有处理复杂人际关系和社会关系的能力，能够应对自身被赋予的多种角色带来的挑战，妥善处理集权与授权的关系，发挥每一位成员自我领导的潜力，激励他们进行自我管理。

### （二）形成特色发展理念

　　理念是行动的先导，在某种意义上，特色就是理念的具体表现形式。办学理念是学校的灵魂，是学校文化底蕴的积淀，同时也是学校奋斗的目标与发展方向，它通过凝聚、提炼、升华师生员工的价值观，并反作用到他们的思想观念中，最终成为其共同认可的行为准则，指导学校的一切活动。在特色学校发展中，形成特色办学理念是关键。

　　特色办学理念并非空想得来，它需要建立在学校客观状况之上，通过学校全体成员的努力形成。在形成自身独特的办学理念的过程中，应该立足学校自身，从学校发展历史或办学传统与经验中发现和提取有价值、有特点的因素。例如，从学校历史文化传承中发掘有重大影响的思想、口号，某方面的成功经验，先辈学者的重要教育思想，等等，然后加以提炼和概括。重要的是要抓住学校文化传统或学校经验的"亮点"，保留精神，改造形式，创新内容，形成既具有传统品味又能体现时代精神的特色办学理念。

　　对于历史相对较短的学校而言，可以通过对先进教育理论的学习或他人成功经验的借鉴形成自己的特色发展理念。具体而言，在学习有关教育理论、教育方法、办学模式或者其他学校发展理念的过程中，从中借鉴有特点、有价值的要素，结合学校的实际情况，分析相关理论产生的背景，本校与他校办学风格、地理位置、师生状况、学校定位等的异同，概括形成自身的特色发展理念。以借鉴的方式提炼特色发展理念，关键在于选准学习和借鉴的对象，并结合实际予以消化吸收，进而形成符合本校的创新的理念。

### （三）构建学校特色文化

学校是一个文化场所。一所学校要进行特色建设，实现特色发展，就必须建设属于自己的文化，实现文化立校（杨九俊，2013）。学校特色发展与学校文化构建密切相关，文化是学校特色的根本属性。学校文化是学校间相互区别的独特代码，同时也是学校凝聚力和活力的源泉。它成功地浸润于整个办学过程，体现在教学的各个环节，渗透到全校上下的言行中，对于学校特色发展建设起到精神引领和价值规范的作用。

通常认为，依据构成要素稳定性的不同，文化可以分为物质文化、制度文化和精神文化。在学校特色发展建设过程中，也要从这三个方面进行考虑。

物质文化是学校文化的基础和载体，属于学校文化的表层，通常以学校建筑、校园景观、教学设施、学校标志等形式体现出来。学校在特色发展过程中，不仅要重视美感和空间组合，更要赋予其特殊的教育意义，使学校建筑排列、教学及休闲和娱乐等区域划分、学校景观分布、学校标识及标志物、教室安排及内部设置、基本教学设施等按照学校文化建设的要求形成一种相对稳定的、特殊的文化场域，对学生产生润物无声的熏陶和暗示作用。

制度文化是学校文化的内在机制，属于学校文化的中层，起到联通上下的作用，常常以管理理念、规章制度、组织结构等形式呈现。在教育治理现代化的建设中，学校章程建设、现代学校治理制度都将影响学校的制度文化。通过学校章程建设，建立学校制度的"根本大法"，引领各项规章制度的规范化发展，使得学校自组织运行做到有章可循，避免随意性。现代学校治理制度的建设以优化现代学校法人治理结构为特征，注重完善学校的组织架构，对不同机构和部门的性质、职能、范围进行明确规定，做到清晰、明确，避免越权、弄权等问题。

精神文化是学校文化的价值指导，属于学校文化的内核，包括学校发展的价值观、文化观、生活观，一般表现为校风、学风、教风等。加强学校校风建设，充分发挥校训、校史、校歌、校徽等学校精神标识的激励、鼓舞作用，促使学生实现从理念到实践的跨越和改变。完善学风、教风建设，注重学生的学习、生活、卫生、行为等习惯养成，鼓励教师牢固树立先进教育理念、育人为本思想，自觉加强师德修养，形成严谨自律的治学态度和学术精神。注重良好人际关系建设，构建民主、平等的师生关系和尊师、爱生的生活理念，通过合理的竞争、经常的对话形成教师之间、学生之间以及师生与学校领导间的和谐关系，利用电话、网络等线上形式和走访、调研等线下形式，形成与家长、社会间的畅通关系。

### （四）建立和谐校社关系

在现代社会，教育事关千家万户，能够充分、合理地利用社区和家长的力量是现代学校成功的重要条件和显著特征。这就是教育治理外部结构网络化发展的初衷。"如果你不和各种各样的涉及相同的和不同的事务、其他的大的网络相连接，那么，令人鼓舞的愿景在理论上的概括、调查和解决问题、获得更大的能力以及建立有成效的相互关系，其效果都是有限的。"（富兰，2004：105–106）学校特色发展也要整合、利用校外各种优质资源，制定合理措施，吸引社区和其他利益相关者的参与，构建和谐的校社关系。

社区是社会的缩影，社区影响、制约着学校特色发展。为充分发挥社区对教育的积极作用，应该将社区的背景、特点和条件融入学校特色发展，统筹协调学校发展与社区发展的良性互动关系，努力把学校建设成为"社区中的学校"，使学校和社区成为教育共同体，确立"校区联系、自主互动"的学校–社区教育共建管理模式。学校需要加强对社区环境的全面考察、系统梳理，发现周边具有特色的办学资源并进行整合、吸收，使其成为学校特色发展的资源。学校也应该积极开放自身的人力资源和硬件设施，开发学校资源与社区资源的转化和共享机制，实现学校特色发展与社区规划发展的协调并进，为社区发展提供服务。如为社区的建设出谋划策，提供思想和理论上的指导；有条件的学校可以把学校的运动场、图书馆、阅览室、实验室等向社区群众免费或低价开放，在促进社区文化建设的同时提升学校的社会形象。建立学校与社区协调沟通的合作机制，学校应该主动与社区联系，向社区公布学校特色发展的理念、方案、实施等情况，征求意见和建议，回应需求，形成学校与社区的一体化发展。

推进学校特色发展，还要强化与其他利益主体间的合作。学校要密切与家庭的交流和联系，获得家长对学校特色发展的拥护和支持，合理利用家长的职业、身份等方面的资源，使其作为学校特色教育资源的补充。加强与企业的合作和联系，制定可行、共赢的合作方案，激发企业参与学校特色建设的积极性，使企业为学校提供适当的资金和技术支持，为学生提供社会实践机会。学校还要加强特色学校间、特色学校与非特色学校间的交流和往来，学习其他学校在教学、管理等方面的成功经验，并分享自身的有益做法，达到互利共赢的目的。

第七章

多元参与战略

党的十九届四中全会指出，社会治理是国家治理的重要方面，应该进一步完善党委领导、政府负责、民主协商、社会协同、公众参与、法治保障、科技支撑的社会治理体系，建设人人有责、人人尽责、人人享有的社会治理共同体。这是新时代背景下国家决策层对社会治理的新解读和新期待，同时也为教育领域治理理论与实践的发展提供了新方向、新方法和新路径。与社会治理一样，教育治理也需要党和政府的力量，需要社会和公众的力量，需要法治的力量，而我们关注的重心是如何挖掘和释放社会所蕴藏着的丰富多彩的能量，让它们自身所具有的特殊教育功能在未来教育改革的实践中得到体现。从教育治理的视角来看，现在要做的就是发现这些主体或部门中的教育要素，并通过体制机制改革使其参与到教育治理中，发挥它们的教育功能，形成对教育的新的理解。本章主要聚焦多元参与，尝试从战略层面提出多元力量参与教育的方向。

# 第一节　多元力量参与教育的背景与实质

随着经济体制改革的不断推进，我国社会结构开始分化，社会形态也逐渐从封闭走向开放、从单一走向多元。在此背景下，教育领域迎来了大变革和大发展的新时代，开始从相对僵化的体制走向日趋灵活和更具生机活力的实践。

## 一、多元力量参与教育改革的时代背景

当教育摆脱传统的作为"家庭私事"的个体实践，发展成作为"公共事务"的国家行动，再到朝着为每个学生提供更高层次、更优质和更个性化的教育的方向不断前行的时候，教育的概念与意义都相应地发生了根本性的变化。这种变化不仅表现在教育所依赖的环境方面，也反映在人们对教育的认识和理解上。假如说最初人们还把教育视为一种由相对简单的要素构成的活动的话，那么随着社会的变迁和发展，教育日益成为一个在要素、系统、内容、类型等方面越来越完善的复杂的综合体。如果还按照以往的思路来认识教育，必然会形成错误的认识和结论。正是在此意义上，人们开始主张进行教育领域综合改革，强调从多个角度、多重立场审视教育改革中的利益关系，通过整合多元力量，形成各主体、各层次、各领域的合力，共同促进教育改革的优化升级。

### （一）教育治理体系和治理能力的内在要求

我国当代有关"治理"的探讨，一般都会以 2013 年 11 月党的十八届三中全会为重要时间节点。这次大会通过《中共中央关于全面深化改革若干重大问题的决定》，明确提出了"完善和发展中国特色社会主义制度，推进国家治理体系和治理能力现代化"的全面深化改革总目标，并且明确提出深化教育领域综合改革的任务。以此作为"理论通行证"，国家治理和其他各领域的治理行动开始受到人们的广泛关注。当然，对于治理的探讨，这并不是开端，因为早在 20 世纪 90 年代有研究者就已经将"治理"的概念引入政治学、管理学、社会学等领域的研究中。教育领域也在 21 世纪初开始引入"公共治理"的概念和理论。尽管这些讨论尚未就教育治理的概念及其理论体系形成一个统一的认识，但是人们都承认，教育治理一定是指向教育公共事务，由多元主体共同参与，协商制定（褚宏启，2014b）。所谓多元主体，就包括政府、学校、社会组织以及教师、学生、家长等公民个体。多元主体的广泛参与看似容易操作，但是要实现教育治理中的真参与，且要形成真正的协商成果，还需要一系列的理念和制度作支撑，因而是一个长期的过程。更进一步，教育治理的达成，最根本的是观念，而观念又与文化有着密切的关系。所以，当前和今后要做的就是以政策文件为载体，进一步在制度设计中凸显多元参与的重要性。从 2010 年的《教育规划纲要》到 2013 年的《中共中央关于全面深化改革若干重大问题的决定》，乃至党的十九大报告后的各项教育政策文件中，以各种表述来体现这一理念的做法已经成为一种常规，譬如"鼓励社会力量兴办教育""政府宏观管理、学校自主办学、社会广泛参与""建立多元参与的协同治理新机制""推动社会参与教育治理常态化"等，都表达了这样的理念。随着理念不断深入人心，它必将在实践中影响人们的行动逻辑，也一定会促进教育治理形成更科学、合理的体系。

### （二）推动实现教育现代化 2035 的重要内容

2019 年 2 月，中共中央、国务院印发《中国教育现代化 2035》和《加快推进教育现代化实施方案（2018—2022 年）》，从国家战略层面总体设计了我国教育现代化的战略目标及其行动路径。这两份文件在战略任务中分别提到了要"推动社会参与教育治理常态化""积极鼓励社会力量依法兴办教育",足以显示出社会力量在未来教育治理中的重要性。以往我们国家强调"穷国办大教育""大国办大教育",这既是中国特色社会主义制度的反映,也是受制于当时经济社会发展状况的迫不得已的选择。改革开放以来,尤其是进入 21 世纪之后,伴随着经济社会各方面条件的大幅改善,我们的教育正在朝着"大国办强教育""强国办强教育"的方向前进。在这种趋势下,任何单一力量或单方面的能量都无法适应教育改革和发展的需求,也难以满足人民群众的教育需求,强调政府"包办"教育的思路更是与新时代的发展格格不入。因此,面对新阶段、新形势,这两个文件共同发出了一个信号:教育治理离不开社会力量的支持,而社会力量参与教育也将会成为我国教育发展的一种常态。这些社会力量不仅包括直接参与教育政策制定或学校教育过程的社区、家长、各类教育组织,还包括教育决策和行政部门、国际教育交流、国家或区域教育战略行动、高新技术产业等。未来也需要寻找和获取更多的社会力量,建立更加科学合理的体制机制,分层分类推动教育治理的深化。

### (三)构建学习型社会/终身教育的必然趋势

学习型社会/终身教育几乎同时出现于 20 世纪 60 年代的西方教育理念和理论创新中,它们意味着人类已经开始着手考虑和建设"学习与教育双向同构、双向运行的新型社会"(万明春,1997)。进入新时代,我国社会主要矛盾发生根本性变化,构建学习型社会和终身教育已然成为一种实实在在的行动路径。这种趋势在历年来国家宏观教育战略中都有明确体现。例如,2002 年党的十六大报告就提出要把"形成全民学习、终身学习的学习型社会"作为全面建设小康社会的奋斗目标之一。2007 年党的十七大报告提出要"建设全民学习、终身学习的学习型社会";2010 年《教育规划纲要》强调"到 2020 年,基本实现教育现代化,基本形成学习型社会";2012 年党的十八大报告提出要"完善终身教育体系,建设学习型社会";2017 年党的十九大报告强调"加快建设学习型社会"。这无疑在宣示我国在学习型社会建设的道路上已经迈出了坚实一步。教育领域改革的进步得益于我国经济社会各方面的发展和进步。有学者认为全民学习、终身学习的学习型社会建构有五个重要前提,包括知识经济社会、后普及教育时代、终身教育体系、促进终身学习的法律制度体系、面向公民的公共教育服务体系的建构和实现（高书国，2008），这就必然要求政府、学校、社会的广泛参与。可以利用学校、社区服务中心、文化馆、青少年活动中心等多种载体，提供类型多样的教育内容和学习资源。未来的教育已经不再仅仅局限于学校之内，学校甚至可能只是众多学习组织之一，会有更多的机构和组织承担起不同类型、不同时段、不同需求的教育。因此，要"动员全社会力量参与、支持与配合。中央与地方上下统筹，地方与地方左右协同，教育部门与各个部门通力合作，落实主体责任，形成监督机制，合力推进实施"（高书国，2019）。正是在这样的背景下，多元力量参与教育治理才显得尤为急迫，也是我国教育体制机制改革的重要方向之一。

## 二、多元力量参与教育改革的政策演进

通过国家决策和制度建设自上而下地推动教育改革，是新中国成立以来我国教育改革的主要特征，也是极具中国特色的教育改革行动路径，新中国成立以来的教育改革行动都是沿着这一路径不断前行的。

### （一）走向开放的价值取向

以 1978 年改革开放为界，我国教育改革大体上形成了两个鲜明的发展阶段。1949 年至改革开放为第一阶段，这一阶段主要是国家接管和改造旧教育、旧学校，建立统一的公办学校；颁布新学制，制订全国统一的招生计划和课程教学大纲；统一招聘教师，对毕业生进行统一分配，建立了与国家公有制紧密相关的教育体制。这个过程是一个权力不断"上收"的过程，它把原来相对多样的和零散的学校与教育资源统一集中到国家手中，有利于整合全国的教育资源，满足国家和社会发展对人才的需求。改革开放后至今是第二阶段，1978 年改革开放之后，我国开始探索建立社会主义市场经济体制。教育领域的改革主要是简政放权，激发教育活力。1985 年《中共中央关于教育体制改革的决定》提出：要从根本上改变这种状况，必须从教育体制入手，有系统地进行改革。改革管理体制，在加强宏观管理的同时，坚决实行简政放权，扩大学校的办学自主权；调整教育结构，相应地改革劳动人事制度。还要改革同社会主义现代化不相适应的教育思

想、教育内容、教育方法。以此为重要转折点，教育领域开始了一个权力"下放"的过程，中央政府向地方政府放权，政府向学校放权。在这个过程中，多元力量开始重新关注教育。总体上讲，两个阶段教育改革的基本目标是一致的，都要建立与国家政治经济体制相适应的教育体制。

### （二）教育"赋权"的政策过程

上述权力的"下放"是一个漫长的过程，绝不是一蹴而就的。可以说，我国教育治理权力的分配与再分配经历了阶段性的探索，至今未完成。

#### 1. 从"禁止"到"允许"

从"禁止"到"允许"，这是多元力量参与教育改革的重要进展。改革开放后，教育领域与经济、科技等领域一道，成为推动社会各领域改革的抓手。改革的主要方向就是打破僵化的体制，激发地方和学校的活力。其中，在办学体制、教育经费、教师培养培训等领域，多元力量的参与表现得尤为明显。1985 年《中共中央关于教育体制改革的决定》强调，要动员和教育全党、全社会和全国人民关心和支持教育体制改革，发展教育事业。鼓励各民主党派、人民团体、社会组织、离休退休干部和知识分子、集体经济单位和个人，遵照党和政府的方针政策，采取多种形式和办法，积极地自愿地为发展教育贡献力量。尽管这里所表达的内容多多少少还带有过去政治动员的成分，譬如强调通过"动员"的方式调动力量参与教育，就是过去发动群众的一种手段。但是，不可否认这一制度安排已经是对原来教育体制的巨大突破，因为在参与的背后，反映的是人们教育观念的转变以及对教育性质的重新审视。又如，在教师的培养上，改革开放初期师范教育改革的重心在于恢复和建立三级师范教育体系，形成相对完整的制度规范。随着经济社会的不断发展和对教师的急切需求，国家开始强调构建开放性教师教育体系，主张综合性大学和非示范性院校参与师资的培养。此后，又强调建立开放灵活的教师教育体系，鼓励综合性大学开展教师教育，建立高校与地方政府、中小学协同培养机制。

#### 2. 从"支持"到"鼓励"

从"支持"到"鼓励"，这是多元力量参与教育改革的深化和发展。政府对体制内的教育组织和教育资源有着相对严格的约束，相应的，这些组织和资源也需要谨慎地遵守政府部门制定的政策和规定。但是对于体制之外的多元力量而言，它们与政府的关系则相对松散，它们的一些行动和实践不太受到政府强制的约束，因而能最大限度调动各方积极性。从这个意义上讲，体制外的教育力量和教育资源能够更有效和更灵活地发挥作用。事实上，改革开放后教育体制改革的主要意图也正是把这部分力量的积极性调动起来，赋予基层和地方更大的教育活力（范国睿，2015）。为此，国家在政策层面不断地放松所谓的"警惕"，逐步而谨慎地扩大和开放社会力量参与的范围与层次，如从最初的"调动社队集体、厂矿企业等方面办学的积极性"到"社会力量是国家办学的重要补充"，从"对社会力量办学实行积极鼓励、大力支持、正确引导、加强管理"到"鼓励社会力量以各种方式举办高中阶段和高等职业教育"，再到"形成公办学校和民办学校优势互补、公平竞争、共同发展的格局"。当然，这种态度的转变和观念的形成，从根本上得益于多元力量在改革中所迸发出的巨大能量，以及它们在激发教育活力上所具有的天然潜能。实践表明，体制外多元力量的参与，有效解决了政府力所不及的教育问题。譬如，作为教育事业发展的重要增长点和教育改革的重要力量，民办教育的发展极大地促进了教育公平，民办幼儿园、民办小学、民办初中、民办普通高中、民办高校等为国家各级各类教育提供了重要补充，为适龄学生创造了教育机会，也为经济发展提供了新的动力。

3. 从"制度"到"体系"

从"制度"到"体系"，这是改革开放不断深化背景下多元力量参与教育改革的新阶段。教育改革是一场深刻的制度革命，以制度变革和创新推动教育革新，这是我国教育改革的重要路径，也是实现教育现代化2035目标的重要保障。如果说以往的改革是从某一个方面或某几个方面出台专门的政策制度解决多元力量参与过程中特定问题的话，那么随着改革开放的不断深入，这种政策和制度正在逐步体系化，以一种更加完备的形式确保多元力量参与教育改革的合理性和正当性。譬如，改革开放以来，我国教育财政制度经历了分级包干财政体制、多渠道筹措教育经费制度、公共教育财政制度几个阶段，现在正在为建设面向未来的教育财政制度而努力。面对教育经费紧缺问题，国家也通过多种形式吸引社会各方共同投入教育。当前，教育财政制度不仅要确保教育经费的稳定增长，建构以财政为主、多措并举的教育投入长效稳定增长机制，更主要的是，要建立健全教育投入制度体系，包括教育财政预算制度、4% 教育财政外部比例制度、两个"只增不减"的一般公共预算增长制度、基于生均经费的教育财政资源配置制度、教育成本分担机制及社会投入激励机制等系列化和体系化的制度（范国睿 等，2018：362）。这就意味着教育改革要超越以往单一、碎片化的政策制度设计，从更宏观、更综合和更系统的角度进行系统的制度设计，为多元力量参与教育改革提供坚实的保障。实际上，教育管理制度、现代学校制度建设、课程建设、德育建设，以及教育督导与评价等领域都已经或正在形成系统化的制度体系。

## 三、多元力量参与教育治理的本质

无论如何，"治理"一词的出现总是不免会与"统治""管制"等词汇相联系，它更多地表现为一种柔性且有节制的权力，与权力有着密不可分的关系。这也就意味着，即便在强调治理的背景下，它依然并不完全排除权力和利益，只是说在地方分权的背景下，那种完全的国家层面整体利益至上的观念开始受到冲击。对教育治理而言，本质上主要涉及三个方面的问题：一是教育治理的过程体现民主，尊重多元主体的参与权利；二是主张过程的协商，即教育治理过程应该给予各利益主体讨论、协商、修正的机会，体现参与的价值；三是强调利益的获得，即教育治理要谋求参与各方的利益共赢。教育改革从"管理"走向"治理"，其突破口就是转变政府职能、简政放权，最大限度地吸引社会多元力量参与教育治理。因此，无论是基于理论的建构还是源于实践需要，教育治理都需要政府、市场和学校以外的社会力量的广泛参与，这是教育发展的新动力，也是教育治理的基本精神。在具体的实践中，倡导多元社会力量参与的前提是要解决一些技术问题，或者说需要建立特定的原则和规则系统，以确保它们能真正参与到教育治理中来，而不是流于形式。

首先，基于平等地位的参与。多元力量参与教育治理是一个赋权的过程，即赋权给那些与教育有密切利益关系的组织或个人，使其参与教育政策的过程。在中国语境中，它的基本过程就是政府简政放权，政府主要进行方向性、宏观层面的指导，将本不属于政府的或者由其他主体运行可能会更有效的权力下放给市场或社会，最大限度调动各方积极性。要赋予参与者话语权，确保所有的参与都是正当的、合法的。尽管社会力量的参与并不意味着它们能够主导决策过程，但是至少要让教育问题在进入教育议程的过程中变得可以讨论，要根据不同事项的性质差异相应地确定多元力量参与的限度和程度。所以，要确立参与者平等的权利，确保多元力量在参与过程中的意见和建议不因权力地位的差距而被选择或被忽略。

其次，基于充分协商的参与。如果平等地参与只是确保多元力量都能够有机会参与教育治理的话，那么它们若要真正参与其实需要一个复杂的过程。无论是基于民主的角度还是政治的立场，协商都是构成治理或教育治理的关键一环。协商具有多元性、合法性、程序性、公开性、平等性、参与性、责任性和理性等特征（陈家刚，2005）。这些特征决定了协商既可以被理解为一种决策的程序，也可以被理解为一个行动的过程，它反映的是多元的价值和偏好，主张针对公共事务，各方参与者都能根据自身的利益和观点参与具体问题的讨论与辩论，最后形成某种共识。亨德里克斯（C. Hendriks）强调，民主决策是平等公民之间理性公共讨论的结果，正是通过追求实现理解的交流来寻求合理的替代，并做出合法决策（Hendriks，2002）。也就是说，多元力量的参与不仅仅在于提出自己的观点，追求各自的利益，更在于在讨论和辩解的过程中，通过相互妥协，形成具有集体约束力且具有合法性和正当性的决策。对教育治理而言，充分的协商就是实现以下几个要素：一是作为教育治理主导者的政府，多元利益格局中的学生、教师、家长、社区，以及各种非政府组织、社会组织、企业等多元主体，都应该参与协商；二是教育协商主体要在自身偏好的基础上，通过讨论和协商实现偏好的转换；三是充分地讨论，针对教育中的某些问题，开诚布公地讨论和提出建设性的意见；四是教育公共利益的实现，即在所有的观点和讨论中寻求利益最大化的行动；五是达成教育共识，这种共识既是协商的结果，又是行动的纲领，要在达成共识的基础上有效地将这种共识落实到行动中。协商是多元参与教育治理的重要步骤，也是最能体现教育治理理念的实践。

再次，基于教育特征的参与。所谓基于教育特征，是指在教育问题的讨论和决策过程中，应该始终坚持教育的立场，不仅要让教育各利益主体参与到教育治理的实践中，也要通过教育治理的过程培养人。在教育治理实践中，所有的参与、协商和决策都应该是以培养社会主义建设者和接班人为根本任务，以实现

"公平而有质量"的教育为时代主题，以全面优化教育制度体系为行动路径，建构一种"好治理"和"好教育"（褚宏启，2014b）。偏离了这一任务、主题和行动，教育治理就达不到改革的目标。因此，无论是政府出于公权使用的立场，还是市场出于利润获取的本质，或是社会各领域出于各自生存的需要，一切参与和协商都应该有助于教育结构和层次的优化、教育质量的提升，以及教育公平的实现。

# 第二节　教育治理时代的多元力量参与

如果说"治理"在 20 世纪末的中国尚属于一种价值理念的话，那么到今天，尤其是经过国家层面自上而下的改革和推动，它已然不再仅仅是一种理念，而是成为具有操作性和应用性的实践行动。本节主要关注的是在新的教育实践探索中，多元力量参与教育治理的基本方式和基本内容。

## 一、多元参与战略的基本图景

就实践层面而言，多元力量参与教育在我国是曾经存在过的，从一定意义上讲，它甚至构成了我国的重要教育传统。譬如，在传统社会结构中，以乡绅为代表的中间阶层就是参与教育的重要力量，他们尤为关注地方社会秩序的建设，尤其是教育在建构礼教秩序上的特殊作用，因而往往通过建立各种民间组织参与地方的各种公共事务，而各类地方教育组织就成为地方公共事务管理中心（衷海燕，2005）。在参与主体方面，中国传统士人在变革时代也或主动或被动地参与到了教育变革的历史洪流中，产生了各种截然不同的心态（陈胜，田正平，2011）。在正式组织方面，民国时期地方型的教育会、事业型的教育社、学术型的教育学会构成了教育研究组织的基本形态，它们构成了教育改革"第三条道路"的主要力量（张礼永，2011：摘要）。就此而言，我们似乎更加确信，其实一直以来我国的教育发展都伴随着多种力量的参与，并不存在某一种力量绝对主导教育的情况，也不存在绝对的多元力量的参与而导致的"一盘散沙"式的教育发展，这就促使我们思考，究竟怎样的一种状态才是教育治理？是不是说上述教育行动的发展就意味着它就是教育治理？或者说这种形式的教育实践就带有治理的某种成分？

　　显然，当代教育治理与以往教育改革中的参与有相似的地方，也有本质的区别。就相似的地方而言，它们都与权力有着密切的关系，人们可以从政治、经济、文化、历史等多个层面出发对治理进行解读，但是归根结底它们的交汇点都集中在了权力和权力机构上。治理不仅意味着权力的正当性，而且是可以证成的。也就是说，这种权力是可以被证明的，它或者是审慎理性的，或者是道德上可以接受的。它们的区别在于，随着现代国家的建立和经济社会的转型发展，教育已经发生了较大幅度的变化，因而不能简单地认为只有政治原则或制度发生了改变而其他方面没有变化，实际上经济、社会、文化、科技、环境都在发生变化，其中经济转变对教育改革起着更大的作用。因此，现代意义上的教育治理更加凸显以下三方面特点。一是多主体的合作。教育治理中的公共部门和私人部门、社会组织等之间是互动的，都致力于建构一种网络化的紧密关系。二是各级公共权力的相对化，各教育部门都要面临"跨界"的合作和交流，要适应多样化社会部门的行动规则和逻辑，教育政策面对越来越多样的学习者，等等，没有哪个部门具有绝对的、不可挑战的权力。三是扩大协商的范围，包括不同教育主体利益的协调、教育规律与教育理念的协调、教育价值与政策制度的协调等。

　　将视线转移到现实教育治理实践，我们还要关注中国的特殊语境。尽管改革开放后中国社会开始走向开放，无论是政治领域还是经济社会诸领域都发生了巨大变化，尤其是国家治理方式也发生了变化。我们倡导推动一种基于国家框架的多元参与战略。首先，坚持党的领导和教育方针政策，侧重具体的实践而非建构特定的价值体系。其次，多元力量参与重在分析和挖掘不同社会组织、机构或个人的教育价值和因素，使之转化为可供学生选择的教育资源。再次，多元力量参与应该是多类型、多样化、网状的合作互动，并能够真正对教育机构产生直接的或间接的正面影响。最后，多元力量参与是长久的、系统化的合作，是汇集各方点滴的力量促成一定范围的教育结果，而非规模化的、统一化的教育改革行动。实际上就是说，多元力量参与是对政府推动的教育治理和教育改革的一种有效补充，是对国家教育职能的一种有效辅助和支撑，是推动教育优质发展和提升教育公平的重要力量。

## 二、多元力量参与教育治理的行动路径

在当代中国，随着改革开放的不断深入和经济社会的进一步发展，教育改革正在向着更高远的未来前进，教育领域的这一发展趋势为多元力量的参与提供了肥沃的土壤和广阔的舞台。事实上，在过去的教育改革实践中，各种类型的社会组织都通过各种方式以各自的特点参与到教育治理体系和治理能力提升的教育改革实践中，发挥着广泛而深刻的作用。那么，究竟是哪些力量参与了教育治理实践？它们参与了什么？它们又是通过怎样的方式参与的？

### （一）谁来参与？

2019 年中共中央、国务院印发的《中国教育现代化 2035》提出，鼓励民办学校按照非营利性和营利性两种组织属性开展现代学校制度改革创新，推动社会参与教育治理常态化，建立健全社会参与学校管理和教育评价监管机制等要求。《加快推进教育现代化实施方案（2018—2022 年）》也强调"积极鼓励社会力量依法兴办教育""深化教育领域放管服改革，深化简政放权、放管结合、优化服务改革，推进政府职能转变，构建政府、学校、社会之间的新型关系""推进学校治理现代化"。这两个对当下和今后来说都非常重要的文件均提出要推动教育治理的实现，并从不同的侧重点强调了把多元力量参与教育作为未来改革和发展的重要战略任务。这就提示我们，未来教育治理一定会朝着多元参与的方向改革。

首先，教育是公共事务，政府依然且必然是教育改革和发展的主导者和参

与者。近代以前的教育更多地表现为家庭或个人的私事，它是建立在个体经营的自给自足的自然经济基础上，因而不是普及的，教育过程也主要是以个别授课的方式进行。到了近代，随着生产的社会化，教育事业也逐步演变成一种公共事务，接受教育成为个体在社会中应有的权利和义务，教育本身也开始逐步正规化、制度化，开始形成制度化的教育目的、教育内容、教育过程、教育者和受教育者，教育自身也开始体系化、系统化（陈桂生，2012：222–225）。直到现在，教育的公共属性并没有发生根本性的变化。政府依然是办教育的主体，依然要确保公民的受教育权，这是政府的重要职责。现代政府最基本的教育责任之一，就是通过制定教育政策，为教育的发展提供既能够保障教育公平又能够在此基础上保证效率的教育制度，即保障实现教育利益和教育公共参与机会的"最有效率的公平分配"（樊纲，2004）。因此，在现代国家中，政府要发挥在促进教育公平中的主导作用，通过一系列制度设计和机制安排，有效地实现教育的公益性和公平性。

其次，市场。市场参与是教育改革和发展的重要动力，当然前提是不能冲击教育公共性这一根本属性。新中国成立之后就确立了政府"包办"学校的公有体制，基本上以政府主办的公立学校为主。改革开放后，开始恢复和举办民办学校，为更多的人提供受教育的机会。由此也引发了人们关于教育作为"公共物品"的属性的讨论。这些讨论有助于人们形成对教育的更深刻的认识。事实上，无论这种讨论的结果是什么，它都很难阻止这样一种趋势，即市场经济或者市场的逻辑对人们观念的影响以及对教育观念的影响已经深入人心。人们纷纷在学校教育之外寻求更多、更好的教育资源，而这种资源很大程度上就来源于市场。也就是说，在教育资源可以"买卖"的背后，实则反映了人们对于优质教育资源，或者说希望在激烈的教育竞争中"占得先机"的朴素愿望。20 世纪 70 年代以后，随着经济全球化和市场竞争的日趋激烈，人力资本理论颇为盛行，在美国就形成了一个针对教育质量的公立学校改革和教育市场化改革的议题，其中就有观点主张教育应该市场化，将自由市场原则引入美国教育体系中，以私立学校的办学模式改革美国的公立中小学（丘伯，默，2003：1–23）。这也促使了美国在20 世纪 90 年代的教育市场化改革，即将市场的自由竞争机制逐渐引入中小学教学质量改革中，通过放宽统一管理和控制、教育分权、择校、公立教育私营化等措施，推进教育的市场化改革，目的就是让教育消费者的选择在教育市场中具有最大机会，促进教育资源配置的最优化，使学校教育为教育消费者提供最好的服务（丘伯，默，2003：1–23）。改革开放后，尤其是 21 世纪以来，市场经济的深入推进深刻地影响了我国教育实践的发展，教育领域在各方面都开始凸显市场的因素，如民办教育迅速发展，包括各种培训学校、课外补习等，都在有力地补充着义务教育的发展。因此，市场也是教育治理的重要主体。

再次，社会。社会力量参与教育治理是教育治理的基本精神，也是教育治理区别于其他管理理论与实践的最具标志性的地方。治理理论的基本价值理念在于，它主张政府不再是唯一的治理主体，重塑国家和社会的关系，形成和建构多中心治理模式和社会网络组织体系，强调以民众为中心，各种利益相关者进入并参与公共政策制定、执行过程，积极沟通和合作（姜美玲，2009）。这样，就对治理与以往传统的行政管理进行了有效区分。教育治理是治理在教育领域的综合运用，治理的价值理念在教育领域中的改革中也显示出勃勃生机，它强调政府、社会、市场、公民个人等多主体的参与、对话、谈判和协商，通过集体行动共同参与教育公共事务。在共同参与的过程中，如果说政府重在以强制促进教育公共利益，市场机制重在追求私益的话，那么社会机制则重在以志愿追求公益，非营利、公益性、自主性、灵活性等是其基本的特点。社会机制的参与不仅有效补充了政府在确保教育公平上薄弱的地方，而且不会产生市场逻辑下的利润分配之嫌疑。教育治理现代化建设应该在实践中发现更多的社会力量，建立更有效的制度和机制，确保社会组织的顺利参与。

### （二）参与什么？

多元力量参与教育，究竟要参与教育的什么？或者说参与之后要形成什么样的教育？它究竟在多大程度上实现或者完成了教育管理的转型？是关注形而上的价值理念还是带有实践性的具体教育行动？是侧重于政策制度设计还是营造某种教育文化？是侧重于以实际行动积极地参与教育改革还是对改革进行理性的批判和反思？这些都是思考多元力量参与教育治理时必须要关注的问题。同时，还需要明确一个前提性的、根本性的问题，即中国语境中的教育治理应该是一种怎样的模式。

尊重传统，基于现实，着眼未来，必须在充分确保政府宏观指导功能的基础上，建立具有现代国家理念和治理理念的教育治理体系，确保政府与非政府组织、企业、个体在相互作用的基础上有效合作，共同解决教育公共事务。所以，构建中国的教育治理体系，必须基于中国的国情，形成国家主导下多元力量参与的格局，而不是完全的网络化、多中心的结构，这是与我国教育改革实际相结合的最优选择。

那么，在这样的格局下，多元力量究竟参与教育的什么？在教育治理的理念和体系下，多元力量参与教育治理，实际上意味着对各自在教育公共事务中的"权利"和"利益"的追寻。真正的教育参与应该是基于教育治理的"善"并最终实现教育的"善"，即"善治"。其实教育善治的最后目标不仅仅在于办成"好教育"，实现教育领域公共利益的最大化（褚宏启，2014b），还在于捍卫多主体参与的"权利"，对多元力量参与教育形成一种共识，即这是一种得到法律保障的正当权利，任何组织和个人都不能损害这种权利，这也是教育善治的重要内容。只有通过法律保障形成多元力量参与的习惯，进一步发展成一种常识、一种被人们认可的行动意志，才是真正的善治，也才能在较大程度上改变教育治理的生态。

当然，形成教育治理的生态需要长时间的改革和积累，对于当下中国教育改革和实践而言，多元力量参与教育治理，应该着重关注以下几个方面：第一，多元力量的教育参与侧重于具体行动而非态度。多元力量参与教育主要是为了补充政府教育职能或行为中所缺失的部分，重点在于教育服务本身而非与教育性相关的价值体系建设。虽然多元力量都是带着自身的利益和价值观念有目的地参与到教育治理中去，尤其是参与到学校教育中去，但是参与并不意味着就有主导决策的权力，多元力量的参与在实践中更多地表现为一种灵活的、程度不一的合作共商机制。第二，多元力量参与教育治理而不是教育管理。教育治理侧重的是不同教育主体针对教育公共事务，通过不断的协商和妥协，最终形成一个共同认可的行动方案。这一过程表现为决策过程中多元力量的参与、互动和协商。一旦确定行动方案，便进入教育政策的执行过程，这一过程需要专业的规章制度和基本程序，这个过程中就不能出现类似决策过程中的那种协商和妥协，要保证政策执行的效率、效果和效益。第三，多元力量参与教育治理应该促进政府教育决策。虽然鼓励多元力量参与教育治理，但是并不意味着所有主体都具有同等的权力。现代国家依靠制度、税收、公共财政等手段建立了公共教育系统，将教育从私人的事务转变为公共的事务。因此，多元力量参与教育就只能指向政府、教育行政机构以及学校，因为政府、教育行政机构和学校对于教育拥有最终的决定权。应该根据教育公共事务的性质和层次，科学决定多元力量参与的范围和深度，根本目的在于促进教育朝着更加公平和更有质量的方向发展。第四，多元力量参与主要是指以各种正式或非正式组织为代表的多元力量的参与。除了政府教育职能部门外，学校、企业、营利性组织、社会组织、公民个体等都有参与的路径和方式。当然，以企业、营利性组织为代表的市场活动主体也有参与教育的可能性和必要性，但它们参与的应该主要是非教育过程或活动，而不是构成教育活动本身的课程、教学等内容。第五，多元力量参与教育治理，要能够形成教育合力。参与不仅包括那些能够对政府和学校决策产生影响的活动，还要形成合力，产生实际的效果。多元力量具有不同的教育功能，首先要在层次和范围上对多元力量进行一定的分类，确保它们在不同的层次和范围上释放不同的潜力。只有某一个或某几个主体能够对政府或教育行政部门决策产生影响，并且它们能够与政府或学校形成良好合作关系并产生实际效果时，才能更进一步为其他主体的成功参与提供参照条件，形成更大范围和深度的教育参与。总之，多元力量参与教育治理，必然要求这些主体与政府、教育行政部门和学校之间在理念上、制度上、机制上、行动上形成某种可以期待的效果，将不同种类、不同类型、不同性质、不同层次的多元力量进行整合，推动更大范围的教育变革。

（三）如何参与？

自上而下地动员和组织是现代中国社会变革的基本方式，也是社会结构转型的主要作用机制。多元力量参与教育治理也是在这样的背景下进行的，它的发生既是教育实践变革的需要，也顺应了国家层面的改革和战略的趋势。当前我们推动教育治理体系和治理能力现代化，也要在这样的背景和趋势下，建立特定的、制度化的参与渠道，以促进和优化多元力量参与到教育公共事务的决策之中。要看到，在教育体制上，国家依然具有极强的组织和管理能力；在办学体制上，公立学校依然是主要的办学形式，民办教育和其他类型教育都是公办教育的补充；

在教育管理上，国家自上而下的教育管理依然具有极强的执行力；等等。因此，国家仍然是合法性的首要提供者，带有国家权威特性的象征符号在社会经济生活中仍然保持很高的价值（孙立平，晋军，何江穗 等，1999：16-17）。因此，这种自上而下的动员参与构成了多元力量参与教育治理的主要形式。在参与的形式上，至少有以下几种路径：第一，"补偿式"参与，这种形式的参与主要围绕教育中的弱势群体展开，目的是补偿他们出于种种原因未能享受或者错失的教育改革红利，使其有机会获得与其他群体同等的教育发展机会。第二，"市场式"参与，这种参与主要强调以准市场的原则参与到教育中去，多是企业或民办非企业组织依靠自己提供的特殊教育服务参与到教育改革和学校发展中，同时也会获得一定的利益。第三，"行政式"参与，这种参与主要是部分公益性社会组织借助一定的政府支持参与教育改革和教育设计。例如，中国青少年发展基金会最初就是借助了中央领导人的题名或题词，为自身的行动赋予教育上的合法性和正当性，并通过自身组织的服务宗旨和教育服务，赢得了社会各界的广泛尊重。当然，除此之外还有其他多种参与形式，各方力量都基于自身对教育的理解，在国家教育改革的航船上发挥自己的力量。

## 第三节　多元力量的培育策略选择

从教育治理的角度来看，无论是基于理念的诉求还是实践的需要，多元力量参与教育都是当下乃至未来教育改革的必然趋势，也是教育改革普遍规律的应有之义。相对封闭的教育改革在过去的特定年代中曾经发挥过积极的作用，但是在教育不断走向开放，尤其是教育国际化、教育现代化、教育信息化不断深入的当代社会，教育治理也应进行相应的改革，以适应当今和未来社会的发展。从战略层面出发，促进多元力量参与教育治理需要重点关注以下方面。

## 一、普及价值理念

价值理念的宣传和普及是未来教育治理的必然要求，也是推动多元力量参与教育治理的关键一环。在某种程度上甚至可以说，教育治理的实践和运行必须以价值理念的普及和思想的解放为前提。首先，坚持理念引导战略。要进一步对教育治理的理论和基本范畴进行深入讨论，尽可能凝聚社会共识，让社会各界真正理解教育改革的目标；要对教育治理主体多元化、权力多中心化、结构扁平化、契约关系等理念进行深入阐述和讨论（王晓辉，2007）。这些价值理念不仅是当前教育治理实践的重要依据，也是未来教育治理改革的理论基础。要聚焦教育治理的过程，将民主决策、公开透明等原则纳入教育治理的框架体系中，使之成为实践准则和任何个人或组织都不能破坏的准则。其次，推进协商和协商治理理念的讨论。要探讨协商治理的理论基础，结合新公共管理、新公共服务等理论思潮，从思想史中合理定位和描述治理的理论定位与理论脉络；深入理解和讨论协商民主及其理论，将协商民主的理论运用到协商治理的实践中；探讨和摸索协商治理的理论模式和实践范式，为协商治理在教育领域的实施提供可以参照的实例。再次，增强教育利益相关者的权利意识和责任意识。治理理念是以权利和责任的划分为重要前提的，多元主体、权力多中心和治理扁平化也必然以清晰的权利和责任为保障，要让各个利益主体在价值理念上确认自身的权利和责任；要坚持权利和责任的一致性，拥有特定的权利就要履行相应的责任，不能有责无权，也不能有权无责；要从法律和法规层面对教育治理实践中的权利和责任进行明确规定。

## 二、完善法律制度

完善法律法规体系，全面推动依法治教，是加快教育现代化、建设教育强国的迫切要求，也是长期以来教育事业改革发展的经验总结。首先，加强统筹规划，抓住《中华人民共和国教育法》等一揽子法律修订的契机，加快制定和实施

"学校法""社会组织法'等法律，从法律层面对政府－学校－社会的制度性关系进行深层次调试，强化政府教育责任，更新教育治理理念，调整教育行政方式，凸显公平和效率。其次，全面推进依法治教。要树立依法行政意识，配齐配全教育执法力量，牢牢树立执法是教育部门法定职责、法定职责必须为的意识；要加强依法行政，明确政府、学校和社会之间的权力边界，推进教育法律法规规章有效实施；要以依法治校为重点，加强学校自主性建设，全面提高各级各类学校治理水平；加快学校章程的制定和实施，引导学校面向社会依法办学、自主发展、自我约束。再次，注重优化治理结构，依法鼓励、支持、引导和规范市场力量、社会力量参与教育，确定这些力量与教育相结合的边界，促使多元力量在教育治理实践中发挥积极、正向的教育功能；鼓励与支持市场和社会力量基于自身特点建立与教育的联系，通过相互合作和协商，弥补政府教育职能在某些特定方面的缺失；规范市场和社会力量参与教育的行动，反对与国家教育方针政策相违背的教育理论与实践，排除危害学生身心健康的教育内容和方法，抵制不良市场或社会力量侵害教育事业和学校教育。

## 三、改革体制机制

体制机制改革是推进多元力量参与教育治理的重要步骤。首先，要进一步释放空间。加快政府教育职能转型，建设服务型政府；继续解放思想，正确认识市场和社会力量参与教育的趋势，为多元力量参与释放更多自由流动的空间和自由流动的资源，激发教育活力。其次，以制度和机制为抓手，完善一系列制度设计。进一步完善准入制度，分层分类建立多元力量参与的目录和结构，完善人员、商品、技术、服务等内容的准入制度；进一步简化并优化多元力量参与的资格审查和审批制度，标准引领，明确多元力量参与的基本条件和基本原则；参与过程中，加强对多元力量的负面清单管理和事中事后监管，给多元力量以适当空间；建立多元力量参与教育的信息公开制度，定期对各层次各类别组织或个人参与的实际情况进行公布，建立信息数据库，避免服务项目的重复建设和过度建设。再次，建立和完善退出机制。建立评估制度，定期对所有参与者的参与效果和效益进行评估；建立组织和个人的信誉评价制度，通过信用积分，奖励那些真正参与且有效改进教育实践的组织或个人，惩处和纠正可能有害或不利于教育改革与发展的组织或个人；建立多元力量参与教育治理的"一票否决"制度，对于未按要求开展教育服务的组织或个人要进行相应的惩罚。最后，建立教育治理运作的秩序和规则。教育治理既强调权力的分享，也注重实践中的联系和合作，联系和合作必然要建立在秩序和规则的基础上，明确教育实践开展的行动规则，确保教育的良好秩序。

## 四、提升专业资质

无论是组织还是个人，提高自身的教育参与能力都是教育治理的关键。首先，要从整体上提升相关人员的教育素养和民主素养，深化教育理解，积累教育常识，形成民主参与与理性参与的素养。其次，加强各类参与组织的专业性建设。专业性是多元力量参与教育治理的生存保障，也是推进教育质量提升的根本所在。要坚持专业精神，强调以不同的专业知识和不同的视角认识教育问题，一道解决教育问题；也要坚持志愿主义，提倡教育的情怀和乐善好施，以巨大的教育热情投身教育治理的实践中；面对复杂的教育问题，要坚持跨学科、跨专业、跨领域的教育合作；要加强多元力量与教育问题的"对口专业性"，以专业的力量解决专业的教育问题，以多元的"支流"汇聚成教育改革的"洪流"；要坚持组织的信誉和品牌，保证作为参与者的组织或个人的合法性、科学性和有效性，以专业性形成服务的高信誉度，以高信誉度树立教育服务的品牌，以品牌建设促进多元力量参与教育治理的生态建设，形成良好的教育生态。最后，要关注教育的性质。教育治理实践不同于其他领域的实践，它始终强调所有利益主体都能参与且比较温和的教育管理，强调要关注教育公平的实现和教育质量的提升，在实践中也要关注教育活动所具有的育人特性，坚持立德树人。

第八章

# 教育信息化战略

当前，人工智能、大数据物联网以及区块链等新兴信息技术正全方位地改变着人的存在和发展逻辑，从而也影响着教育治理的演进。为了回应和落实党的十九大提出的办好网络教育的任务，教育部于 2018 年 4 月发布《教育信息化 2.0 行动计划》（以下简称《行动计划》），对新时代我国教育信息化工作的目标、任务和发展路径进行了战略部署。这一先导性工程将推动教育观念更新、模式变革、体系重构，推动信息时代治理新模式的探索，必将带来教育科学决策和综合治理能力的大幅度提高。因此，推进教育现代化，应进一步发挥信息化在职能转变、决策支持和服务、流程再造等方面的作用，深入推进治理信息化，全面提升治理能力。

# 第一节　信息化与教育治理现代化

以党的十九大召开为标志，我国教育现代化踏上新征程。习近平总书记明确提出没有信息化，就没有现代化，赋予了新时代教育信息化新使命，也因此推动教育信息化发展升级。在《行动计划》引领下，信息化建设应促进数字资源、优秀师资、教育数据、信息红利的有效共享，致力于教育服务供给模式改造及治理水平提升。

## 一、教育治理对信息化深入发展的影响

不同于以往的其他类型的颠覆性技术，大数据、区块链和人工智能等新兴信息技术被视作可以支撑所有产业变革的通用性技术，因而在世界范围内被提升到了国家战略的高度。以人工智能为代表的新兴信息技术具有广泛的社会溢出效应，自然也使教育治理面临挑战。具体而言，这种挑战主要体现在如下几个方面。

首先，从教育治理的过程看，高度行政化的实施路径使教育治理中的新兴信息技术缺乏足够支撑力。人工智能等新兴信息技术的问世及其应用范围的不断扩大，改变了教育生态，重新定义了教育治理架构，并在客观上提出重构治理模式和法律规则的诉求。但尽管通过信息化1.0时代的建设与发展，提升了信息化和智能化水平，但强行政化逻辑的传统模式仍然处于主导地位的局面没有多少改变。这一逻辑主要体现为内部治理过程行政权力的集中和泛化倾向，也内在地渗透到治理过程的方方面面。政府、市场和社会"三元"教

育治理结构的孱弱与失衡，使治理主体上下级之间存在较为浓烈的单向度色彩，左右甚至支配着教育资源的运作规则。

我国社会结构分化程度较低，规范的市场和成熟的社会组织尚未形成，教育机构与政府形成了强有力的行政隶属关系和资源依赖关系，管理体制则以行政管理为主。利益相关者主体边界很清晰，教育治理结构表现为以办学单位为客体、以政府为主体的单元化线性关系，教育系统更多地接近于卢曼（N.Luhmann）所界定的"区隔分化系统"，而并非完全意义上的"功能分化系统"。这种科层制治理结构阻碍了新兴信息技术对人才培养、教育教学、组织治理等领域的深度介入，也不利于对教育的未来发展方向以及可能或正在发生的重大教育事件作出准确预判从而进行科学决策。尤其是当前民生受到重视的时代，教育领域的突发事件、群体性事件及其他恶性事件等备受媒体关注，如果决策不及时、不到位或违背教育规律，就可能导致矛盾激化，引起连锁反应，造成重大损失，严重影响政府等治理主体的形象，造成大量人力物力损失。因此，调整教育治理结构和治理逻辑，在我国新兴信息技术发展战略规划的指导下，构建开放性、多元化、不确定性的智能社会需要的组织形态和运作模式，是当前教育治理所面临的挑战之一。

其次，从治理数据的来源看，孤岛化的信息传播和分享意识的缺乏制约着教育治理中的新兴信息技术的整合和链接功能的发挥。数据和信息是教育治理的"血液"，也是构成新兴信息技术运作和发展的基本前提，缺乏足够的数据和信息支撑，信息技术必将难以发挥应有效用，教育治理难以为继。传统的政府治理模式依赖条块分割、职能分工的治理方法。但由于职能和权限的差异，不同教育部门所持有的教育信息数量和质量不同，传统的纵向科层制和横向分工制结构存在壁垒，致使原本可以共享的或共同承担的教育信息资源处于分隔状态，造成了资源孤岛和信息孤岛。这反映在教育治理体制中就是部门之间"各种各的地，各耕各的田"，内在有机联系薄弱，宝贵的信息资源因而呈现出"碎片化"。

信息孤岛的存在阻碍数据和信息的功能发挥，造成数据和信息资源浪费，这与新兴信息技术的实践应用是不匹配的。目前，在推进信息化建设的过程中，受条块分割的体制影响，教育机构的信息和数据资源建设各成体系，缺乏统一规划和标准，存在着信息割裂、信息不对称、各自为政等问题，不仅在数据库的类型及信息的采集、格式和发布等方面千差万别，甚至在操作系统、网络协议和语义表示上亦大有不同，严重阻碍了新兴信息技术联通力的有效发挥。教育治理信息流转不畅，执行成本提高，效率降低，削弱了教育治理的能力，以致治理的整体目标无法顺利实现。

再者，从具体应用的实践看，教育治理范围的狭隘性以及疲弱的校企协作状态制约了新兴信息技术的创新力展现。人类社会通过不同力量的竞争和合作，结成新型协同合作关系。互联互通的网络化治理格局是新兴信息技术发挥作用的关键，也是提高治理能力的重要保障。因此，教育治理主体应该对不同的关系进行重新审视，厘清职责边界、现实空间的治理边界和虚拟空间治理的边界（付玉辉，2017）。然而，在现实的教育治理活动中，各参与主体之间或明或暗地存在暂时难以逾越的"中间地带"，影响各参与主体的内生动力集聚，阻碍要素资源整合，使其失去参与治理活动的有效性和自主性，影响教育治理效率和治理质量，甚至形成治理失灵的困境。其中，社会力量参与有限和被动是重要表现。

以人工智能技术为例，作为新时代中国乃至全球经济发展的新动能，除了高校的积极参与外，其很大程度上是由广大科技企业引导推动的。一个国家科技实力的提升，离不开高校科研实力的提升，但同样也离不开科技企业的有效支撑。美国成为全球科技强国的重要内因之一就是科技公司的积极参与，高校和科技企业之间很大程度上形成了一种互补性的关系。目前我国大部分数据平台和智能终端主要还是来自科技企业的研发与供给，这意味着作为人工智能实践应用主体的教育机构要与科技企业建立良好的合作关系，在信息技术应用上形成驱动效应，要强化和提升教育治理主体对新兴信息技术的驾驭能力。某种程度上正是校企间有效合作的缺失，市场力量的配合不力，阻碍了教育治理中新兴信息技术创新力的提升。

## 二、教育信息化对治理现代化的促进作用

以人工智能为代表的新兴信息技术的将至已至和规范运用，已经促使人类教育方式及其治理体系发生了巨变。面对新形势，教育及其治理体系无论是作为以智力资源开发和利用最大化为目的的社会活动，还是作为最具自适应性的智慧型、学习型组织体系建设，都应认同信息化对教育产生的革命性影响并主动顺应

这一时代大潮，主动构建信息化启动战略。因此，充分利用新兴信息技术对促进教育资源配置、政府角色转换、教育治理和发展模式转型、知识及信息传播方式变革等方面的深远和强大影响带来的机遇，促进其在教育及其治理的观念、内容、手段、效果等诸多方面进行全面渗透，从而较好地解决人民日益增长的优质教育需要和不平衡、不充分的教育发展之间的矛盾。

首先，新兴信息技术嵌入应用为推进教育职能部门的整合优化提供了新路径。教育职能部门作为教育治理组织架构的重要组成部分，是实现治理的基本要件。职能部门的优化布局是教育治理能力提升的首要前提。与国外同等规模教育相比，目前我国教育系统在职能部门设置上还存在着多而泛的客观境况。庞杂的教育职能部门极易导致机构重叠、政出多门和部门间利益冲突等。出现教育权力的部门化、部门权力的利益化倾向，并成为诱发治理流程及决策"碎片化"的重要根源（金姗姗，2014）。对于教育治理而言，职能部门的设置应结合在不同发展阶段的定位做出动态调整，以契合自身发展的客观需要。新兴信息技术的嵌入应用为破解这一难题提供了新路径。教育机构的设置很大程度上取决于治理主体对教育治理的任务、范围的界定，以及对治理对象复杂性的预判，这其中任一过程的实现均要以相关数据的把握与分析为基本前提。因此，新兴信息技术的应用为教育治理数据的优化整合提供了新的载体。通过机器学习、精确算法和智能控制以及相应的大数据，借助于"互联网＋"可以实现对教育治理数据的科学整合。

借助于新兴信息技术促进管理信息化，政府可以通过赋权广泛吸引、激发社会力量参与教育，促进参与力量多元化，提升基础教育协同治理能力。教育治理过程因智能终端的嵌入而变得简洁明了，"互联网＋"技术的问世已使教育信息和数据的采集更加深入广泛、快速高效。因此，在教育治理中，政府借助信息化手段提供的大数据，自觉将自身工作由"划桨"转变为"掌舵"，在保证教育教学质量和社会参与服务质量的监管及调控权力基础上，赋予办学单位充分的自主办学和日常事务管理权，创造机会促进社会参与办学和服务供给。政府角色的转变打破了部门之间各自为政的局面，消解了教育管理部门之间的权力阻隔，强化了教育行政部门的服务意识，更好地协调各教育主体共同参与治理。

近年来，教育部为全面推进教育资源公共服务体系建设，整合各方面力量，颁布国家教育资源公共服务体系建设与应用实施方案，建构体系技术架构，并为区域平台建设和应用提供指导，制定和实施服务和标准规范，从而完善了国家教育资源公共服务平台基础环境，推进了各机构和部门间的协同发展。各类信息化管理平台基本保障了信息搜集、在线治理和信息监管等功能，实现了各主体之间信息共享；各相关单位和部门及普通教师、学生都能够借助智能移动终端，迅速采集教育信息与数据，实现数据的伴随式收集。通过平台的权限赋予、责任界定和关键节点等功能设置，确保各主体共同参与治理（曾巍，2017）。

其次，新兴信息技术的嵌入应用为提高教育治理效率提供了重要保障。治理效率即治理主体在治理活动过程中获得的收益与所付出成本之间的比率，是实现科学发展的基本前提。随着我国教育的全面转型，各级政府对教育的投入也实现了飞速增长，但教育投入和产出问题一直备受争议。事实证明，教育治理效率的提高不仅需要体制机制的完善和相关者自主性的提升，同时治理工具的更新换代也是重要影响因素，而以人工智能为代表的新兴信息技术问世并对教育治理产生重大影响就是证明。

一方面，新兴信息技术利用其固有共享性，进一步打破科层壁垒，促进治理共同体建设。第二代互联网技术和社交软件促进信息的获取和传递的便捷，方便了诉求的表达，社会大众构建"自媒体"打破传统媒体的垄断格局，为网格化管理提供条件。广大教育利益相关者借助网络平台和各种移动终端形成的"共同体"，增加主体之间大规模意见交互的可能性，极大地提升了教育治理者的积极性和灵敏性。大数据的融合应用促进教育治理体制重塑，以现代信息技术为工具和手段，把所有相关的资源和资讯通过"互联网＋"或"物联网＋"形式实现互联互通和协同工作，使教育信息在各部门乃至个体之间流通和共享，从而形成网格化治理结构（刘鹏，艾未华，2005）。

另一方面，由互联网、大数据和人工智能技术催生的一种新文明形态正在形成（何哲，2017），人类社会正在迈进智能时代。网络技术让人类社会构建起了新的数据空间，不断拓展并形成新的社会组织形态，加速形成对信息资源的高度依赖，传统的等级制度逐渐向去中心化、去科层化的网络型社会结构转变。因此，纵向部门之间可以借助新兴信息技术手段的精确性和快捷性，有效节省经费支出，将有限的资源运用到关键环节，为提高产出效率提供保障。利用这些新兴信息技术构建的信息服务平台，疏通各类资源和资讯的上下传递渠道，减少传递层级，提高传递速度，确保信息沟通和反馈渠道通畅，减少信息不对称和失真对落实教育治理政策和标准的不利影响以及对信息和数据的独占，消解不必要的政策成本，提升教育政策效益。横向部门间可借助数据分析及挖掘技术和数据在部门之间的流动性，促进教育信息和资源有机统整，为部门内部及其与不同部门之间降低协调成本提供信息化基础，从而促进权利、责任的合理划分。

再次，新兴信息技术的嵌入应用促进治理模式再造。在智能时代，由于以网络、大数据、人工智能等为核心的信息技术的广泛运用，教育领域的数字化、网络化加速发展。在教育治理过程中，治理主体的素质对治理能力的提高起着至关重要的作用，高素质的治理主体是提高治理效率、达成治理目标的基本前提。新兴信息技术不仅有效解放了教育治理主体的劳动力，而且有助于教育治理突破过度行政化的藩篱，实现治理过程的扁平化发展，促进教育治理模式的更新。

新兴信息技术的应用也有助于打破教育治理主体凡事躬亲的治理模式，遗传算法和深度学习等技术的突破赋予了人工智能一定程度上的自主分析与决策能力，由此教育治理中参与不足和信息不对称等问题得到化解。近几年来，我国加大了信息化平台建设的力度，对教育部门内部管理流程和面向公众的业务流程进行优化和重组，简化各项行政事项，强化信息和流程公开，行政过程也因此变得简化且可追溯。各级各类信息化平台优化了原有管理和业务流程，跨部门和跨区域协同联动得以实现。教育行政部门可以运用数据挖掘和信息跟踪技术，将那些广泛散存的"微"数据、"微"事件进行整合和提炼，对一些模糊数据进行梳理，借此分析教育治理存在的问题和危机发生的概率及各类教育需求，并适时根据情况变化做出恰当的推断，以便采取防控措施。同时，有关部门依托专业机构，建立健全共建共享平台的资源认证标准，完善交易机制，扩大优质资源覆盖面。

新兴信息技术"再造"了相关部门内部治理流程，根据共享和再生原则，构建跨部门、跨区域协同机制，消解信息和权力上传下达的体制和机制障碍，降低了各项治理成本，提高了各项业务运作效率和服务质量，使教育治理日常事务的处理更加便捷、流程更加优化，治理主体行为因有据可查而变得明晰。依托信息化方式重置各项教育行政业务中各主体的定位、权限。信息化平台可以发挥储存和过滤功能，通过重组业务流程，建立高效、精干的业务传递架构，使教育治理权力公开化，有利于开展监督，有效解决一般教育行政过程中的缺位、越位问题，使各项业务处理精简高效。通过信息化平台促进业务融合，建立扁平化管理机制，促进治理理念从"管理本位"向"服务本位"转型，打破部门间信息壁垒，疏通部门内部业务流程，使得教育治理模式从粗放走向精细、治理流程从割裂走向集成、公共教育服务由单一供给走向协同供给。

# 第二节　基于教育信息化的教育治理

2015 年 9 月国务院印发的《促进大数据发展行动纲要》提出建设教育文化大数据工程。10 月中共中央十八届五中全会启动"互联网 +"行动计划，实施国家大数据战略。2017 年 7 月《国务院关于印发新一代人工智能发展规划的通知》阐述了新兴人工智能发展意义、发展取向和主要任务。2018 年 4 月，教育部印发了《行动计划》，明确指出教育信息化具有突破时空限制、快速复制传播、呈现手段丰富的独特优势，从而促进综合治理能力的大幅提高。这些新兴信息技术及其相应战略的出台为教育发展注入新的活力。而要充分发挥其在教育治理体系和治理能力现代化中的价值，关键在于应用，其中为教育决策提供支持服务、构建科学规范的教育治理体系、推动教育现代化属当务之急。

## 一、信息化与科学决策

教育信息化是新时代我国教育改革发展的战略选择。在教育治理实践中，面对要急切解决的教育问题，决策者往往受制于决策专业能力和信息处理手段，在相应教育决策机制缺失或不健全的情况下，匆忙做出决定，可能造成重大损失。因此《行动计划》指出 2.0 版信息化必将成为促进教育公平、提高教育质量的有效手段，成为全民终身学习的有力支撑，并促进教育决策科学化。伴随着信息技术广泛运用于教育领域，通过搭建各类数据平台，全面即时整合和储存教育信息，及时将这些信息转化为有效数据，决策者可以准确预测教育前景及未来发展趋势。

### （一）新兴信息技术为教育决策主体提供科学指导和前景预测

面对动态的民意和复杂的社会需求，现代教育决策情境变得多元、即时、高效、业务量巨大。教育治理依赖长周期调研且受限于机械处理数据的行政程序设计，难以适应当前复杂多变的决策环境，往往错失最佳决策时机，影响教育决策效率与有效性。新兴信息技术能够实时在线收集数据，借助大型数据库与数据服务平台将原本模糊的教育活动通过数据逐步清晰地描述出来，避免受到决策对象和外界环境的干扰，从而更好地聚焦于政策对象的微观层面。政策反馈过程更迅速甚至达到实时与即时，经过数据分析和可视化模型的建立，更容易发现教育治理中的问题、可能弱点和盲区，超越个体与局部的相对静态视野，为教育管理者提供决策建议。另外，借助新兴信息技术对纷繁复杂的教育数据的全面收集和分析处理，可以弥补教育决策者预见能力的缺失。通过对潜在的、微观的教育问题进行汇聚及可视化，可引起有关方面的关注，以便及时发现问题并采取相应预防措施。尤其借助数据对学生的学习情况、校园舆情进行分析，可以发挥数据的预测作用，从而更好地进行危机管理、风险管控以及一些突发事件处理等。

### （二）新兴信息技术能通过整合信息营造复杂问题的解决环境

新兴信息技术应用于教育决策主要是通过对各类终端和应用程序产生的信息和相应的教育舆情进行收集整理，对相关信息线索进行挖掘并排除干扰，对数据加以分析处理后建立可视化表达模型，从碎片化信息中发现并整合有效数据信息，发掘出隐藏于教育教学或学生活动数据中的各种行为关联。同时将数据进行集成处理后放置在相应平台上，为科学教育决策提供及时与充分的数据支持。

决策者在进行教育决策时经常遇到常规方法难以解决的非结构化与半结构化

的复杂决策问题，而开源框架 Hadoop、大规模并行分析数据库以及非关系型数据库可以对这类日常行为数据进行采集和发掘，通过现代技术手段处理后可给用户提供决策建议。同时，大数据所具有的开放性、聚合性、动态性等特征，有利于教育决策者灵活处理教育治理中的复杂问题。另外，在教育治理中运用基于数据权变原理的大数据跟踪分析和动态分析技术能够使教育决策者掌握动态数据，并根据治理需求调整政策，从而动态地制定管理办法。

### （三）新兴信息技术能够消除科层制壁垒

治理体系的现代化要求政府不再作为统揽一切教育事务的利益主体，消除信息壁垒，通过向下级教育管理部门和学校赋权、向社会和市场"转移"权力，构建多元治理体系（褚宏启，2014b）。适切的治理大数据既是技术型治理资源，也是推进教育治理的重要媒介。教育大数据的几何增长与快速流动，能够优化教育决策过程的生态环境，充分展示、理解与包容各类教育利益诉求、意见、主张及争议，实现决策相关利益群体的协商治理与互动交流，提高教育决策系统灵活的应对能力和教育执行力，拓展教育制度框架设计的弹性空间，从而构建更开放的结构体系，营造国家、社会、公众之间共赢共治的合作关系，诱发教育决策制度变迁和转型。面对日益复杂的教育事务和突发事件，治理体系完善首先要求改变传统组织结构布局，构建扁平化与网络化教育组织结构，其内部要形成多中心、分散化的结构布局，为良性政策生态提供信息支持，为多元主体参与决策创造条件。教育组织结构整合和优化要以信息操作系统互通互联为前提条件，促进部门间信息共享和合作，形成治理主体之间多元化信息传递渠道。同时，来自多终端和多媒体的信息流动加速与决策知识的分散甚至无序化，使决策环境更为复杂，而普通个体成员借助知识和信息优势应该拥有更大的决策权。因此，决策权力的下移和重新配置必将使扁平化组织结构发挥数据支持的开放、共享、运行灵活的优势，聚合分散化的知识权力，构建组织管理网络化的治理体系。

### （四）新兴信息技术能够促进数据理性与集体智慧相结合

随着新兴信息技术的广泛应用，决策主体可利用数据收集、挖掘和分析工具对影响决策的因素展开大规模的数据抓取，利用已经投入运作的公共服务平台对数据进行聚合整理，建立预测模型和决策流程。基于大数据的预测模型提前预告教育治理过程可能出现的问题和突发事件，从而提醒相关者未雨绸缪，化解信息不足与数据超载的困境。这有利于充分表达民意，在教育决策环节上广泛汲取多元利益群体的价值理念与集体智慧，利用信息技术可视化手段实时呈现公众舆论的走向与分布状况，表达社会公众的真实想法与合理建议，从而减少个人主观臆测等非证据要素对决策方案选择的干扰。另外，数据决策系统提供的即时信息有助于随时发现教育问题，及时进行补救并对数据可能存在的问题进行有效纠正。决策者可以利用大数据语义分析、行为分析算法等技术，评估决策方案执行效果，确定社会公众关切的迫切性以及网络舆情反映的教育问题的真实性，以便更有效地制定和实现下一阶段决策目标。

作为新时代的一种治理资源，新兴信息技术所引领的近似全样本高频的数据分析，有助于决策者洞悉教育事件背后所蕴含的深层逻辑，通过关联性和深度的分析为解决教育治理难题提供全新的技术支撑和进行有效模拟。因此，计算机模拟支持决策技术就成为一类研究决策对象和决策过程的重要手段与途径，并在国内外受到热捧。它的开发是以相同动力理论、决策支持理论等为理论基础，基于大数据的模拟系统和计算机模拟支持技术，通过构建系统模型，推演模拟系统的演变过程，展现执行环境和成效，还原决策行为，进而发现和模拟决策发展变化的规律。在计算机模拟支持决策的整个过程中，人们可以通过研究被模拟的决策对象或决策过程的运行状态的各项参数，以及对模拟系统运行状态的跟踪和分析，推断实际教育决策的真实演化规律、必备的要素及主要环节，为决策者的科学决策提供真实的数据和依据（顾小清，薛耀锋，孙妍妍，2016）。

## 二、信息化与治理效能的提升

《行动计划》明确提出，通过教育治理能力优化行动，全面提高利用大数据支撑保障教育管理、决策和公共服务的能力，实现教育政务信息系统全面整合和政务信息资源开放共享。由此可以对教育进行适时动态评估，从而全面提高教育治理效能。

## （一）促进教育治理思维方式的转变，构建信息共享机制

　　大数据、云计算、物联网等互联网技术在公共部门的应用为全面推进教育政务现代化提供了技术条件，但伴随而来的是"条条块块"在推动教育信息化中的巨大阻力，部门利益阻碍了政府信息化工作。因此，亟须从体制机制上理顺信息部门与教育行政部门的协作关系。教育行政部门一把手的态度决定着"互联网＋教育政务"推进力度，应在省级教育行政部门中建立"互联网＋教育政务"统筹协调领导小组，解决领导机制问题，由地方政府行政一把手任组长。重构教育政务部门工作机构，同时将该机构划分为技术层与业务层。技术层实行小组式管理，接受统筹协调领导小组与部门负责人的双重领导，便于开展资源整合、协调分工；业务层保留传统的组织结构和隶属关系。建立有效的信息共享机制，各级政府和教育行政部门在不违反相关法律的前提下及时公布相关信息；建立有效的社会反馈机制，方便学校和社会组织利益诉求的表达，以维护治理主体的合法权益，从而激发他们的工作积极性和主动性；学校和社会组织应起到弥补作用，克服政府和教育行政部门有限理性带来的弊端，通过信息技术手段促进教育公共服务的供给，及时发现、解决教育公共问题，提高教育政务效率。

## （二）促进教育治理机制创新，完善教育政务制度设计

　　《"十三五"国家政务信息化工程建设规划》指出，建设形成满足国家治理体系和治理能力现代化要求的政务信息化体系。而"互联网＋教育政务"就是在"互联网＋"的环境中，教育行政部门和学校将数据服务、在线服务等技术手段应用于教育政务中，促进教育治理方式、方法、手段等的升级，促进基于互联网的教育电子政务逐步走向"智慧治理"模式。相比于现有教育电子政务，"互联网＋教育政务"具有政务泛在性、智能交互性、开放亲民性、在线连接性、服务场景性五种新特征。因此，在"互联网＋教育政务"背景下，教育治理面临前所未有的发展机遇。

　　为统筹推进"互联网＋教育政务"，各级政府和教育行政部门要分步骤科学高效展开工作，尤其要强化制度供给。首先，有关部门要做好"互联网＋教育政

务"建设的顶层设计，根据相应的目的确立治理方向、运行机制、技术标准、涉及安全等多方面的合作协议、法律法规等，增强"互联网＋教育政务"与教育治理之间的制度衔接，从而为教育治理实践提供行动指南，促进"互联网＋教育政务"在教育公共领域的延伸。其次，设立或重组"互联网＋教育政务"综合治理部门，负责组织和协调信息化工作，建立跨区域、跨部门、跨行业的技术共享与协同机制，全面统筹、协调和推进教育政务工作。再次，强化对相关工作的检查考核力度，设置"互联网＋"技术的重大项目并对其进展状况、存在问题进行定期和不定期评估，重点关注配套体制机制调整、项目统筹度和安全性、服务社会认同度等方面，推进教育政务工作系统、高效、高质量开展。

### （三）优化教育治理结构，促进互联网硬件建设均等化

目前，信息化驱动教育治理的首要工作是解决信息化发展不均衡问题，通过资金、设备等投入，加大中西部互联网硬件建设力度，完善中西部地区互联网设施，这是实现"互联网＋教育政务"有效嵌入教育治理活动及在其背景下参与教育治理的重要前提。另外，通过加大农村地区互联网建设力度，解决互联网建设相对滞后及教育利益诉求被忽视这一教育治理中的盲点，凸显"互联网＋教育政务"的现实价值，为教育治理的多元参与提供条件，实现互联网硬件建设的均等化和协同推进。为此，近年来各级政府和教育行政部门不断规划建设如电信宽带、信息服务平台等互联网产业发展相关基础设施；鼓励和强化"互联网＋"企业走入农村寻找"长尾"，解决信息化发展不均衡问题；教育行政部门要打破常规，主动和企业、市场合作，利用"互联网＋教育政务"平台的便捷性，创造良好的环境并提供可靠的公共服务，促进地方教育治理目标的达成，实现"互联网＋"的惠民。

### （四）优化信息化服务，提升网络运用能力

为了有效满足人民群众的网上办事需求，切实增强获得感，要做以下几点。一是扩展网上服务的覆盖面。按照《关于加快推进"互联网＋政务服务"工作的指导意见》规定，尽量推行网上办理和反馈教育服务事项，明确任务书、路线图和时间表，细化网上政务服务事项清单，建立健全教育政务办事指南，确保"应

上尽上、全程在线"。二是进一步深化网上服务，提高在线服务质量，采取便民惠民措施，如表格下载、网上预约和在线办理等。由于信息化基础设施发展不均衡，各级政府应采取渐进建设方式，逐渐实现"不见面审批""最多跑一次"等改革愿景。三是各级教育行政部门要强化标准先行工作思路。在"互联网 + 政务服务"标准规范基础上制定教育政务服务框架，包括教育政务治理机制、服务流程、技术应用、安全体系等，对"互联网 + 教育政务"建设所涉及的内容逐一规范。为此必须重新审视"互联网 + 教育政务"服务水平和能力提升。要加大"互联网 + 教育政务"的宣传力度，通过理论教育、实地参观、体验互联网产品等活动，加深对互联网价值的认同，提升其网络运用意识（费军，贾慧真，王荣荣，2016），从而更好优化服务，提高服务供给能力。

### （五）完善信息化教育评估系统，增强动态适时评价能力

当前，利用信息化创新教育评估系统，已成为提高评估水平、保障教育质量的重要手段。以人工智能、云计算、大数据为代表的新兴信息技术快速发展，为提高我国教育评估模式改革水平提供了可能，因而也成为建立督促地方政府依法履行教育职责的督政机制、指导各级各类学校规范办学和提高教育质量的督学体制、科学评价教育教学质量的评估监测体系的重要手段。

首先，新兴信息技术为教育动态评估创新提供有力支撑。新兴信息技术为评估理念转变提供了重要载体。互联网技术不但聚合大量的教育教学资源，同时扩大了优质教育资源的服务范围。"宽带网络校校通"实现提速增智，优质资源"班班通"和"网络学习空间人人通"实现提质增效，信息化应用使数字校园建设覆盖各级各类学校，从而促进数字资源覆盖全体教师和全体学生。通过新兴技术手段打造的教育资源公共服务平台和教育管理公共服务平台实现数据伴随式收集，更好地实现信息技术和教育的融合发展，丰富大数据服务内容，进一步提高教育评估质量和能力。云技术为促进信息技术和智能技术深度融入教育、推动教育督导现代化提供基础支撑，从而更好地改进教学、优化管理、提升绩效。这有利于改变现有的结果评估、模糊评估和定性评估的状况，形成"数据评价、数据决策"的思维习惯和评估理念，并成为推进教育评估现代化的核心驱动力。

其次，新兴信息技术促进教育评估模式转变。随着新兴信息技术在教育改

革尤其是教育评估中的嵌入，传统的结果导向评估将被全过程教育监管和实时的数据跟踪监测取代。随着计算机运算性能的极大提升、智能设备的普及、数据分析方法与算法的不断精进，信息处理与数据分析有了坚实基础，为在线评估提供了可能。以督学和督政专家的经验对教育管理中出现的问题做出定性判断成为过去，取而代之的是"数据说话、数据评估和决策"，大幅度降低教育评估对个人经验的依赖，不断提高运用数据分析进行评估监测的能力，促进线上和线下的有机结合，深入开展网格化、信息化评估。随着"三通两平台"工作的不断推进，学校、教师和学生等基础数据都在线上汇聚，第三方专业技术评估的介入将进一步取代传统的以教育行政部门为主的评估模式。同时，新兴信息化技术所催生的云计算、联机分析处理、大数据分析，提高了信息和数据分析结果的信度与效度。评估结果可视化呈现将进一步方便评估主体和客体及时发现教育教学和管理中存在的问题，以便有针对性地开展线下面对面评估，也充分发挥社会资源的知识和技术优势。

再次，新兴信息技术促进评估方法和工具更新。通过信息化 1.0 时代的努力，教育领域和相应行业已经积累了大量教育治理信息，形成了国家教育资源公共服务平台、国家级和省级教育数据中心、教育管理公共服务平台，为教育治理信息共享提供载体。《促进大数据发展行动纲要》规定，以大数据思维联通部门之间"信息孤岛"，跨越数字鸿沟，因此，也应改变传统的教育教学和管理活动的评估方法，把智能理念、大数据的方法和教育评估有机整合，形成跨界汇聚多行业的第三方数据，提升评估的全面性和准确性。通过为学校建档立卡，将各地教育发展阶段和状况、教育需求和资源、中小学教师的基本资料和能力、动态情况录入系统，实行全面监测、动态管理，进而建立起一整套行之有效的教育治理网络信息系统。新兴信息技术也为教育评估提供支持数据采集、评测分析和可视化展示的平台，促进教育评估手段创新，提升数据挖掘和呈现能力，增加评估可靠性。随着评估理念的现代化和模式的更新以及教育治理数据的全面聚合，形成教育教学和教育管理深度融合的大数据，以精准分析支持教育评估中各种决策问题，促进和统整各级教育管理行政部门的服务平台与相应工具手段，全面支撑教育评估的顺利开展和实施。

# 第三节　基于信息技术的教育治理保障机制

在智能时代，教育大数据依托"互联网＋"平台，在指导治理机制运转过程中更加凸显决策的前瞻性、灵活性。人工智能技术和教育的深度融合，为实现教育决策的科学化提供了有效支持。同时，新兴信息技术开放、共享、协同的内在价值追求使共治共享有了成为现实的可能。通过提高大数据公共服务能力，确保数据和信息安全，利用"互联网＋"等新技术手段，优化教育决策机制，实现教育政务信息系统全面整合和政务资源开放共享，从而实现教育治理的"善治"目标。

## 一、基于信息技术的教育治理之技术保障

构建强有力的技术保障是发挥信息技术对教育革命性影响的主要环节，是教育治理体系和能力建设的重要组成部分。因此，提高和完善技术支持与服务成为提高教育治理水平的基础性工作。

### （一）规范引导国家数字教育资源公共服务体系建设，确保数据安全

教育治理行政主管部门应该按照《促进大数据发展行动纲要》《国务院关于积极推进"互联网＋"行动的指导意见》《新一代人工智能发展规划》提出的具体目标和要求，修订《国家教育管理信息系统建设总体方案》，完善数字教育资源公共服务体系，制订公共服

务体系建设、应用与服务指导意见。研制和实施教育管理公共服务平台业务管理信息系统运维总体规划，以及国家教育资源公共服务体系建设与应用实施方案。推进数据中心同城灾备中心集成建设，进一步完善国家教育资源基础环境，健全覆盖全国各教育阶段的各治理要素的基础数据库，并为区域平台建设和应用提供指导与服务。继续推进各教育业务管理信息系统的建设、整合和功能优化，并在此基础上构建国家枢纽，连通国家教育资源公共服务平台和所有省级体系，实现互联互通，畅通共享机制。及时更新和发布系列技术和功能标准规范，探索资源共治新机制，提升数字教育资源服务供给能力，实现基础数据的有序共享，建立国家数字教育资源公共服务体系联盟，使之开放灵活、多级分布、覆盖全国、共治共享、协同服务，有效支撑师生开展信息化教学。

**（二）提高教育行业数据管理与决策支持服务能力，提高治理效率**

教育部和各级教育行政主管部门要根据《教育部机关及直属事业单位教育数据管理办法》，加快建立公共机构的数据标准和统计标准体系建设；加强数字教育资源服务体系和教育部直属机关教育数据管理，推进各类相关教育数据共享公开、充分应用；加快制定交换接口、访问接口、数据质量、指标口径、分类目录等规范，出台和实施数据采集、政府数据交易、技术产品、安全保密等关键共性标准。各类教育治理主体可以依托国家数字教育资源公共服务体系，利用平台模式实现资源众筹众创，改变数字教育资源自产自销的传统模式；推动教育业务数据资源共享，解决资源供需瓶颈问题，推进教育大数据产业标准和教育大数据市场交易体系建设，充分发挥标准在支撑行业管理、培育服务市场等方面的作用，建立标准符合性评估体系，初步形成覆盖全国的数字教育资源共享交易机制和版权保护。优化"平台＋教育"服务模式，继续推进"国家教育科学决策服务系统"建设，全面满足社会公众的数据服务需求，加快推进各类教育与政府部门以及主要企业平台的对接，推动基于统一身份认证的网络学习空间服务模式的开发和应用。

**（三）推进教育数字化资源整合，促进资源和信息共享**

《行动计划》明确提出："建成国家教育资源公共服务体系，国家枢纽和国家教育资源公共服务平台、32个省级体系全部连通，数字教育资源实现开放共享，教育大资源开发利用机制全面形成。"因此，各级教育行政部门和社会各界应该积极配合教育部教育大资源共享计划，提高教育管理信息化水平；依托政府数据统一共享交换平台，厘清数据管理及共享的义务和权利，明确数据共享的范围和使用方式，大力推进国家各类基础数据资源开放汇聚以及信息系统跨部门、跨区域共享；以"互联互通、信息共享、业务协同"为目标，优化教育业务管理信息系统；利用大数据等新兴技术手段和措施采集、汇聚互联网上丰富的教学、科研、文化资源；制订进一步加强教育管理信息化的指导意见，打破教育资源开发利用的传统壁垒，全面提升教育管理信息化支撑教育业务管理、政务服务、教学管理等工作的能力；完善优课服务，形成覆盖基础教育所有学段、学科的生成性资源体系，升级职业教育专业教学资源库建设，提供海量、优质的学习资源以及大规模精品在线开放课程；实现从"专用资源服务"向"大资源服务"转变，满足学习者、教学者和管理者的个性化需求。建立各级各类"互联网＋教育政务"统筹办理业务，实现"一张表管理"和"一站式服务"，简化办事程序，切实提高教育政务效率和效能，真正实现信息惠民。

## 二、基于信息技术的教育治理之组织制度保障

信息化驱动的教育治理是一项系统工程，需要构建强大的组织体系和相应制度保驾护航，不断加大信息化国际交流，形成多方参与的组织机制。

### （一）建立适应人工智能时代的法律法规体系，解决信息安全问题

面对人工智能技术的飞速发展，教育治理行为因为内嵌于整个人类社会结构之中，必将受到该技术所具有的通用性和基础性的显著影响。与以往不同的是，在人工智能时代，教育治理面临着现实环境和虚拟环境两个界面并存的复杂挑战，映射在现代信息技术与社会治理愈发深度融合的智慧社会环境中。因此，人工智能嵌入教育治理过程可能诱发新的信息安全问题。

近年来，随着我国教育信息化进程的加快，信息安全隐患逐渐多样化，主要涉及以下几方面。一是技术滥用引发的安全威胁。智能化的网络攻击软件能模仿

和自我学习,可以不断改变方法。一旦犯罪分子利用了这种软件,就可能通过定制不同用户阅读到的网络内容,影响公众的认知,甚至控制人们的主观判断。二是技术或管理缺陷导致的安全问题。人工智能有其算法的精确性,但同样也有其内在的迟钝性,尤其在相关技术和平台建设不能满足实践诉求时,一些内部程序极易在人为干预下出现漏洞和陷入风险,导致某些技术缺陷进而使工作异常,为黑客潜入系统创造了可乘之机。三是未来的超级智能引发的安全担忧。当人工智能发展到超级智能阶段,该系统能够自我演化,并发展出机器情感和机器意识等,从而挑战人类的主导性(Kile,2013)。

尽管人们还不清楚超级智能是否会到来,但也应该做好心理准备以及相应的应对措施,避免技术突破引发的安全威胁。从本质上说,人类是人工智能的使用和管理者,人工智能对人类的价值取决于为谁所用以及如何使用。鉴于目前机器学习模型仍属于一种黑箱工作模式,人们对其运行中可能发生的异常很难作出解释和归因,准确预测和把握智能系统运行的行为边界和相应规律挑战着开发者的智慧。为了降低系统行为的不可预知性和不确定性,未来人们需要研发透明性和可解释性更高的智能计算模型,这也是人工智能基础理论研究关注的重点之一。鉴于我国智能社会处于"窗口期",国家应该鼓励借鉴人工智能技术起步较早的地区和国家的经验与教训,加大科技攻关力度,警惕人工智能进入生活将给人类社会带来的安全隐患,着手开展立法探索,建立和完善适应智能时代的法律法规体系,明确重点领域人工智能应用中的法律主体以及相关权利和义务,化解由此带来的社会问题。

另外,各级教育行政部门要创新配套管理机制,营造人工智能嵌入教育治理的良好环境。建构和形成专业性的领导机制,形成校内不同机构和部门间的信息共享机制,强化教育治理过程和要素的相应伦理矫正机制,以推进教育智能治理中的伦理流程实现诉求—盲区—矫正的转变与再造,确保在抱有理想和批判的基础上提高教育治理绩效。

### (二)完善新兴信息技术研发规范,实行人工智能产品认证制度

在人工智能参与教育治理的环境下,教育机构内部的相关信息也将面临更大的泄露危机。无处不在的智能终端以及不断交互的数据资源无疑加大了信息和隐

私泄露的风险，也因此成为数据资源开发利用中的主要威胁之一。一些敏感数据一旦游离于控制之外并被泄露出去，将使当事人产生巨大损失。人工智能应用于教育治理存在的隐私侵犯风险主要来源于以下几个方面。一是数据采集中的隐私侵犯。随着智能系统技术的发展，数据采集方法也逐渐多样化，个人信息和相应数据就可能通过各种技术终端泄露出去。这些数据如果使用得当，可以提升治理效率和质量，反之就会造成隐私侵犯。二是云计算中的隐私风险。目前云计算技术凭借成本低、使用便捷而备受教育治理主体欢迎，将数据存储至云上，增加了隐私信息遭到各种威胁和攻击的可能性。三是知识抽取中的隐私问题。伴随着智能技术的发展，知识抽取工具正变得越来越强大，借此可以识别出个人行为特征甚至性格特征，以便在教育治理过程中开展针对性活动，制定个性化问题解决方案。但这些个性化定制过程必然伴随着对个人隐私的曝光，技术应用应同步考虑规范隐私保护和信息外泄问题（李修全，2017）。

教育治理主体需要建立教育人工智能技术研发规范，强化对智能产品的道德风险评估，并形成完善的研发程序，培养规则意识和人文素养，自觉将人工智能在决策与采取行动时应遵循的各项道德和伦理规范嵌入系统，提高智能产品研发的安全标准，以确保该系统的行为符合社会伦理道德标准和人类情感需求，同时要实行教育智能系统安全认证制度，相应产品经过严格测试后方可走向市场，从技术上增强智能系统的安全性和强健性，增进社会公众信任，促进相关产业健康发展。

### （三）开展信息技术合作，建立监管体系

人工智能的快速发展是国际社会面临的共同问题，尤其对教育应有的伦理精神构成现实冲击，考验着社会各界的智慧。人工智能嵌入教育治理改变了治理的运作规则，使教育伦理面临踏空的危机，极易导致相关主体责任心和批判性的缺失，主要表现在以下方面。一是教育机器人的行为规则。教育人工智能在作出治理决策时同样需要遵从人类社会各项规则。可以想象的是，如果智能系统的研发设计未能和教育伦理相整合，而在决策中遵循有悖教育伦理的逻辑，必然导致严重后果。二是教育机器人的权力。当教育人工智能的决策分析能力开始超越人类时，会在很大程度上改变治理主体的主观意志和能动性，使治理方案代表以现实

数据为依托的机器意志，强化人工智能的权力，人们可能会在越来越多的领域对机器决策形成依赖。这必将导致教育治理过程出现责任主体模糊化的危机，促使教育及其治理堕入世俗化和功利化的窠臼，削弱其存在和发展的合法性根基。三是教育机器人的教育。在人工智能时代，机器人使用者需要承担"监护人"角色，对机器人加以"教化"，赋予其道德责任甚至法律责任，避免给作为治理对象的教师、学生带来伤害，以及对社会文明产生不良影响，从而加剧教育治理内部进程的紧张化。

因此，科学家共同体、政府与国际组织应明确各自的职责，加强技术伦理和安全风险等国际共性问题研究，积极参与人工智能全球治理；推进教育人工智能技术标准和安全标准的国际统一，深化有关法律法规、行业监管等方面的交流合作，共同加强对违规行为的惩戒，督促人工智能行业和企业加强自律；在国家层面建立一套人工智能监管体系，对人工智能算法设计、产品开发和应用、数据采集进行全流程监管，使人工智能科技成就更好地服务于人类社会。

政府要着力建构和形成人工智能嵌入教育治理的理念更新机制，推进人工智能同教育治理实践的深度融合，树立一种智能治理的新发展理念，打破对人工智能的片面性认知，在盘活内部数据信息资源的过程中，实现教育治理过程由数字化向智能化的转变，着力建构和形成教育治理主体的素养培育机制。

## 三、基于信息技术的教育治理之人员保障

《行动计划》提出实行信息素养全面提升行动，充分认识提升信息素养对于落实立德树人目标、培养创新人才的重要作用，制定学生信息素养评价指标体系，开展规模化测评，实施有针对性的培养和培训。因此，在素养时代，教育治理对相关者的要求已经由信息技术能力转向信息素养，它涉及信息意识、信息能力和信息应用。因此，信息素养培养成为教育治理专业化人才的内在要求，也成为提升教育治理能力的切实路径。

### （一）全面推进教师管理信息化

推进教师管理信息化是教育信息化的基础性工程，是加强教师队伍建设、促

进其发展的迫切需求，也是积极整合利用信息技术手段、创新教师管理方式方法，从而更好地提升教师管理的效率与水平的要求。为此，教育行政部门要利用新型技术手段开发教师队伍大数据，完善教师基础信息库，拓展教师业务管理功能；提升教师工作决策的科学性、针对性和有效性；逐步推进教师管理方式重构和流程再造，实现教师管理过程和相关工作的精细化、精准化；支持教师精准培养和促进教师培训专业化。

### （二）加强新兴信息技术专业人才培养

信息技术专业人才培养是应对当今教育激烈竞争的主要手段之一，也是实现教育治理目标的重要内容。因此，各类教育机构要创新人才培养模式，建立多层次、多类型的新技术人才培养体系；采取跨校联合培养等方式培养跨学科大数据综合型人才，促进高校设立数据科学和数据工程相关专业；认真落实《新一代人工智能发展规划》把高端人才队伍建设作为人工智能发展的重中之重的要求。高等教育机构要完善前沿信息技术学科布局，设立大数据、教育人工智能等专业，推动在试点院校建立独立学院，促进相关领域一级学科建设，增加相关学科方向的博士、硕士招生名额。教育主管部门要鼓励高等院校、职业院校和企业合作，强化人员实践技能，促进他们对统计分析、计算机技术、经济管理等多学科知识的跨界融合，从而全面提高信息素养。

### （三）实施信息素养全面提升行动

《行动计划》明确指出：要将全面提升"人"的能力作为推进教育信息化 2.0 行动计划的核心基础，大力开展各级各类学校教师、校长和管理者培训，扩大培训规模、创新培训模式、增强培训实效。因此，教育行政部门和高校除了培养专业化数据工程师、大数据技术和人工智能技术创新性人才外，还要动员社会教育力量，依托社会化大教育资源，开展新技术知识普及和教育培训，建立适应智能社会需要的终身学习和就业培训体系。

在教育工作者方面，教育部要联合各级地方政府启动"人工智能＋教师队伍建设行动"，积极推动人工智能支持系统建设，推动教师更新观念、提升专业素养、增强工作组织能力和沟通能力，从而有效开展教育教学。各级各类教育治理主体应该充分认识提升信息素养对于落实立德树人教育使命的作用，实施新时期中小学教师信息技术应用能力提升工程。教育部相关单位（如中央电化教育馆）应继续组织好信息技术应用交流与推广活动，强化创新应用，丰富教师教育的内容和形式。

第九章

学习型社会建构战略

学习型社会是一个不断逼近又不断更新的"乌托邦"。从国家教育战略的整体视角来看，学习型社会的建构与教育治理现代化的建设之间是互为表里的关系。党的十九届四中全会通过的《中共中央关于坚持和完善中国特色社会主义制度推进国家治理体系和治理能力现代化若干重大问题的决定》指出，"构建服务全民终身学习的教育体系。……加快发展面向每个人、适合每个人、更加开放灵活的教育体系，建设学习型社会"。学习型社会作为一种未来教育的走向，与教育治理的"善治"目标相一致，是我国实现教育现代化的重要特征，并且为教育治理提供有效的智力支持。同时，教育治理的现代化又是实现学习型社会的必要保障和基础。在实践中，此二者必须并行推进，互相帮助。

# 第一节　终身学习与学习型社会

在科技和知识主导的现代社会中，教育或学习被认为是应对社会变动不居的有效良方。学习被认为是人的一项基本权利，应该贯串人的一生，全社会应该为人的终身学习提供多种机会和丰富资源。以学习促进自我完善，以学习求发展，以学习求竞争取胜，以学习应万变，已成为个体、社会组织甚至国家的不二选择。建设学习型社会（learning society），使学习不仅是个体获取知识、技能和发展人格的手段，更是包括个体在内的各种组织的一种本体性存在的概括和表达。

## 一、重新理解学习

"二战"后，存在主义思潮兴起并极大地影响了社会科学研究，以人为本的思想逐渐深入人心，教育的重心从教师转移到学生，从关注"教育"转移到重视"学习"；不仅关注教育的社会功能，更重视学习的个体性功能，即自由发展功能；不仅关注制度化的学校教育，更重视非制度化的教育和培训。20 世纪 70 年代后，世界经济增长乏力，教育的人力资本开发功能被联合国、欧盟等一些国际组织注意、发掘并进一步阐发应用，教育成为政府改造社会、繁荣经济的重要推手，终身教育、终身学习以及学习型社会概念相继出现，在思想上为人类社会不断进步开拓了一条宽敞大道。

当前，我们身处的信息与知识经济社会，以计算机和互联网等高科技为主要工具和物质基础，以信息和知识的生产、分配、使用和传播为主要内容，去中心化、多样化、智能化、服务性等成为这个阶段生产劳动的主要特点，知识和科学、技术占据统治地位，这种社会形式也被称为"后工业社会"。"变化的加速不仅冲击了工业国家，而且形成了一股强劲的力量，深入我们个人生活内部，逼迫我们扮演新的角色，使我们可能像害精神病似的极度不安。"（托夫勒，1985：26）在新时代中，"变化"是典型特征，或者说唯一不变的就是"变"，变化已经深深植入我们的生活词典中。科技创新和投入应用的时间缩短，频率加快，新的世界价值观、生产和生活方式需要新的认知方式和新的事物分类方式，这些都对教育提出新的变革要求，包括教育促进人的成长和社会进步功能。在此背景下，学习型社会从理念走向实践，带来了教育的重大转变：从强调学生被动地接受教育到提倡学生主动学习，从强调学校教育到强调学习的终身化、全民化和个性化，终身学习由政策规划上升到国家战略，这一条特点鲜明的观念变迁路线突出地展示了人类在解决自身与社会的矛盾问题上的宏伟理想和集体智慧。

## （一）从教育到学习的系统性变革

从教育的单一性视角到重视学习理论的发展是近百年来的事情，而且目前这一转变的趋势仍在继续。传统的教育理论是单纯地阐述教育目的、教育内容和手段方法等，学生成为接受教育和被塑造的对象，教育也成为巩固国家和城邦的工具。比如，中国古代就有了序、庠、泮官、辟雍、稷下学官、太学、国子监等制度化的学校教育机构，为国家培养各级官吏。伴随着官学发展，春秋战国时私学开始兴起，文化学术逐渐阶层下移，知识惠及的范围得以扩大，老百姓的文化素养得到提高，到了明代以私人讲学为主要形式的书院发展蔚为大观，知识逐步走向理论化、系统化，但是以科举为主要内容的教育制度为国家服务的功能则渐至鼎盛。传统教学内容主要是"六艺"（礼、乐、射、御、书、数）和"四书""五经"之类；教学强调启发式，如孔子提出"不愤不启，不悱不发，举一隅不以三隅反，则不复也"。讲授、背诵以及辩论、游学等是使用较多的教育教学方法。学习方法相对较少，有《论语》中"学不可以已""学而时习之""学而不思则罔，思而不学则殆"；再有些关联的是文化学者总结的读书方法，比较有名的是"朱子读书法"（循序渐进、熟读精思、虚心涵泳、切己体察、着紧用力、居敬持志），目的在于格物致知穷理。而在正规的学校教育中，教师讲授一直占主体地位。

　　古希腊也建立了体系化制度化的教育形式，如具有军事教育和体育特点的斯巴达教育，以传授哲学、法律和自然科学知识为特色的柏拉图学园（Plato Academy）。古罗马建立了为升学做准备的具有中等教育性质的拉丁文法学校（Latin Grammar School）和具有高等教育性质的拉丁修辞学校（Latin Rhetoric School），主要为帝国培养管理人员。此时形成了以"七艺"（算术、几何、天文、音乐、文法、修辞、辩证法）为主要内容的博雅教育，讲授方法以苏格拉底的精神助产术最为著名。而学习理论的出现是随着刺激－反应理论、认知学习理论等实验心理学中的理论发展起来的，这才不过一百多年的事情。可见，谈论教育的历史比学习的历史悠久得多。

　　从传统教育的教师中心到现代教育的学生中心，变"教"的系统为"学"的系统，则是工业化、信息化的社会发展对教育系统提出的新要求。学习成为教育的焦点，不仅仅体现了人本主义思潮影响下对人的主体性的重视，而且扩展应用到社会组织的建设，如学习型社会、学习型城市、学习型社区、学习型企业、学习型政府等，"学习"成为一个热门词汇。在这些应用中，"学习"成为一个具有主动应对环境变化和积极适应变革的一种组织活动特性，成为人们追求不断发展、自我提高的有效有力武器。2016 年 12 月 9 日，最早将终身教育引入中国的顾明远先生在第七届"大国教育之声"论坛上指出，以往，教育理论、教育方式的重心总是在教的方面，是教的体系，现在我们将目光转到学生的身上。今天，特别要改变学生被教育、被学习的局面。要改变成"我要学、我喜欢学"的局面，……这种转变符合时代的要求、人才发展的规律。（马海燕，2016）可以说，在新的环境中，各级各类人才培养和成长的过程从教的体系全面转换到学的体系，已成为时代需求和学人的共识。

### （二）学习型社会的提出与发展

　　20 世纪 60 年代中期，终身教育（lifelong education）、学习型社会几乎同时出现。1965 年，法国成人教育家、联合国教科文组织成人教育局局长朗格朗（P. Lengrand）在联合国教科文组织的成人教育促进国际会议上提交的报告中阐述了终身教育思想，提出教育应该贯串人的一生，所有相关的教育资源应该统一协调起来，为人持续不断的学习和发展提供必需的机会。1970 年出版的《终身教育引论》中，他对终身教育作了全面系统的阐述。同一时代，美国教育家哈钦斯（R. M. Hutchins）在 1968 年出版的《学习型社会》（*The Learning Society*）中提出了学习型社会的概念。这是一种乌托邦式的社会理想，强调遥过雅典式的派迪安（Paideia）式的自由教育开启人的智慧，使人具有完满人性，使人成为人，教育不是人谋生、改变命运的经济手段。对于这一理想，1972 年联合国教科文组织《学会生存——教育世界的今天和明天》报告以"向学习型社会前进"号召给予回应和肯定，并进一步阐述：它是"一个教育与社会、政治与经济组织（包括家庭单位与公民生活）密切交织的过程。每一个公民享有在任何情况之下都可以自由取得学习、训练和培养自己的各种手段……。教育不再是一种义务，而是一种责任了"（联合国教科文组织国际教育发展委员会，1996：203）。为了跨越终身教育与学习型社会之间的逻辑鸿沟，报告提出教育工作重心要转移到学习者和学习过程上，认为"教育必然是从学习者本人出发"，应当"把重点放在教育与学习过程的'自学'原则上"。（联合国教科文组织国际教育发展委员会，1996：202）新的教育精神应该使每位学习者终身不断地学习，每个人成为自己发展和进步的主人。

但是，由于经济发展带来社会严重两极分化以及财力限制等因素的影响，终身教育与学习型社会实践并没有在各国开展起来，仅仅停留在理论研究和大会报告中，成为一种乌托邦。到 20 世纪 80 年代末，被提到的更多的是学习。胡森（T. Huson）出版了《再论学习型社会》（1986），把教育与学习作为社会发展的重要投资，具有经济色彩。美国《国家处于危险之中：教育改革势在必行》（1984）专节论述了学习型社会建设。日本颁布了《日本文教政策：终身学习的最新发展》白皮书（1988），提出推动终身学习的一系列措施。而终身学习（lifelong learning）也得到 1994 年世界首届终身学习大会的肯定，被认为是"21 世纪的生存概念"。之后，终身学习成为一个更有活力的概念，得到学者们广泛使用，终身教育概念逐渐退出学术舞台。随着全球化进程和知识经济现象凸显，如何通过学习适应时代变迁成为学者们关心的话题。1996 年，联合国教科文组织《教育：财富蕴藏其中》研究报告提出了人必须发展四种基本能力，将其作为教育的四大支柱，以应对瞬息万变的社会：学会求知的能力（learning to know）、学会做事的能力（learning to do）、学会共处的能力（learning to live together）、学会发展的能力（learning to be）。同年，经济合作与发展组织发表《全民终身学习》报告，至此，终身学习与学习型社会思想又激发了世界的关注和实践热情。如今，以学习求发展，以不变应万变，无论对个人还是组织、国家，都是一种重要的战略选择。

由此可见，学习型社会的思想和实践经历了类似 U 形发展曲线三个阶段。从一种促进民主理想社会的教育模式或原则，到市场价值和规则导向下终身教育发展道路迷失，到最终强调公共利益、人人参与的学习型社会，显示了一波三折的发展历程，每一个概念可以看作在理念发展某一阶段的集中性概括。其中，在学习型社会理论建设上，除了哈钦斯之外，还有兰森（S. Ranson）的民主性学习型社会、韦尔顿（M. Welton）的正义学习型社会、贾维斯（P. Jarvis）的共同体学习型社会（张创伟，2013）。这些理论构筑的社会理想越来越精致，揭露的问题越来越尖锐，越来越抵近现实，为世界上诸多国家构建可持续发展战略愿景提供了一个整体性的概念框架，显示了一种对"教育成人"美好理想追求的理性光芒，为缓解人与社会之间的紧张关系提供了一种教育或学习上的解决方案。由于联合国、欧盟、经合组织等国际组织的不断倡议，世界各国建设学习型社会的探索一直没有停步，也为政治民主、社会正义做出了重要贡献（表 9.1）。

表 9.1　终身教育、终身学习、学习型社会概念比较

| | 终身教育 | 终身学习 | 学习型社会 |
|---|---|---|---|
| 时间与人物（会议） | 1965 年，郎格朗 | 1994 年，罗马世界首届终身学习大会 | 1968 年，哈钦斯 |
| 教 / 学定位 | 配置教育资源，建立教育体系，正式化、制度化的机构教育，知识化、学科化课程 | 自主性，持续性，包括非制度化、非正式化，灵活自由的形式、内容的广泛性 | 人的内在需求，本体性存在 |
| 价值旨向 | 一种体系组织原则 | 个体的基本政治权利 | 民主，解放，共享，多元，共同体 |
| 本质特征 | 联合贯通的教育体系 | 自动自觉的个体行为 | 应对变化的一种社会形态 |

### （三）作为国家战略的学习型社会建设

学习型社会思想发轫于理论界，经过经合组织、联合国、欧盟等国际组织的大力倡议，目前已经进入了国家实践层面，在欧洲、南非、北美以及亚洲地区诸多国家都有广泛影响。虽然在概念上存在各种模糊性变换替代，如社会教育、社区教育、学习型城市等，但这种不确定性正揭示了该理念的丰富内涵、在各国政策实施中的多种样态以及共同愿景落地生根的强大活力。一致的思想认识是社会成员的学习能力是社会生产力的新内涵，社会经济发展离不开人的学习能力带来的整体素质提升。近20年来，一些国家开始制定学习型社会建设中长期政策规划，确立政府在统筹安排学校教育、社区以及公共机构和资源，帮助个体和家庭参与学习创设条件方面不可或缺的角色，并且肯定了市场和社会在建设学习型社会中的重要作用，认同学习并不局限于学校和培训机构，而是无所不在地渗透到社会的各个角落，是每个社会成员、社会组织与政府共同构筑的理想愿景，以期通过长期、持续提供机会与满足学习要求，进而改变个体、完善个体。

学习型社会的建设离不开民间的参与，更缺不了国家意志，只有在国家制度和财力的保障下，学习主体的主动学习地位才会被尊重，学习能力提升才会得到保障，整体社会的学习文化氛围才会形成。正因为如此，很长时间以来，世界各国特别是发达国家将建设学习型社会上升到国家战略高度。例如，巴西《关于青少年和成年人实用读写能力训练及终身教育法》（1967）、丹麦《成人教育法》（1968）、德国的《教育制度结构计划》（1970）、法国确立了"1%事业"制度的《终身职业教育法》（1971）、秘鲁《总教育法》（1972）、美国《蒙代尔法》（1976）、日本《终身学习振兴法》（1990）、韩国《终身学习法》（1996）和《第三次终身学习推动计划》（2013）、南非《终身学习的国家资格框架报告》（1996）和《人力资源开发战略》（2001）、德国《联邦德国终身学习战略》（2004）、土耳其《终身学习战略白皮书》（2009）、英国《学习型国家：愿景到行动》（2011）等。欧盟推动成员国终身学习进展力度颇大，如《成长、竞争、就业：迈向21世纪的挑战与途径》（1993）、《教与学：迈向学习型社会》（1995）、《实现终身学习的欧洲》（2001）、"2007—2013年终身学习计划"（2006）、《终身学习决议书》（2002）和"伊拉斯莫＋计划"等。

我国政府也较早意识到学习型社会对国家建设的重要作用。《中国教育改革和发展纲要》首次提出"终生教育"概念，《中华人民共和国教育法》进一步提出了"建立和完善终身教育体系"任务，《教育规划纲要》提出"到2020年，基本实现教育现代化，基本形成学习型社会，进入人力资源强国行列"。党的十六大、十七大报告都提出了"形成全民学习、终身学习的学习型社会"，党的十九大报告则提出了"加快建设学习型社会"，等等。诸如此类的战略愿景在促进民主法治、推动社会公平正义和维护人的尊严方面发挥着重要作用，通过学习型社会建设增强人们应对未来社会、文化、技术等方面挑战的能力，并借此保障本国长远的社会发展目标得以顺利实现。

## 二、学习型社会的新特征

学习型社会因人应对社会发展和国家繁荣的需求而出现，在社会实践中其理论构想也在不断丰富发展，从哈钦斯到贾维斯，其观点不断抽象，层次更为宏观，方向趋向中庸。正因为如此，学习型社会的理想图景才一直吸引着社会改革者的注意力并使他们努力付诸实践。总结起来，学习型社会具有以下特征：它是动态的、持续的、发展的，非一种静止的、固定不变的社会类型；是从教育转向学习，以学习为中心，以学习者需求为导向，以持续不断的学习促进个体多方面发展、形成完满人性的社会，而非仅仅从社会经济发展需求出发，向社会成员灌输、传授、教育、培训应该具有的观念、知识、技能；作为国家战略，为经济发展和国家昌盛发掘与储备大量的各类人才资源，而非仅仅是一种人才选拔和职业分流的手段。为此，必须具有一定系统化组织化的社会资源，包括最新的技术设备等，确保人人时时处处可学。简言之，让社会形成学习型环境，让各类社会主体学会学习。

### （一）学习的终身化

学习型社会强调学习的终身化、全民化和个性化，强调学习的个体价值属性、学习的多样化自由选择与兴趣导向，把个体的成熟成长从外在的强制要求和被动过程变成其内在需要和积极主动的过程。

学习型社会图景中一个重要内容是学习 / 教育的终身化，它是构建学习型社会的基石。从上述概念演进的历史过程看，从"终身教育"到"终身学习"，理论界对"终身"的强调一直没变，只是在工作重点上从"教育"转向"学习"，强调学习是人终其一生的持续性的事业，是"活到老学到老"的不断成长过程，或者说，人的成长就是持续学习的过程。由于我们所处的社会越来越具有不确定性，知识更新频率越来越快，新技术应用于生活的周期越来越短，在未来社会中，学习必须是连续性的、联合性的、联结性的。因而在学校教育之后继续开展在职教育、各种社会文化活动以及休闲娱乐活动，学习的过程需扩展到与生命个体或群体有共同外延的社会生活各个方面，多方共同参与以增强学习的持续性，并通过持续性学习缓解个人日常生活与广泛的社会公共问题之间的冲突。从实践层面上分析，实现学习的终身化，政府除了向适龄人员提供各级各类的学校教育之外，还提供包括鼓励社会力量参与的各种非正式教育和培训。全部社会成员除了接受成年之前的正规学校教育之外，还可以进行与自己兴趣技能相关的继续教育和培训、参观、体验以及文娱活动等内涵丰富的学习活动。例如，在职员工在工作岗位上还可以便捷地自由选择相关职业技能继续教育和培训，提高适岗履职的能力。每个人都可以按照自己的兴趣爱好开展与自己职业不相关的学习，或者提高审美情趣，或者发展专项特长。已退休的老年人可以学习老年大学课程、游学、参观等，丰富退休后生活内容，提高生活质量。

（二）学习的全民化

学习型社会的另一个图景是所有社会成员都可以获得拓展或进一步提高的机会。所谓学习的全民化，即从个体的时间长度上来说是不限制学习者的年龄，提倡终身学习；而从学习参与的范围和规模上来讲，就是不限制学习的群体类别和职业身份，提倡全民学习。学习全民化来源于全民教育思想，1990 年在泰国宗滴恩召开的世界全民教育大会提出了全民教育概念，2000 年联合国教科文组织通过《达喀尔行动纲领》，明确了行动的路线图和时间表，世界各国进行了新的一轮教育普及化进程。目前，我国扫盲教育、普及初等教育、成人教育以及缩小教育性别差异等方面取得了巨大成就。在全民化的学习型社会中，学习成为每个社会成员的一种权利、一种责任，更是他们的利益所在，是责权利一体化的综合性活动过程。因为这里的学习不仅指学校提供的学习机会，也包括非制度化的学习过程，所以，在学习型社会中学习的全民化要摒除过去单纯依靠学校规模扩张和提高学生入学率的办法来推进教育民主过程——当然，这个过程也是非常重要的，是基础性的。在新的框架下，我们应该拓宽视野，激活思维，从学习的终身化角度出发，以学习型社会建设为宏伟蓝图，致力于构建和发展对所有类型社会成员开放的可自由选择的学习环境，包括幼儿、青少年、老年，市民、农民、自由职业者，在校生、在职员工、退休赋闲人员，等等。可以说，这种学习的达成需要一种整体的教育，以整体协调原则重新思考我们现在的教育体系和学习环境，组织和开发各种教育机构和教育资源，增加教育系统的活力，回应所有学习者和潜在学习者的学习需求，以促进社会民主和公正。

### （三）学习的个性化

学习型社会的第三个可能图景是学习的个性化。学习者根据自身需求和工作性质等自定学习目标，灵活组织学习内容，选择学习时间和学习形式，以进行个别化的自我指导和自我完善。在目前学校教育或岗位技能培训中，给定了一些科目范围以供选择，而大部分是规定必学的，即必修＋选修模式。而在这些教育和培训之外，学习者可以根据自己的兴趣、爱好、特长等选择相关教育和培训机构发展自己，进行深入探索。其选择不拘一格，涉及社会生活的各个方面，包括科技、艺术、文学等；时间可长可短；学习形式多样。所以，无论是在制度化教育中，还是在非正式化的学习环境中，尊重个体差异、满足个体需求、赋予个体选择权的个性化的学习都或多或少存在，并且越来越成为一种发展趋势。在人工智能技术越来越广泛地渗透于教学环境和人们生活水平越来越高的情况下，这种个性化、定制式的学习情形会越来越被人们接受，终身学习的形式可能更多地出现在未来学习图景中。

### （四）学习的便捷性

学习型社会的第四个特征是学习的便捷性，这是信息技术发展对终身学习、个性化学习的新要求。所谓学习的便捷性即国家所倡导的"时时可学""处处能学""愿学即得"的理想状态，学习者根据自己的知识状况、工作需求、休闲、健康、饮食等各方面的愿望，在需要学习的时候或者任何空闲时间，在学校、图书馆等传统学习场所之外的家庭居所、路途中，都能够学习到自己想学习的内容。一要保证学习者所需课程内容的全面性及学习资源的丰富性、高质量。这个可以由大学、私人机构以及企业提供，在自媒体时代有专业知识的个人也可以通过客户端开设相关课程。二要提供互联网接入以及无线网络覆盖，便于学习者在任何时间和任何地点都可以接入网络，链入课程资源所在服务器。三要配备学习终端。在智能手机和平板电脑非常普及的当下，借助无线互联技术，各种学习APP被开发出来，使得学习的便捷性大大提高。同时，这种由优胜劣汰竞争规则主导的数字教育市场也对学习者的明智选择能力和制作者开发高质量学习资源的能力提出了更高的要求。概而言之，学习的便捷与否，关键取决于课程数字资源制作、互联网技术的快速发展以及个人学习客户端的普及，缺少其中任何一个方面的支持，这种学习的便捷性都会大打折扣。目前，我国一些地区在终身学习体系建设方面取得进展，比如杭州的"3L"终身教育体系，即学习时间全覆盖（life-long）、学习地点全覆盖（life-wide）、学习内容全覆盖（life-deep），以及配套的"6W"学习体系，即任何人、在任何时间、任何地点、带着主动学习意愿，能够通过任何方式获取任何必要信息。再比如，上海老年教育建设成手机／微信、平板／APP、电脑／网站等三种学习途径相结合，纸质书、电子书、多媒体课件、移动微资源等"四位一本"的组合教学方式，一定程度上缓解了某些区域老年大学一座难求问题。这种基于数字媒体技术和互联网技术的终身学习体系使得学习越来越便捷，越来越多地渗透到人们的日常生活中，成为现代学习型社会的一个重要特征。

## 三、各级各类教育的融通

环境和条件是实现理想的重要因素。学习型社会中学习的终身化、全民化、个性化和便捷性，受到学习者所处的社会发展水平、学习环境等外在因素的制约，需要配套性教育制度和教育资源的支撑。因此，需要通过改革和健全教育制度、课程资源等来促进和保障学习过程和学习效果。从某种程度上说，构建学习型社会就是不断推进教育整体改革的过程。具体来说，就是要逐渐加强各级各类教育之间的流动性，在正式教育与非正式教育之间建立有利于学习者自由选择的机制，形成上下贯通、左右联通、内外互动的教育新格局。

## （一）各级教育间的上下贯通

教育本来就承担着人才选拔功能，高一级学校选择低一级学校学生，促成了学生的向上有序流动，这是教育基本规律之一。如何设计这种流动规则，是不同教育制度的特点所在。而在基础教育逐渐普及的趋势下，一定学段的升学竞争压力遽然降低，教育竞争演变为对优质教育资源的占有和获取，竞争方向从教育全阶段转移到高等教育，从教育内部逐步扩散到教育外部。例如，2020年，我国高等教育毛入学率为54.4%，进入高等教育大众化阶段，这是改革开放以来教育发展的巨大进步，更多的民众特别是适龄青年进入大学接受更高层次的教育，推动了社会文明进程。从中外教育史上看，在上下级教育贯通机制上，从过去的残缺不全到现在的完整有序，从过去的通道狭小到现在的较为宽阔，从过去的固定僵化到现在的路径多样，越来越显示出教育本身在促进社会流动、多出人才、多样化成才方面功不可没，以及在推动社会民主进步方面发挥的积极作用，这也在另一方面积极引导着全社会以学习促发展、不断提高文明程度。

## （二）各类教育间左右联通

在制度化的教育形成和发展过程中，在各教育阶段形成了多种教育类型和教育形式，比如幼儿教育有学前教育机构和家庭教师，中等教育有重视个人修养的文法中学和专门培养职业技能的实业中学，高等教育有专门性专科学校和文理学院等，形成这一局面一方面是由于举办者对人才培养目标的不同理解，另一方面也是社会对劳动力素质提出的不同要求。随着社会分工的日益细化，这种教育内部之间的裂痕也日益加深，其弊病日益凸现，以至于教育不仅与外界隔离，而且各类教育形成了各自封闭的等级体系，与其他类型教育"不相往来"。个体接受某一种教育，特别是中学后教育，就意味着一辈子要从事与此专业相关的行业和岗位，无法再次选择和调整，否则就是从头再来或者失业，代价实在太大。而在学习型社会中，为了应对信息、知识的急速增长，需要的不仅是各种专门性知识和技能，更需要信息检索、辨别、整合等通用技能、创新能力和人文素养。教育要打破这种藩篱和对立，形成学习者在不同类型的学习机构中能够自由选择和流动的机制，构建促进人尽其才、多出人才、多样化成才的高效率育才模式。而目前在中学阶段实施普职融通、举办职业体验活动、普职生有条件互转、普通大学招收"三校生"等措施，既有传统做法，又有创新举措，都是在打破各类教育之间的坚壁和隔阂，在各类教育间建立起有效联系。

### （三）教育与社会、企业、家庭的联系

加强教育与社会、企业、家庭之间的联系，形成内外互动、联合育人、整体协同的学习资源和环境，这实际上反映了教育治理多元主体互动共治的格局。在学习型社会中除了教育内部协调发展、加强上下贯通和左右联系之外，更要关注教育与外部的关系，关注社会机构和因素对学习与人才成长的影响。学习概念泛化后就突破了学校的围墙，工业大生产模式下的制度化教育不能完全涵盖个性日益凸现的个体学习需求和成长。书籍、各种新媒体等使得学习资源获得非常便捷，企业、博物馆、科技馆等社会机构参与到学校教育过程中，家庭、社区、公共事务管理部门也不同程度地介入到学校中，使得学校教育与社会的联系日益密切。在校生可以更多地接触社会，与学校之外的其他部门和人员进行互动，增进对社会秩序、法律规则、行业、企业、职业、岗位等情况的了解，这有利于培养学生课堂之外的广泛兴趣，有利于逐渐明确和形成未来职业定向，也有利于增强学生适应和创造未来社会的能力。目前，很多学校主动与校外机构建立协作机制，加强学校育人效果。例如，2019 年华东师范大学与华为技术有限公司签约，围绕国家创新驱动发展战略，立足华东师大"智能 +"等发展战略，深化在计算机科学与软件工程、信息科学技术、物理与材料科学等领域的科研合作，在联合科研创新、人才培养与交流、智慧校园建设、基础教育信息化等方面全面进行战略合作。

# 第二节 建构终身学习系统的治理策略

建构终身教育体系是建设学习型社会的制度基础，二者之间是彼此依存的关系。要建立国家层面上的终身教育体系，需要对各种教育资源进行全面梳理，明确资源的形式与类型；进而在我国教育体制以及教育机构发展的现实基础上，发挥学校在过去集中建设中形成的优势，以高等教育机构为主体开发各种学习资源，集合成人教育机构功能，加强普通教育机构与职业教育机构、老年人教育机构、青少年教育机构、社区教育机构等各类终身教育机构的联合与协作，开发适合不同人群需要的各类学习课程。另外，重视互联网、人工智能等新技术带来的挑战，大力整合、开发线上资源，为学习资源获取提供更大的便利。终身学习系统建设还需全社会力量的介入，需要各类专业机构参与合作，需要政府政策引导、制度供给、财力支持等。

## 一、完善终身学习体系

虽然上文较多地论述了学习有取代教育的发展趋势，但是在学习型社会中最高效的学习途径仍然是学校教育。终身学习的实现有赖于教育资源的供给，它与教育体系之间是"毛"和"皮"的关系，"皮之不存，毛将焉附"，没有基本成型的教育体系和教育制度保障，就没有有效的终身学习行为发生，学习型社会就是无本之木。因而，通过制度化、体系化的教育促进社会成员的个性化学习，无论对于个体还是群体，都是达成终身学习的重要途径，所以构建一种学习便利、参与广泛、流动顺畅的教育体系成为构建学习型社会的当务之急，也是一个组织发展战略的重要内容。

　　终身教育体系建设包括社区教育、教育培训、继续教育、远程教育等，非正式教育与正式教育、非学历教育与学历教育之间的衔接与沟通，形成多种类型、多个层次以及多种形式相结合的复合型教育结构体系。终身教育制度建设包括课程资源、教学制度、评价制度、教师队伍、教育财政、教育法治等，这些是构建学习型社会战略的主要方面，直接影响着人们的学习动力和学习效果。目前，我国各级政府制定的发展规划中都提出建立灵活、方便、开放的终身教育体系，确定了终身教育在建设学习型社会中的重要作用，在实践上也创新了很多措施和做法，推进了全民终身学习。但是在整体效果上还不尽人意，终身教育体系与上下贯通、左右联通、内外互动的教育蓝图还有一定差距，这既与终身教育体系概念厘定不清、与原有国民教育体系融合不洽有关系，也与校内外教育之间严重割裂、学历教育与非学历教育之间存在深层隔阂有关。要破除这些思想和制度藩篱，必须进行教育立法、机构重组、价值引导等，减少原有体制和既有利益的阻碍。目前，我国福建、上海、太原在终身教育立法上先行一步，用地方性法规保障终身教育体系建设和运行，天津、北京、常州等很多城市在终身教育体系建设方面举办了很多富有特色的精彩活动，也取得了有价值的经验。

## 二、创新终身教育资源分类与形式

　　学习资源建设是实现终身学习、推进学习型社会建设的先决条件。目前学界对终身教育和学习资源的研究有了一定的基础。顾小清、查冲平、李舒懋等（2009）从学习目的、学习者、资源提供者、学习资源形式以及资源搭载形式和呈现形式等方面对终身学习角度的微型移动学习资源进行了分类和详细的研究。余平、钱冬明、祝智庭（2014）研究了数字化终身教育资源结构、分类及标准。终身教育和学习资源建设在实践中也发展迅速，特别是近年来慕课借助互联网发展起来，大学公开课实现了更大范围的共享，把学习型社会建设大大地向前推进了一步。这种实践中的大发展把企业、个人、媒体、学术机构（包括大学）紧紧地联系在一起，模糊了过去对学习型社会的建设路径上"是侧重于对学校教育的改造还是强化社区的教育功能"（陈廷柱，2008）等争论的界限。学习不仅仅限于学校中的课堂中学习，在线学习成为人们日常生活中日益重要的内容。学习资源不仅仅包括为学术准备或者直接进行学术研究的学科知识，也包括丰富的日常生活中所需要的知识，如健康、卫生、饮食、安全、娱乐、出行、购物等；更包括职业发展和进修中所需要的行业和岗位知识，如组织管理、商品营销、领导方法、人际关系、情绪管理、时政知识等。各类学习资源层出不穷，回应了社会节奏加快、工作负荷急剧上升的形势下人们新的消费需求。作为父母和职业者，教育学习培训的支出也水涨船高。可以预见，在未来人们越来越重视自身的学习，就如对待子女的教育一样，活到老学到老成为每个社会成员的座右铭。

　　那么，为了满足未来人们日益增加的学习需求，终身教育和学习资源的建设大致可以通过改造、整合现有的学校教育资源和功能，发挥社会组织和个人的积极作用，按照国家资格框架的学分等级标准，合理规划引导资源建设，提高社会效益。就学习资源的类型和形式来说，可以从学习者、资源提供者、资源存在形式以及学习形式等特点来区分。①从学习者方面看，有获取学历、职业资格证书和进行娱乐休闲消费等方面的学习资源之分，有针对幼儿、儿童、青少年、大学生、在职人士和老年人等不同年龄阶段人群的学习资源之分，有针对面临升学、出国、职称考试、艺术考级等事务的特定人群为了特定目的的学习资源之分，诸如此类，不一而足。②从资源提供者方面看，有学校提供的国家规定的课程资源，有教师自己开发的选修课学习资源，有校外培训机构、企业内部、行业组织自己开发的学科补习、竞赛、技能培训、岗位培训等学习资源，有媒体提供的休闲娱乐类资源、科普知识类纪录片等学习资源，等等。③从资源存在形式看，可以分为纸质、电子媒介以及混合型，还有演出活动、建筑、风景名胜、艺术品、人文景观等学习资源。④从学习形式方面看，有规范性的制度化的学习资源和随时可学的碎片化的学习资源之分。在此对学习资源进行区别分析，目的在于对终身教育和学习资源进行针对性的规划与建设，增强政府、基金会、行业协会等在学习资源建设中的作用，避免盲目性。

## 三、开放高等教育资源

终身学习资源供给来源，一方面主要依托学校，发挥学校在设备、场地、人员等方面的优势，通过继承、改造现有的教育体系和教育机构，赋予学校及学校教育终身教育新使命，满足学习者学习需求，而不是通过消除学校来发展终身教育、建设学习型社会；另一方面是校外组织和人员，包括社区、企业和专业人士，通过这些载体的不断完善、介入来丰富各种学习资源，提供更多的学习途径。这两方面的结合形成互补关系，对我国现阶段来说，发掘和发挥学校教育的终身教育功能有特别意义：不仅整合了各种教育机构的终身教育资源，扩大该教育体系的终身教育覆盖范围，也使一些机构在新的学习型社会建设背景下获得新的发展动力。大学在终身学习和资源供给中一直发挥着先锋作用，以学习型社会建设理念指导教育改革，大学首担其责。

首先，继续发挥大学在成人教育、自学考试中的积极作用。在我国，对终身教育和资源建设有重要作用的是大学，其与企业传播媒介结合形成了强大的资源传播影响力，能够极大地推动学习型社会建设进程。我国高等教育由于历史发展因素形成了类型、层次多样的结构，其中面对成人教育的业务一直与普通本专科生教育并行展开，这对我国过去高等教育小规模时期的社会成员的继续学习和人口素质提升起到积极作用。如今，学历提升这部分业务仍然为学校、学生、用人单位等各方所需要，与很多大学主持的自学考试一起，成为目前学习者获取本专科学历的两大途径，对学习者、在职人员的继续学习、职场晋升功不可没。要继续发挥综合性大学的继续教育学院、成人教育学院以及开放大学、广播电视大学等教育机构的终身教育功能。

另外，大学还在学习资源开发、校园体验、公共设施开放共享方面发挥终身教育功能。大学是知识密集场所，集中了众多高级知识生产者。应该发挥大学的知识资源优势，为社会成员特别是走出校门的成人提供各类公于课程；积极利用"互联网＋教育"新形式，打开大学知识大门，向全社会开放，让全社会共享，为学习型社会建设提供最有力的资源支撑。大学校园大多历史悠久、文化底蕴深厚，是学者云集之地、学子求学之地，进校园体验学习对于激发热情、陶冶情操有积极意义。在终身学习理念鼓舞下，目前中国各地很多高校都不同程度地以各种方式向社会公众开放，提供学习机会和学习内容，如广州大学城高校联盟、复旦大学网络公开课。但是上述各类社会开放尝试大多中止或者收缩，主要原因是存在干扰学校教学秩序、破坏环境、商业行为泛滥、校园安全隐患增多等诸多管理上的问题。作为公共资源，特别是建立在社区中的高校，应该做好组织协调工作，尽可能为公众学习和休闲提供服务，与附近中小学建立合作关系，为学生进行科普体验和学习提供必要的支持。

## 四、融通普职教育资源

中学阶段实行普职融通，为学生学习和流动提供多种选择，是建设终身学习资源的路径。普通教育与职业教育割裂一直是教育体制的弊病。在当前的背景下，消除普职之间的隔阂，实现学生在两种类型教育之间的顺畅流动，对学习型社会建设具有重要意义。普职融通的路径和形式很多，如职业学校与普通大学的创新创业类职业性课程、普通中学的职业体验活动、职业院校相关职业类选修课程、职业学校开设的普通高中文化选修课等。目前，我国天津、石家庄、宁波、德州、青岛、潍坊、泰州、成都等地出台了普职融通、课程互选、学籍互转、学分互认、教师互通、资源共享等的专门文件，并安排了一定数量的学校结对开展试点，切实推动了当地普通高中与职业院校之间的联系与合作（表9.2）。目前大多数地区在初中升学、高中分流中，按照规定应依据学业成绩与本人兴趣意愿选择就读学校类型，但是在实际操作中仍然是以考试分数为最终标准。普通中学开设职业类选修课程、开展职业体验活动，家长不理解甚至抵触，这些都源于全社会对职业教育的偏见及对学术性大学、综合性大学的偏爱。不断推进学习型社会建设，破除思想认识上的误区，就要一视同仁地建设普通教育和职业教育、继续教育，同等地对待和落实学校教育内容，认定不同形式的学习成果，并在入职考核等方面对普职学生予以同等待遇。

表 9.2　开展普职融通试点部分地区与政策

| 序号 | 地区 | 文件名称 | 主要内容 |
|---|---|---|---|
| 1 | 天津 | 《天津市教育委员会关于进一步推进普职融通的指导意见》 | 开展学生职业体验活动；深化普职学校课程改革；鼓励普职学校资源共享。 |
| 2 | 石家庄 | 《深化普职融通育人模式改革工作的意见》 | 开设"普职融通实验班"；相互开设选修课程；高职院校联合企业共同建设普通高中实习实训基地；利用校外综合教育实习基地开设职业启蒙和体验课程；依托职业教育园区开展特教普职融通试点。 |
| 3 | 泰州 | 《泰州市普通高中教育与中等职业教育融合贯通试点实施方案》 | 加强普职融通课程改革；共享普职优质教育资源；探索普职学生互转互通；普高与职校学分互认；开展普职联合办学试点。 |
| 4 | 宁波 | 《宁波市教育局关于深化普职融通育人模式改革试点工作的意见》 | 学籍互转；学分互认；课程互选；师资互通；活动互动；加强学生职业体验教育；探索区域统一选拔、双向选择的普职融通；开设职业教育预备班；建设普职融通共同体；支持义务教育课程改革；普职融通班的师资管理；促进普职教师交流学习；明确普职融通的课时补助。 |
| 5 | 山东 | 《山东省教育厅〈关于开展普通高中与中等职业学校学分互认学籍互转试点工作的通知〉》 | 课程共享；学籍互转；学分互认；资源共享。 |
| 6 | 青岛 | 《青岛市教育局关于加强中学教育阶段普职融通工作的意见》 | 职业体验活动，职业规划；设立综合高中，高二分流；课程资源相互开放、共享；选修课程体系设计、师资配置、设备设施建设。 |
| 7 | 德州 | 《德州市普通高中教育与中等职业教育学分互认学籍互转试点工作实施办法（试行）》 | 学分互认、学籍互转试点；联合开发衔接选修课程，课程共享；试点学校资源相互开放、共享；优秀师资相互兼课。 |

续表

| 序号 | 地区 | 文件名称 | 主要内容 |
|------|------|----------|----------|
| 8 | 潍坊 | 《潍坊市普通高中教育与中等职业教育融合贯通实施方案》 | 普职学生互转学籍，互认学分试点；普通高中学校特色化转型发展，与职业院校合作；加强普职融通课程改革，增强初高中学生职业认知。 |
| 9 | 成都 | 《成都市教育局关于推动普职融通育人模式改革的意见（试行）》 | 普职教育资源共享；普职学校课程共建；普职学校教师互动；中职学校与普通高中对口举办职普融通实验班，开展普职融通实验；普职学生学籍互转；普职学校学分互认。 |

## 五、融合线上线下资源

利用互联网信息技术工具扩大终身学习的覆盖面，提升学习的便利性。从机器介入学习过程到信息技术、多媒体技术等对学习过程产生广泛影响，人们获取学习资源的便捷性、学习方式的可选择性、学习过程的互动性和个性化等大大增强，利用互联网、新媒体等传播媒介建立学习型社区、数字学习港，最近兴起的利用人工智能定制个性化课程和学习服务，新的学习组织形态和类型令人目不暇接。当代信息传播技术为大学课程的远距离大范围传播提供了技术上的可能，改变了过去通过电视、收音机、刊物来远距离传播的状态。以互联网平台和多媒体技术为支撑的大学慕课，将各类专业课、通识课通过菜单式的教育"超市"呈现给各类学习者，供学习者选择，降低了学习成本，克服了过去上大学只能学习本专业、无法调剂的局限性，而且目前逐渐有了学分认证和学习结果证书，为在校生、在职人员、社会人士等各类群体发展兴趣、学习知识、扩大眼界和提高文化品位等提供了极大便利，有利于增强社会成员的终身学习的意愿和能力，是学习型社会建设强有力的辅助工具。例如，国外的 coursera（https：//www.coursera.org/）与一流大学和教育机构合作，由该领域的顶尖教师授课，提供在线课程和电子课程证书甚至学位，致力于普及全世界最好的教育，在学习和知识传播领域界颇具盛名。早在 2018 年初，我国慕课数量就居世界第一位，有 200 余门慕课登陆国际著名课程平台，460 余所高校建设 3200 余门慕课线上课程平台，5500 万人次高校学生和社会学习者选学课程（李澈，龙超凡，2018）。我国大学慕课平台中有影响力的大多是企业性质的，这些平台为在校生和其他各类人员的在线学习提供了丰富的大学精品课程（表 9.3）。但是，学习者在线学习也有互动性弱等弊端，加上阅读和学习的碎片化，学习效果大多不尽如人意，所以大多以实用性课程为主，以娱乐休闲学习方式为主，在学习的深度和思维训练上大打折扣，这也是要重视在校的专业性、系统性学习的原因所在。

表 9.3　国内影响较大的慕课平台

| 序号 | 网站名称 | 网址 | 特点 |
|---|---|---|---|
| 1 | 爱课程 | http：//www.icourses.cn/ | 教育部、财政部"十二五"期间共同启动实施的"高等学校本科教学质量与教学改革工程"支持建设的高等教育课程资源共享平台，向全社会免费提供中国大学大多数学科精品开放课程。 |
| 2 | 学堂在线 | http：//www.xuetangx.com/ | 教育部在线教育研究中心的研究交流和成果应用平台，提供世界一流大学在线课程。 |
| 3 | 中国大学MOOC | https：//www.icourse163.org/ | 网易公司发起的国家精品课程在线学习平台，有大学选修课、职业教育课程、教师系列 MOOC 等，并提供国内一些大学授课教师同步学习成果认证。 |
| 4 | 网易公开课 | https：//open.163.com/ | 国内较早翻译国外著名大学课程，进而汇集国内外名校公开课和演讲的轻量在线学习平台。后开发了满足大众终身学习需要的以职业技能传授为主的网易云课堂。 |
| 5 | MOOC中国 | http：//www.mooc.cn/ | 收录全球优秀开放式在线课程。 |

续表

| 序号 | 网站名称 | 网址 | 特点 |
|---|---|---|---|
| 6 | 好大学在线 | http：//www.cnmooc.org/ | 部分中国高水平大学自愿组建的开放式合作教育平台。 |
| 7 | 中国公开课 | http：//opencla.cctv.com/ | 中央电视台网站提供的中小学到大学、从学术到修养的内容全覆盖在线学习平台。 |
| 8 | 慕课网 | https：//www.imooc.com | 北京慕课科技中心向用户提供的计算机编程专业性内容慕课网站。 |

## 六、协同社会文化资源

　　推进学习型社会建设，除了发挥制度化学校教育的系统性专业化作用外，还要重视其他类型教育形式、校外机构以及公共文化设施的学习功能，注重通过政策引导和制度设计，引导和鼓励多方协同参与终身学习资源建设，发挥社会整体合力对学习型社会建设的效用。具体来说，就是要促进社区教育中心、老年人大学、企业内部培训中心等多类型终身教育机构的进一步发展，深入挖掘博物馆、科技馆、图书馆、青少年宫／活动中心等专业性文化机构的终身学习功能，创新传统信息传播媒介的传播内容、传播方式，创设和开展专门性文化活动，鼓励社会私人机构参与终身学习资源建设，通过购买、委托、租借等多种方式丰富终身学习内容。

　　社区教育在我国开展了近三十年，就其发展起源来说是终身教育的代名词，但是在终身学习概念框架中社区教育只是学习型社会建设的一部分，必须与其他类型的终身学习形式协同发展。发展社区教育有利于提高社区成员社会认知，密切社区成员人际关系，形成良好的社区生活环境。发展社区教育中心的终身学习功能，要面向社区，及时了解社区成员发展需要，准确识别社区发展问题，鼓励居民参与到社区事务决策中来，并对社区事务的解决作出回应。同时，社区学院作为社区教育的中心，要充分利用社区资源，包括闲置和空闲中的中小学教育资源与设施，开设有关社区公共事务和现实问题的课程，引导居民充分理性讨论，自由交流思想和意见，形成良好的社区风尚。同时社区学院等教育机构与居委会、物业等机构协同治理，群策群力，在终身学习理念下共同营造社区新面貌。

办好老年人大学、发展老年教育是促进老年人终身学习、全面发展、建设学习型社会的重要环节。这就要以促进老年人社会参与为价值导向，通过赋权增能，细化老年人的学习需求，开设健康教育、生命教育、艺术教育等多样性、针对性、拓展性、发展性的老年教育课程内容，开发寓教于乐等融学、养、乐为一体的综合性的老年教育方法，促进老年人心理健康，提高其适应社会变化能力、把握自己生活的能力和理性参与社会能力，让老年人老有所学、老有所乐、老有所为，进而强化老年教育机构的终身学习的专业化、综合化服务功能。

在校外教育中还存在一些专业性教育机构或文艺团体，汇集了很多学校教育中极度缺乏的但却非常必需的终身学习资源，如青少年活动中心、图书馆、文化馆、博物馆、科技馆、美术馆、展览馆、体育馆、歌舞团、影剧院等，监狱、军队、医院、政府机关等特殊机构，还有一些建筑设施、文化名胜、历史遗迹等物理空间的隐性终身学习资源。通过转变机构职能，树立为民众终身学习服务的理念，与其他类似机构协作，最大化发挥对终身学习的专业服务功能。例如，天津市和平区青少年宫谋求积极转型，秉承公益性理念，为社区青少年的特长发展、终身学习服务。青少年宫充分发挥专业教师的辐射作用，建立起以青少年宫专业教师为带头人、周边中小学相关教师广泛参与的专业教师团队和教师沙龙，每位专业教师带领一批自己专业的学校社团，形成一种塔式终身学习体系，解决了青少年宫封闭自守的旧状，提高了服务区域青少年终身学习的能力。

政府还可通过政策引导和制度供给促进社会组织介入学习型社会资源建设。①通过制定发展规划、设立专项活动或专门节日、树立奖励优秀典型、创设活动品牌、开展竞赛互动、建立互助协会、创立试点试验区示范区等措施促进学习型社会建设。例如，我国于2016年制定了首个国家级的《全民阅读"十三五"时期发展规划》，倡导全社会重视阅读，促进全民阅读的常态化。②通过制定专项政策，鼓励大学、社会企事业机构参与终身学习资源建设过程，通过购买、委托、奖励等办法，增加各种学习资源供给，保证终身学习质量。例如，2015年，

《教育部关于加强高等学校在线开放课程建设应用与管理的意见》发布，目前国内的慕课平台众多，涌现出多家行业翘楚。2018年教育部又首次推出了490门国家精品在线开放课程，对全社会的终身学习起到良好的示范作用和推动作用。③通过一定的财政支持减轻学习负担，激励全民提高文化素养，提高专业职业技能。建立个人学习账户，学习经费由政府、个人和用人单位三者分担，明确财政资金比例，确定财政资助的学习对象，如学习国家职业资格课程可以全部或部分免费。

# 第三节　学习型社会的教育治理

　　学习型社会的建设和发展为教育治理提供了新的背景，也提出了新的要求。未来社会不同群体的教育利益有所分化，特别是在终身学习视野下，教育领域中的单一性、单向性被打破，受教育者和教育提供者都会有多种形式和类型，必须协调和平衡好各利益主体间关系；要进行终身教育发展战略规划，重视政府的沟通协调与公众的非集权式参与，使规划内容能够集思广益，广泛地反映利益方需求；要通过构建国家资格框架，建立和拓宽终身学习的立体交叉流通渠道，建立学分认证、积累和转换制度，统一各种学习成果的认证过程和等级，便于社会成员的职业流动。同时，加强立法工作，在地方立法经验基础上，探索建立终身教育制度规范运行的国家保障体系。

## 一、协调各主体间关系

全面建成小康社会后，满足不同学习群体的多样化学习需求是教育改革与发展的重要课题。在未来很长一段时间内，教育领域中的发展不平衡、不充分将是一个长期问题，缩小教育发展差距、丰富教育资源和内容、提供更多的学习选择将是未来教育工作者的基本工作要求。但是，从社会发展和教育治理角度分析，教育的提供方不应该是政府单一主体，在2018年全国教育大会上，习近平总书记提出，"办好教育事业，家庭、学校、政府、社会都有责任"。在过去，我们过多地强调"社会为何和如何决定教育、教育怎样为社会服务，在不同的社会发展阶段，强调的重点或是政治，或是经济，基本上是按政府的政策走。……强调了教育的社会责任，忽视了全社会、社会其他各系统必须清醒意识并承担起、尽力做好教育的社会责任"（叶澜，2016）。所以，确立教育发展的多主体概念，分清不同主体的教育责任和学习需求，在治理和法治理念下动员全社会参与教育发展，是未来教育改革的基本方向。具体来说，可以分为以下几个方面。

首先，教育管理部门要在规划、行政、督导等方面发挥引领、指导和监管作用。在新时代教育改革发展中，教育主管部门要全面贯彻党的教育方针，坚持正确办学方向，深化教育办学体制改革，推动教育向社会开放、向产业开放。要从唱"独角戏"进入"大合唱"，激发各教育要素的活力，促进全社会参与教育改革发展，增强教育系统的活力。为此，要建构与完善政府依法宏观管理、学校依法自主办学、社会有序参与、各方合力推进的格局。这种局面的形成需要政府赋权与基层增能相结合。政府要做好服务和管理，在价值引导、体系建设、规划设计、标准和规则制定、财政保障、市场监管和质量监控等方面承担起应有的职责。

其次，发挥各地在推进终身教育方面的主体性，激发和肯定教育机构在构建学习型社会中的创新精神。同时，结合与衔接国家标准、地方标准，协调国家与地方以及各省之间的合作，形成有中国特色的终身教育体系，为世界终身教育发展提供中国方案。

再次，重视社会力量的作用，利用市场原则引入竞争机制，促进各利益主体提供有竞争力的教育产品，促进不同机构之间的有效合作，既要强调效率提升又要有质量保证；重视行业协会的发展和作用，协助建立全国性终身学习相关知识研究平台，进行学习和技能的高效整合。在政府与学校、市场的关系上，做到依法治教，让教育机构与市场主体"法无禁止即可为"，让政府部门"法无授权不可为"，目的在于促进形成一种学习福利政策，最终产生促使每个人获益的多样化学习方式。

最后，协调好国家财政保障与个人责任担当之间的关系。建设和发展终身学习体系，既是国家发展需要，也是个人发展所求，按照责权利统一的原则，应该实行责任分担的办法，即受益者买单。所以，推进学习型社会建设既需要国家财政保障，也要求学习者个人为学习产品付费，特别是义务教育后的终身学习、职业技能培训更应该实行成本分担制。那种一味为达成规划数字目标、把五花八门的社区服务硬塞给居民的"赶工程"式的做法是违背事物发展规律的。其实，政府的作用就是正确认识未来学习者的个性化、多样化的学习需求，根据学习的自愿性、层次性、区分性、类型化等，清除根本性的制度障碍，做好法治保障工作。

## 二、推进终身教育规划

对构建终身学习体系进行规划，是高效推进学习型社会建设的重要途径。规划的存在，即意味着组织在管理工作中的主导性、计划性的综合性行为，它整合了目的和方法，按照最优化原则和一致性原则来统筹安排各项工作和资源配置，能够最大限度地实现组织目标。从过程角度分析，某种程度上规划等同于政策制定。对于较长时期内关系到组织发展的目标任务的确立以及重要事务的统筹管理，就涉及战略规划（strategic planning）问题。战略规划是保障组织稳定健康发展、在竞争中领先发展的必要手段。就国家来说，教育是关系国计民生的重要内容，社会成员受教育程度以及终身学习的能力和机会都关系到国家富强、社会进步和人民的福祉。一国的教育发展应该具有持续性、稳定性与可预期性。所以，对教育进行战略规划，是每个国家政府的重要职责之一，对于城市和地区的发展来说也是如此。

学习型社会的概念是不断发展的，从终身教育、终身学习到学习型社会，有识之士不断地将人的完善、成为完人以及作为社会发展动力的人力资源开发这一系列概念推陈出新，使之能够随着时代的发展一直焕发生命活力。近半个多世纪以来，在国际组织的持续推动下，德国、法国、英国、丹麦、瑞典、美国、日本、韩国、巴西、南非等国家一直将发展成人教育、继续教育、终身学习等作为国家战略的一部分。2001 年在亚太经合组织人力资源能力建设高峰会议上我国提出了"构建终身教育体系、创建学习型社会"的 21 世纪中国社会发展目标。2018 年党的十九大报告明确把"办好继续教育，加快建设学习型社会，大力提高国民素质"作为实现"两个一百年"奋斗目标、实现中华民族伟大复兴的中国梦的重要内容。各地政府都将推进学习型城市、学习型社会建设列入工作重点，在当地经济和社会发展五年规划中持续地提出建设学习型社会、完善终身教育体系等，并且在终身教育立法、激励机制、经费保障、人事管理、督导评估等方面制定一系列的制度条款或提出设想，切实推进学习的终身化、全民化工作，使之责任明确、落地有声。《四川省教育事业发展"十三五"规则》提出，基本形成资源丰富、结构合理、灵活开放的继续教育办学与服务体系；天津提出，构建学历和非学历教育并举、职前职后贯通的继续教育体系，率先建成全民学习、终身学习的学习型城市；上海提出，率先基本建成学习型社会；等等。在教育治理现代化发展的背景下，政府在教育规划中的角色逐渐从"管制的主导者"转变为"公共治理的辅助者"、冲突的管理者和谈判的沟通者，开始强调在发展规划、政策制定和事务管理中重视广泛、非集权式的参与等（胡森，波斯尔斯韦特，2006：467）。

## 三、构建国家资格框架

建立全国性的职业资格框架是支持终身学习政策的一项基本策略，其中包括资源共享制度，学分认证、积累和转换制度，证书考评和认证制度。这些制度的建立是将学习型社会的宏观图景转变为社会现实的关键环节设计，对实质性构建终身学习体系、推进学习型社会建设具有重要意义。国家资格框架（national qualification framework，NQF）概念是个舶来品，意为在国家层面上按照先行开发的一定标准对义务教育之后的各种学习结果和学习经历进行分类、分级认定，进而赋予学习者相应教育资历的一套制度和方法，这种资历包括政府颁发或认可的证书、文凭、学位等。国家资格框架被译为不同名称，如教育资历框架、资格证书框架、资历资格框架等。其与以往的教育证书有不同之处：一是客观性，以知识、技能、道德品质等学习成果和经历为考察对象，而不细究这些个人发展成果是从何处获得的；二是接续性，一般以义务教育后持续的不同的学习形式的学习成果为主要认定对象，而不仅仅依赖于学校教育、正式的制度化教育；三是等级性，对义务教育后的各种学习结果按照一定标准分类分级，形成连续的系列资格等级；四是涵盖性，包括不同阶段的教育，即义务教育、高中阶段教育、高等教育，也包括不同类型的教育，如普通教育、职业教育、继续教育与培训等，应合理确定各等级之间的差距以及不同类型学习成果之间的赋值转换。建立国家资格框架，目的是在普通教育与职业教育和培训之间建立对比和转换机制，在学校教育与非正式教育和学习之间建立衔接的纽带，在制度化教育与非制度化教育之间架起沟通的桥梁，构建终身学习体系，促进学习者在各种学习形式之间无障碍地选择和自由流动，扩展社会成员的职业规划和发展空间，使"英雄不问出处"的可贵理念逐渐成为现实，为增强社会活力提供人力资源机制保障。同时，国家资格框架的设计和实施，也有利于各级各类教育对照基本标准进行教学设计，促进某一阶段不同类型的学习成果之间的对比、互认和转换，有利于加强教育系统内部的资源整合，培养更多的合格的各级各类人才，更高效地提高人才培养质量。

目前，很多国家都建立起了或正在开发国家资格框架，如法国、英国、爱尔兰、瑞典、丹麦、澳大利亚、马来西亚、菲律宾、泰国、文莱、柬埔寨、智利、南非等。另外，随着全球化的浪潮席卷各国经济社会，国际教育联系和合作日益密切，特别是高等教育机构中学习者的全球流动日益频繁，各国对学习成果的互认和转换也日益重视。例如，美国大学在审核学生入学申请时认可学生在中国一部分大学所获得的成绩。我国一些高校联合培养方案中也对国外学校的一些课程学习成绩表示认可。中小学教师继续教育中以科研、课题、培训作为部分"冲销"、替代，这是一种学校之间、不同学习形式之间的学分认定和转换形式，避免了重复学习。综合不同国家的资格框架结构特点，按照参照标准，资格框架可以分为标准统一型、标准辅助型和参照型，也有称为并轨制、接轨制和分轨制；按照管理体制，可以分为紧密型、松散型和委托型，如新西兰、英国与澳大利亚。

我国构建终身学习体系、建立学习型社会的政策实践将近 20 年，而将建立国家资格框架纳入社会经济和社会发展规划则是近年的事情。2016 年《国民经济和社会发展第十三个五年规划纲要》正式提出"畅通继续教育、终身学习通道，制定国家资历框架"。2017 年《国家教育事业发展"十三五"规划》提出"制定国家资历框架，建立个人学习账号和学分累计制度。可以说，国家资格框架概念随着我国学习型社会战略不断推进而逐步浮出水面，其制度设计应随着学习机会的增多和学习环境的不断改善而逐渐成型并日益成熟。在地方层面，各省市政府大多将探索学分银行、个人学习账户及逐步推进终身学习成果认证、转换作为经济社会规划的重要内容。四川探索成立终身教育学分银行，建立个人学习账号和学分累计制度。天津实施终身教育学分银行建设工程，依托开放大学，建立继续教育学习成果认证制度，制定继续教育学分转换标准，搭建学分银行网络服务平台，推行市民终身学习卡，建立个人学习账号和学分累计制度，探索学习成果认定、积累、转换机制，畅通继续教育、终身学习通道。这些省市意在通过这些激励性政策措施，推进全民学习、终身学习、个性化学习，以不断提升城市文化品质。可以说，地方的做法和经验可以为国家层面的资格框架的设计与实施提供实践基础。

在我国国家资格框架制度设计上，要处理好以下几个关键。一是建立个人学习账户。将每个阶段的不同形式的学习结果登记入账，为学分累积和转换以申请更高等级的资格做准备。个人学习账户的功能类似于学习档案，其内容具有丰富性、多层次、多类型的特点。把现有的学籍系统纳入其中，建立起每个学段一以贯之的统一的学习账号，便于管理学习经历和成果。二是设计学分认证、累积与转换制度。学分是学校学历教育与其他不同学习形式的学习成果之间沟通的桥梁，通过分值认定才能够累积一定学分，并在不同学习形式或学习内容之间进行流动和转换，最终达到一定数量的学分、拿到某一等级的资格。而对学分内部的构成，除了大的科类和必修课限制外，很多学习内容、课程是可自由选择的。三是条块分割的教育体制内部磋商与协议。在目前我国分轨制背景下，学生要在不同类型学习形式之间自由流动并取得认可很难。一方面是过去没有这种协调机制；另一方面是由于两种类型教育分属于不同管理部门，进行部门协调难度很大。如果要进行资格框架设计，就不是一个小部门的事情，召开联席会议、达成价值共识、进行多部门磋商是取得成功的关键。四是避免盲目无原则地对学术性学习资历的攀附。应该树立各种学习成果等价等值的观念，只要达到既定的标准，即给予相应等级的国家资格，学习内容、学习类型和学习形式不同，但不应该以"学术、职业、专业、业余"等名将学习成果分为三六九等，在国家资格上进行区分。

## 四、促进终身教育立法

对终身教育进行立法保障是推进学习型社会建设的重要举措，很多发达国家都制定了终身教育和终身学习法律。我国一些地方也陆续颁布了相关法规，明确了终身教育的宗旨、立法依据、内容和任务以及管理机构、资源建设和制度保障等，对终身教育的健康有序推进起着引导和促进作用。例如，从 1995 年开始，教育部就将"成人教育法""终身教育法""终身学习法"等立法论证、研制工作纳入年度工作重点，随后全国人大接受了制定"成人教育法"多件议案，并决定在适宜、有条件的地方，可先出台地方性法规，为国家立法提供经验。《教育规划纲要》将终身学习列入立法规划。在地方层面上，2005 年福建最早制定了终身教育地方法规，随后上海市（2011）、太原市（2012）、河北省（2014）和宁波市（2014）也相继出台了终身教育促进条例，成为我国终身教育地方立法的先行者，具有代表性，为国家终身教育立法提供了有效经验。

在终身教育立法的规范性上，应该注意以下几个问题。一是立法的价值导向，以保障全体社会成员的学习权为立法宗旨（兰岚，2017），以巩固已有教育制度和扩大教育成果为基本途径，开拓终身学习渠道，全面提升人民群众的文化水平和生活幸福感。二是终身教育的任务和内容，要建立贯穿人一生的教育体系，包括成人学历教育、技能培训、农村成人教育、社区教育、家庭教育、老年教育、青少年校外教育、妇女儿童教育等，将学校教育与其他各种形式的教育和学习形式整合到系统中，通过建立个人学习账户制度，学分认证、累积和转换制度，证书制度等将各类学习成果统一到国家资格框架中，建立起促进学习自由的学习环境。三是终身教育的管理机构，终身教育涉及政府机构、学校、企业、社会组织等多方利益相关者，鉴于终身教育体系的跨部门性以及我国现行教育管理体制集中度高的特点，可以建立多部门参与的专门委员会或联席会议等，负责规划、组织、协调、统筹终身教育体系和运行工作。四是资源建设和制度保障，终身教育体系建设还涉及人财物的投入，包括运行经费、学习资源与设施、师资队伍等。在经费上要明确以政府投入为主，社会、企业、单位、个人兼有的经费保障原则，将终身教育经费纳入财政计划，借鉴北京、上海、重庆、江苏、浙江等地配套经费的经验和做法，社区教育经费标准为常住人口人均不低于 1 元，企业职工培训经费为职工工资总额的 1.5%—2.5%。在学习资源和设施方面，要充分发挥公共文化设施和机构（如图书馆、博物馆、科技馆、体育馆、文化宫、大剧院等）的教育与文化功能，开展展览、讲座、讨论会等形式多样的活动，鼓励社会成员参与。大力开发大学公开课、优质课、慕课等网络资源，促进大学资源社会共享，为有需求的学习者提供学习成果认证。在师资队伍建设方面，发挥公共文化设施和机构中的专业人员的社会教育功能，给予职称评定及同等待遇等政策。鼓励现有教育机构中优质教育资源的开发者和授课者面向社会公众开放相关课程和服务，对学习成果的认证情况进行考评和奖励。

第十章

# 教育国际化战略

1929 年，英国著名的军事理论家哈特（L. Hart）首次提出了"大战略"概念。大战略的任务是运用一个国家或是一组国家的全部资源与手段以实现最大的战略目的，这要求国家的战略制定者们在制定军事战略的同时，制定其他相关领域的战略，包括经济战略、科技战略和外交战略等（哈特，2010：395-403）。大战略概念的提出和使用，既反映了战略的内涵在横向与纵向两个方面的扩展，也反映了战略从特殊向一般的演化。从大战略的角度来看，教育战略、科技战略与外交战略并不是独立的，而是彼此联系的。教育国际化战略不仅是一种教育战略，也使得教育治理和外交战略发生了紧密联系。在全球化背景下，教育治理体系和能力的现代化不仅包括国内维度，也包括国际维度，两者彼此联系、不可分割。因此，研究教育国际化战略需要扩宽研究视野，在立足教育立场的同时，也要引入外交视野，如此方能把握好国内国外两个大局。同时，作为大战略统筹之下的子战略，教育国际化战略必须通盘考虑经济、科技等其他国家战略，如此方有利于实现服务国家利益的目的。

# 第一节 教育开放与教育治理的历程

回顾新中国成立以来尤其是改革开放以来的教育开放之路，其总是与教育治理的发展相伴而行。总体而言，这段历程可分为从封闭到开放、从开放到国际化、迈向全球教育治理三个阶段，同时伴随着相关治理实践逐步走向开放和规范化的发展历程。经过多年国际化的实践，我国形成了共商共建共享的全球治理原则，这也成为我国未来参与全球教育治理的核心精神。

## 一、从封闭到开放：对外教育治理的破冰

新中国成立后，教育领域与国外的交往通道较为狭窄。以留学生的派遣和接受为例，1950—1956 年，中国向 13 个国家派出 7075 名留学生，其中留苏学生就达 6570 人之多。有学者认为，这个时期，中国总体上处于封闭状态，教育的发展主要结合中国教育改革实践需要，积累并提升实践经验，使中国教育发展带有浓厚的本土气息，其缺点为视野不宽、水平不高（杨启光，2011：372–373）。

改革开放真正改变了我国相对封闭的教育面貌。十一届三中全会以后，我国由以阶级斗争为纲转变为以经济建设为中心，将和平、发展作为价值取向。秉持着"发展才是硬道理"的理念，我国开始意识到要改变贫穷落后的面貌就必须改变闭关自守的状态。此时党和国家领导人敏锐地意识到要赶上世界先进水平就要从科学和教育着手。1978 年，邓小平在全国科学大会开幕式上指出，我们的科学

技术水平同世界先进水平的差距还很大,科学技术力量还很薄弱,远不能适应现代化建设的需要。面对这一矛盾,邓小平同志进一步提出:科学技术是人类共同创造的财富。任何一个民族、一个国家,都需要学习别的民族、别的国家的长处,学习人家的先进科学技术。这一讲话突破了意识形态和社会制度的界限,为教育走向开放扫除了思想障碍。1978年起,我国开始建立双向留学制度,并开始尝试引进国外智力资源。在开放初期,中央政府在教育的对外开放中发挥了主导作用。政府治理的主要工具是政策指令,即统一选拔与委派,主要的治理方式呈现了单一引进的态势。但是这一时期由于中国社会经济水平的发展与整体教育水平的状况还不具备与国际教育对话的条件,相关事务的治理还停留在探索与徘徊阶段。

## 二、从开放到国际化:教育国际化治理的建设

20世纪80年代末,尤其是20世纪90年代以来,中国经济社会持续稳定健康发展,教育得到大规模发展,开始全面融入国际教育发展潮流,逐步与发达国家和发展中国家进行合作与交流。这个时期我国借鉴国际教育经验,改变了早期政策借用的特征,开始有意识地理性结合本国、本地区经济社会发展来创立新的教育体系,开始以国际为参照设计教育发展的战略(杨启光,2011:372-373)。因而从这一时期起,教育的对外交往才真正进入"国际化"的阶段。伴随着教育国际化的深入发展,我国对外教育治理进入专门化、规范化的时期。一方面,有关教育事务的治理主体日渐多元。例如,我国在20世纪90年代按照国际惯例举办了专门的管理机构负责留学管理工作,并逐步将管理权力下移到高校和地方,一定程度上激活了各级政府、专业机构和学校的治理活力。另一方面,在治理形式和内容上,我国开始尝试中外合作办学、在海外创办孔子学院等实践,将"引进来"和"走出去"相结合。

## 三、迈向全球教育治理:教育国际化的深度融入

随着国家地位的不断提升以及国际化的深入,参与全球治理成为我国新时

期重要的战略部署。作为一个新生的、发展中的理论，学界对全球治理的概念及其本质内容有争议。一般而言，被学界引用最多的是全球治理委员会作出的定义："治理是各种各样的人、团体——公共的或个人的——处理其共同事务的综合。这是一个持续的过程，通过这一过程，各种相互冲突和不同的利益可望得到调和，并采取合作行动。这个过程包括授予公认的团体或权力机构强制执行的权力，以及达成得到人民或团体同意或者认为符合他们的利益的协议。"（卡尔松，兰法尔，1995：2）就对象而言，有学者指出全球治理涉及的问题包括全球安全、生态环境、国际经济、跨国犯罪和基本人权（俞可平，2002）。不可否认的是文化和思维是这些问题更为深层的根源，是不可忽视的国际社会的共同问题。显然，有关文化和教育的全球治理问题还未进入上述研究视野之内。但是教育的全球治理却已经成为一项国际实践。

### （一）全球教育治理的必要性

在全球化背景下，教育要素的全球流动已经成为不争的事实。世界面临的不稳定性和不确定性也使得教育成为人类面临的共同问题之一。党的十九大报告指出：没有哪个国家能够独自应对人类面临的各种挑战，也没有哪个国家能够退回到自我封闭的孤岛，教育的全球治理需要世界各国的共同努力。

在教育的国际交往中，单边主义以及新型霸权主义仍然大行其道。有学者指出，当前，某些超级大国企图尽可能采取不战而胜的方式，建立由其领导并体现该国利益和价值观的世界秩序，从而实现某种霸权稳定。这就是依靠自身科技、经济、文化乃至综合国力的强大优势，通过国际行为规则的"示范"，以及造成别国自愿或者不得不接受该国主导作用的环境，来实现其统治下的世界繁荣与稳定（冯江源，刘月华，潘正祥，2001）。在此背景下全球教育治理秩序的重建尤为重要。只有真正触动人类观念的秩序性变革才能遏制单边主义的霸权势力；只有在世界舞台上展现多元共治的治理精神才能实现建设人类命运共同体的美好愿望。因此，教育的全球治理亟待变革。

### （二）全球教育治理的可能性

近年来，世界多极化在曲折中前进，但仍有推进全球教育治理良性发展的可能。一方面，传统的霸权主义表现出紧缩的趋势。受欧美政治和经济形势的影响，世界舞台上"逆全球化"潮流涌现。特别是随着 2008 年国际金融危机的爆发，全球经济陷入持续的结构性低迷，贸易保护主义不断升级，全球多边机制不振，各类区域性的贸易投资协定碎片化，美欧的移民政策、投资政策、监管政策等朝着去全球化方向发展。席卷欧美的民粹主义认为，现在需要封锁边境、强调民族主义，本国第一、管好自己（范黎波，施屹舟，2017）。另一方面，以中国为代表的第三世界国家新兴经济体的崛起，增强了多极化的力量。在新兴市场国家和发展中国家快速发展的势头下，国际力量的对比发生着近代以来最具革命性的变化。随着经济全球化的深入发展，世界各国的利益和命运联系更加紧密，很多问题突破了一国之范围，也非一国之力足以应对，需要各国以协商合作的方式共同解决。这种新的世界磋商机制正是全球治理的核心。

### （三）全球教育治理的基本原则

全球治理的价值是全球治理的倡导者在全球范围内所要达到的理想目标（俞可平，2002）。全球教育治理的核心要义即通过磋商来达成教育共识。在教育领域，全球教育治理可以理解为以人类整体和共同利益为价值导向的，多元行为体平等对话、协商合作，共同应对全球变革和全球问题挑战的一种新的处理教育事务的规则、机制、方法和活动。这与共商共建共享的人类命运共同体精神一脉相承，既是我国建构教育共同体的基本原则，也是我国开展教育全球治理的基调。这种治理包括多层次的治理关系，即从国家到全球的多层面中公共权威与私人机构之间一种渐进演进的（正式与非正式）的教育合作体系。

从治理的视角看，从管理到治理的变化增加了全球共享智慧的合法性。教育的治理归根到底是对知识的治理，教育走向开放实际是知识观的开放。从全球层面看，智力是知识的载体，智力的流动也就是知识的流动。教育的全球治理则是知识在全球范围内的分配与再分配。政府管理的范围常是以领土为界的民族国家，而治理所涉及的对象则宽泛得多。由于治理的权威主体既可以是政府，也可以是非政府的、跨国界的组织，所以治理的范围既可以是特定领土界限内的民族国家，也可以是超越国家领土界限的国际领域（俞可平，2002）。推进全球教育治理战略需要政府、社会和国际组织共同行动，建构广泛的治理网络；需要促进人文交流、重建国际制度并提供包括教育援助在内的各种软件与硬件的共享。

# 第二节　教育国际化的未来举措

历史规律是制订教育国际化战略的依据，而此项战略又是面向未来的部署和规划。因此，研究教育国际化的具体举措必须以国家大战略为出发点，依据教育治理的基本原则来展望未来蓝图。

## 一、留学与引智：国际教育资源的协同创造与分享

留学与引智是我国最早开放的教育领域，在一定时期起到了快速提高国内知识水平、促进生产力发展的作用。如今站在新的历史起点上，我们需要重新思考这些战略的功能，调整相应的治理机制。

### （一）推进双向留学事务发展，扩大人才交流平台

双向留学包括出国留学和来华留学。改革开放以来，出国留学主要发挥了"引进来"的功能，是我国引进国外先进发展经验的重要渠道。经过多年努力，我国科技整体水平大幅提升，一些重要领域跻身世界先进行列，某些领域正由"跟跑者"向"并行者""领跑者"转变。这就说明我国逐渐具备了从世界知识的消费者向创造者转变的实力。在此基础上，出国留学的战略功能不再仅限于学习和

移植外国先进知识，更在于共同创造和分享先进知识。由此，这种出国留学和来华留学的新形势都需要我们调整治理思路，完善治理措施。

1.健全出国留学服务体系

改革开放以来，中国已有大量出国留学人员。目前中国已成为美国最大的留学生生源国。面对如此庞大的出国留学群体以及日渐强大的国家实力，我国应重新思考出国留学的战略功能以及相关部署。从治理的战略角度来看，出国留学战略与人才战略、科技战略相联系，必须凸显服务国家整体利益的价值取向。为此，必须首先明确国家参与全球治理的时代需要，围绕国家核心利益健全相关治理体系。

（1）优化出国留学奖学金服务。改革开放以来，我国逐步建立起较为完备的出国留学金制度，促进了出国留学事业的发展。但是有研究显示我国现行公派出国留学人员资助政策仍存在一些不足与问题（"出国留学财政政策研究"课题组，2015）。一是资助力度较弱，不能完全覆盖出国学习、工作和基本生活需要。这一问题背后更深层的原因在于我国奖学金经费筹措渠道较为单一，成本分担机制和经费发放频率等方面的管理能力与服务水平有待提高。二是经费资助标准的科学性不足，对不同国家（地区）间差异和经济社会状况的适应性不强。目前我国公派出国留学人员经费资助分类标准不够精细和科学，还存在粗放的一刀切现象。首先，没有充分考虑同一国家不同区域、同一地域不同国家的社会经济发展差距。其次，经费资助政策没有建立动态调整机制，导致了标准的不合理和调整的不及时等问题。

针对上述情况，应从以下方面予以优化：一是加大公派出国留学投入力度，建立多渠道经费筹措体系。目前，我国公派出国留学的经费主要来源是政府，经费来源渠道还不够广泛，资助方式也比较单一。同时，我国公派出国留学人员资助费用同其他国家或地区，特别是同欧盟或北美的奖学金相比，差距还比较大，尚需适当增加资助金额，加大资助力度。为此，必须深化投入制度改革，拓宽经费来源渠道，增强经费筹措体系的多元化和灵活性。在加大财政投入的同时，通过制定相关激励政策，鼓励、提倡国内社会力量规范参与，充分发挥政府、高校、基金会、非政府组织、企业等多方面的积极性，进一步扩大留学生派出规模。例如：发动企事业单位、社会组织设立留学教育基金；支持高校采取出国经费由学校内部配置的方式，丰富留学经费来源。二是制定合理的资助项目标准，建立资助标准动态调整机制。国家应根据不同类型、不同地区的基本生活水平、工资实际，建立公派出国留学人员基本生活、学费和相关费用资助标准，细化项目标准，保证公费留学人员的基本生活和学习的需要。建议根据派出国的具体情况由当地的大使馆提供相关信息，作出全面评估，制定合适的同类型的留学人员资助项目和标准。

（2）完善回国服务制度。1985 年，国家提出了"支持留学、鼓励回国、来去自由"的出国留学工作方针，对出国留学人员的回国服务采取了比较开放的政策。然而，必须看到留学人员是国家的宝贵财富，是国际竞争中取胜的核心要素。20 世纪中期以来，世界新技术革命深入发展，国际经济竞争日趋激烈，全球范围的人才流动加剧并不断呈现出新的特点和趋势。西方发达国家在极力维持本国在国际竞争中霸权地位的同时，采取一切可能的手段不断加快争夺国际人才的步子，形成了一整套完整的人才争夺战略。发展中国家面对科技、经济和人才竞争的三重挑战则是举步维艰（苗丹国，2003）。此情形下，我国需关注留学人员回国服务问题，提升相关工作的效益。

首先，建立权威、准确、高效的出国留学人员信息统计系统是重要的基础性工作。从多方位、多层面、多角度入手，扎实做好在外留学人员的统计工作，是做好出国留学政策研究以及留学人员管理和留学人员回国工作的重要基础。没有这种基本数据的积累，很难准确掌握和客观评估在外留学人员状况的全貌。改革开放以来，出国留学人员的统计工作始终没能得到根本的解决。教育部和公安部基本上都是在本系统中进行内部统计。有关留学人员情况的统计数据仅在各自内部掌握、使用。但随着政务活动的不断公开，不同部门和统计渠道提供的不同数字经常通过新闻媒体在公众面前表现出相悖的尴尬。这种有关部门之间互相不通气而造成的"数出多门"的不正常状况，对外有损我国的形象，对内则不利于整体留学工作的开展。因此，应当由教育部、外交部和公安部联手合作，在国家统计局的技术指导下，建立一个准确、权威、高效的留学人员信息统计系统。

其次，加强以"项目资助"为主导的人才引进项目建设，是吸引留学人才的有效手段。自 20 世纪 90 年代以来，我国启动了众多项目，为留学人员回国服务提供了便利条件，成为孵化国家高水平人员的有力平台。为了缓解我国科研队伍人才老化、后继乏人的困境，延揽大批海内外中青年学界精英参与我国高等学校重点学科建设，1990 年设立留学回国人员科研启动基金，1994 年设立"国家杰出青年科学基金"，中国科学院启动实施"百人计划"，1998 年推出"长江学者奖励计划"，2008 年启动"千人计划"。这些柔性的人才机制已成为吸引优秀留学人才回国服务的重要方式。因此，有必要对各类留学回国资助项目加大支持力度，增加资金投入，扩大资助范围，以争取更多的在外优秀留学人才为祖国服务。

最后，设立留学人员创业风险基金，完善留学人员回国创业服务体系，是吸引留学人才回国创业的突破口。回国创业已经成为吸引在外优秀留学人才的新热点，许多地区配套了减免税收、房租优惠、综合服务、贷款担保和小额资助等一系列优惠政策。目前，许多留学人员回国创业遇到的最大难题就是缺乏创业资金，他们在国内尚未建立信誉，很难获得银行贷款，同时又缺乏利用其他资金的渠道。由于缺乏资金，一些优秀留学人才没有回国创业的机会。留学人员回国创业具有投入大、周期长、风险高的特点，必须通过多渠道集资，采用风险投资的运行机制。这是一个早就提出但却始终没有得到根本解决的问题。为此建议由中央政府下达指令性指标，由国家、各部委和省级政府拨出专项经费，设立示范性基金。通过 1—2 年的发展，在建立健全高科技的高风险投资、融资机制和上市退出机制的基础上，政府的介入和投入逐步退出，使其依照市场规律独立运作（苗丹国，2003）。

2. 做强留学中国品牌，提高来华留学质量

2018 年统计显示，在来华留学方面，我国已成长为全球第三大留学目的地国，在快速增长的国际留学市场中占有约 10% 的份额。在来华留学生数量大幅提高的局面下，我国还应思考如何做强留学中国品牌并提升来华留学效益。

（1）从亚洲最大留学目的国走向世界主要留学目的国。

从欧美国家的经验来看，留学工作发挥着增信释疑和构建互信的重要作用。欧美发达国家一向视留学生为"亲善大使"，通过留学生教育传播本民族文化，提高本国国际影响力。尤以攻读学位的留学生以及作为国家精英和行业领袖的高级进修生为构建和改善国家之间关系的重要力量。以美国久负盛名的富布莱特项目（Fulbright Program）为例，截至 2017 年 10 月，该项目已与 160 多个国家和地区签订合作协议，已有超过 37 万人次的学者、教育工作者、研究生和专业

人士参与该项目交流。据美国国务院教育文化事务局（Bureau of Educational and Cultural Affairs）的统计，包括富布莱特项目在内的美国国际学术交流项目中有395 位项目成员成为各国国家或政府首脑，21 位成员成为国际组织负责人，77位成员成为诺贝尔奖获得者。美国的文化交流项目造就了一大批各国政府的"知美派"甚或"亲美派"，为各国理解和支持美国政策创造了宽松的外部环境（马佳妮，周作宇，2018）。从这个意义上说，我们需充分认识到来华留学战略是促进我国与世界各国民心相通的战略性举措。只有培养一大批对中国有感情的友好人士，才能推广人类命运共同体的价值理念，才可真正实现教育的全球治理。

从留学效益来看，留学教育既是获取优质人才和劳动力的一个重要途径，也对市场经济具有直接的促进作用。以美国为例。美国高度关注通过发展留学教育来吸引他国人才，视留学教育为"无烟产业"。在 20 世纪 30 年代，大约有2000多名欧洲著名科学家因逃离纳粹迫害而迁往世界各地，其中大部分迁往美国。这是美国历史上第一次接受大批外国科学家移民，它使美国的外国移民中科学家和工程师人数占比达到 8.5%。"二战"后的 20 年间，美国吸收 40 多万外国高级科技人员，间接节省培养经费 200 亿美元。1960—1986 年，美国从国外共引进各方面人才约 70 万人，对美国各个部门的发展均起了极其重要的作用（章开沅，余子侠，2013：699）。

除人才效益外，留学战略所带来的直接商业效益也值得关注。1980 年撒切尔夫人执政后对非欧盟国家留学生采取全额收费的政策，并突出地体现在 1999年开始实施的第一期首相行动计划（Prime Minister's Initiative，PMI）中。第一期首相行动计划的核心目标是系统地推进英国留学教育市场化，吸引海外学生，大幅提升英国留学生数量。为此，英国政府拨款 500 万英镑，用于在海外设立英国教育宣传机构、举办留学教育展，并且以市场运作的方式开发、打造留学教育的国家品牌——Education UK。该计划实施 7 年后取得了显著成效，英国高等教育学段留学生实际增加了 11.8 万人，远远超出计划的 4.3 万人（Council，2008），实现直接现金收益净额 42.6 亿英镑。

考虑到来华留学潜在的政治、人才和经济效益，我国已在 2010 年出台的《留学中国计划》进一步将来华留学发展目标设定为：到 2020 年，成为亚洲最大的留学目的国。据新华社报道，2017 年共有来自 204 个国家和地区的 48.92

万名外国留学生在我国高等院校学习，我国已成为亚洲最大留学目的国（胡浩，2018）。在提前完成目标之后，要看到随着教育治理版图的不断扩大，我们还需要继续借助留学中国战略培养"知华""亲华""友华"力量，营造有利的国际舆论环境。因此，我国不又要着眼于亚洲，还应将留学中国战略的范围进一步扩展到世界。

要实现这一战略目示必须正视当前来华留学的问题。一是与我国的出国留学生数相比，来华留学生数仍有较大差距，可以说在高等教育服务贸易中，我国始终处于逆差状态。2019 年我国出国留学人员达到 70.35 万人，同年来华留学生数为 39.76 万人，两者相差约 30.59 万人。自实施扩招以来，我国高等教育规模扩张迅猛，但来华留学生占高校在校生的比例却相对偏小。2008—2016 年，来华留学生占我国高校总人数的比例分别为 1.1%、1.1%、1.2%、1.3%、1.4%、1.4%、1.1%、1.1%、1.2%（李小红，方晓田，2018）。而 2016 年，经合组织国家国际学生占高校在校生总人数的平均值达 6%，其中，新西兰高达 20%，澳大利亚高达 17%，英国和瑞士为 18%，加拿大为 12%，法国为 10%（OECD，2018）。二是就生源来说，亚洲仍是来华留学的主要生源地，说明我国教育服务贸易在世界范围内的吸引力仍有待提高。表 10.1 显示了《留学中国计划》实施五年以来的数据变化。如表 10.1 所示，亚洲一直是来华留学生的主要生源地，且人数占据来华留学生总数的 60% 左右。这说明，目前地缘文化和经济关系仍是吸引他国学生来华留学的主要因素。可看出，尽管我国在周边国家中具有一定的影响，但我国高等教育自身的国际竞争力还不足以吸引众多国际学生，现阶段仍然主要是经济发展需求和地缘文化的补偿使得留学教育规模持续扩大。三是来华留学生中的学历生较少，不利于发军高端人才的作用。来华留学生的构成包括学历来华留学生和非学历来华留学生，其中学历来华留学生又分为专科、本科和研究生层次（包括硕士研究生和博二研究生）；非学历来华留学生则可分为普通进修生、高级进修生和短期留学生。例如，2016 年共有来自 205 个国家和地区的 442773 名各类外国留学人员在中国的 31 个省、自治区、直辖市的 829 所高等学校、科研院所和其他教育机构中学习。其中接受学历教育的外国留学生为 209966 人，占来华留学生总数的 47.42%。但与世界上主要留学生接收国相比，学历来华留学生比例仍然有很大增长空间。根据美国国际教育协会公布的门户开放报告数据，

2016—2017 年，美国接受的外国学历留学生共计 830143 人，占美国留学生的比例为 76.94％。英国的外国学历留学生比例更是超过 90％。来华学历留学生规模及比例明显低于欧美发达国家。即便是在"一带一路"沿线来华留学学生中也存在以非学历教育为主体与学历层次偏低的问题，表现出学历来华留学教育内源性牵引力不足（陈丽，艾孜买提，2016）。

表 10.1　2011—2015 年来华留学生生源地统计

|  | 亚洲<br>（人，占比） | 欧洲<br>（人，占比） | 非洲<br>（人，占比） | 美洲<br>（人，占比） | 大洋洲<br>（人，占比） | 总数（人） |
|---|---|---|---|---|---|---|
| 2011 年 | 187871<br>64.21％ | 47271<br>16.15％ | 20744<br>7.09％ | 32333<br>11.05％ | 4392<br>1.50％ | 292611 |
| 2012 年 | 207555<br>63.22％ | 54453<br>16.58％ | 27052<br>8.24％ | 34882<br>10.62％ | 4388<br>1.34％ | 328330 |
| 2013 年 | — | — | — | — | — | 356499 |
| 2014 年 | 225490<br>59.80％ | 67475<br>17.90％ | 41677<br>11.05％ | 36140<br>9.58％ | 6272<br>1.33％ | 377054 |
| 2015 年 | 240154<br>60.4％ | 66746<br>16.79％ | 49792<br>12.52％ | 34934<br>8.79％ | 6009<br>1.5％ | 397635 |

数据来源：教育部网站。

　　鉴于来华留学的战略考虑和我国的具体情况，未来的留学中国战略首先应该注重区域引导。在继续巩固亚洲最大留学目的国地位的基础上，提高对其他地区和国家的留学吸引力。其次在总体规划中要更加重视各级各类国家精英和行业领袖的培养。借鉴西方国家的经验，如美国的富布莱特项目、耶鲁世界学者计划、日本的国际交流基金访问学者计划，通过邀请各国精英人物来华留学或访问，实现项目效益的最大化（马佳妮，周作宇，2018）。最后，配合就业等政策，积极吸纳为我国所用的来华留学生，发挥其人力资源优势，帮助我国进行国际人才竞争。

　　（2）改革招生培养模式。

　　目前看来，来华留学生入学门槛低、毕业考核不严格、留学生教育质量的衡量标准缺乏等问题严重影响了来华留学生教育质量。针对这些问题，应从招生和培养模式的改革入手，提升治理质量。

首先，严把招生关口。教育对外开放事业的治理主体日益多元，治理权力逐渐由政府逐级转至高校。这在一定程度上激发了学校作为教育资源生产者的活力，也变相引入了某种市场机制。为了追求"留学生比率"和经济效益，个别高校招收自费留学生时来者不拒，对培养过程的把控也不严。相比世界上许多国家对留学生"严进严出"的教育政策，来华留学生教育的"宽进宽出"政策直接影响了来华留学教育质量和我国高等教育的国际声誉（马佳妮，周作宇，2018），也不利于来华留学的可持续发展。

可以说，这是自组织系统在市场机制环境中自发运行的弊端。但政府作为教育的提供者，尽管不直接"掌舵"生产，仍可以借助众多手段实施相关调控。在来华留学人数大幅提升的局面下，我国可考虑严把招生关口。要坚持质量优先，提高留学生入学门槛，把好毕业出口，制定留学生教育质量的评价标准。高校要严格进行报名审查与筛选，严格遴选合作院校；建立考试准入制度和留学生入学考核体系。国家教育部门应制定相应的入学基本要求和考试规范，由不同类别的高校参照执行；要强化毕业环节的质量管理，对毕业论文答辩和考试进行管控；建立来华留学生教育教学质量评估标准和监控体系，以保证和提高来华留学生的整体教育质量

其次，创新培养模式。在培养过程上，来华留学还存在教学方法和内容缺乏针对性、管理服务呈"孤岛"模式的问题。在语言上，用外语授课成为一个挑战。而教学方法和教学内容缺乏针对性也致使留学生的积极性与创造性也难以得到充分发挥。有研究反映，教师在教学深度上有所不足，约有三分之一的留学生认为教师很少重视思想的启迪，并且近80％的留学生表示教师照本宣科的现象比较常见或非常普遍，因而课堂没有挑战性（李洁，孙进，2014）。课程体系设计欠合理和缺乏竞争力，留学生实践、实习机会不足；留学生培养模式缺乏弹性和吸引力，并未根据留学生的背景和需求开展留学生教育。另有研究发现，亦师、亦友、亦父母的角色成为留学生在留学期间有力的"问题解决者"，但是他们对教师"友好地差别化对待"感到困惑。有些留学生感知到教师对留学生和对中国学生的态度与方式方法有所不同，对留学生更为友好和包容。但这样"友好

的差别化对待"在强化他们留学生身份的同时，也让他们感受到符号边界（马佳妮，2018）。

　　针对这些问题，需要看到我国高校在课程建设和教师培养上都尚需一个适应过程。具体而言，一是要大力提升高校教师外语授课能力，加强师生课内外的交流，为留学生提供必要的课外辅导。二是要在课程内容和形式上予以优化。这要求教师对来华留学生有深入的了解，知其所需，知其所能，做到因材施教。同时要进行教师教育以辅助相关工作改进。既要关注教师的专业英语应用能力提升，又要在教学方面对教师进行文化、政策和教学法教育。

　　从管理服务方面来看，部分高校日常管理基本采用隔离式或者"孤岛"模式，将留学生的学习和生活管理与中国学生分开，使留学生失去了来华留学的意义，极大地影响了其学习收获。相关调查显示，一些留学生反映，来华后与中国学生的交流较少，主要局限于个别文艺表演或特色展示活动，与当地中国学生是一种弱纽带互动关系。调查还发现，隔离模式的制度安排因素是来华留学生与中国学生人际交往的主要障碍之一（胡炯梅，姚雪玲，2014）。不同群体留学生感知的课堂学习环境存在差异，"分离"教育模式下的留学生以及不以中国为留学首选国的留学生群体对课堂学习环境的感知显著低于其他留学生群体（文雯，陈丽，陈强 等，2014）。

　　就此问题，需不断完善现有留学生工作服务水平，提高校园管理水平的国际化程度。加强留学生与本土学生的互动融合，创设促进留学生与本土学生互动的项目，逐步建立"趋同化培养"和"特色服务"并重的体系。在教学管理、生活服务方面，平等对待留学生和国内学生，实行趋同化管理，实现中外学生的融合；在跨文化适应和社会融入方面给予留学生特色服务。高校应创设多种类别的"留学生与本土学生同辈互助机制"和"促进留学生融入计划"。针对独立成班的留学生培养模式，高校应积极创设更多常规性的、固定的中外学生互动项目，特别是学术性交流活动；针对与中国学生混合成班的培养模式，教师应采取多种教学方式，引导留学生与中国学生课堂内外交流学习。通过互动，加深留学生和中国学生对彼此的了解，提升跨文化交流能力，使留学生和中国学生都能受益（马佳妮，周作宇，2018）。

　　（3）形成来华留学教育特色鲜明的大学群、高水平学科群，造就一大批高水平师资。

一个发达的高等教育体系往往会成为吸引国际学生的直接因素。欧美国家的少数著名大学吸纳国际学生较多，这些世界一流大学集中的国家和地区因而也成为留学生的主要目的国和目的地。有鉴于此，实施留学中国战略必须建立在强大的大学群、学科群以及有国际名望的师资基础之上。反观我国高校情况，在世界上具有较大影响力者寥寥可数，学科方面的领军人物为数甚少，严重制约了来华留学战略的发展。为提升来华留学吸引力，我国需积极主动出击，开拓国际教育市场，树立留学教育的口碑，创造出新的促使留学生来华学习的驱动力，特别是充分利用世界一流大学和一流学科建设的契机，提高我国高校教育质量，提升高校国际影响力。

此外，我国可提供的留学专业选择有限，高校学科能力建设滞后。首先，目前我国为留学生提供的专业仅有数百个，来华留学生对于学科的选择较为集中，仍以汉语言文化类为主。比如 2016 年以汉语言为专业的来华留学生所占的比例为 38.2%（刘宝存，王婷钰，2020）。相比之下，发达国家的大学针对留学生设置的专业有数千种之多，留学生的选择范围很大。

因此，我国还需拓宽专业类别，加强学科能力建设，提高高学历层次学生的比例。针对汉语、中医、中国文化等优势和特色学科，高校要进一步发挥优势，努力打造出具有国际竞争力和影响力的精品学科；高校要立足各自的优质教育资源和优质学科专业，打造具有国际领先水平的留学生专业品牌；要加强高校涉外专业课教师的考核与遴选，建立必要的教师激励、奖惩机制；以充足的财政支持或者项目驱动式手段激励高校开发英文授课的国际课程和暑期学校项目。

（4）进一步完善经费支持体系。

以经费引领留学导向的历史经验实不罕见。1908 年，美国决定将在 1901 年八国联军侵华战争中得到的部分"庚子赔款"用于选派中国青年才俊赴美留学，成功地促使中国留学教育的热点由日本转移至美国。在此之前，中国留日人数达万人，而赴美者不过百余人。美国一位大学校长指出："如果美国在三十年前已经做到把中国留学生潮流引向这一个国家来，并使这潮流扩大，那么，我们现在一定能够使用最圆满与最巧妙的方式而控制中国的发展，使用从知识与精神上支配中国领袖的方式。"（舒新城，1981：1105）由是，1907 年 12 月 3 日，美国总统罗斯福在国会正式宣布："我国宜实力援助中国厉行教育，使此繁众之国能渐融洽于近世之文化。援助之法，宜将庚子赔款退增一半，俾中国政府得遣学生来美留学。"（清华大学校史编写组，1981：4）由上可见，美国退还庚子赔款用于中国学生赴美留学的政策，是 20 世纪初美国对华政策的重要组成部分，也是美国文化扩张政策的重要内容，意在同欧洲各国和日本争夺对中国的控制权，其用心极其深。它在客观上加强了清政府的亲美倾向，提高了美国在中国的声誉，使中国学生的留学方向转向美国。1909 年以后，中国留美学生人数迅速增加，1910 年达到 500 多人，1911 年又增至 650 人（其中官费生 207 名，自费生 443 名）（李华兴，周永祥，陈祖怀 等，1997：739）。在 20 世纪二三十年代，这批留美学生归国后占据了中国政界的重要位置，或在教育界成为引领潮流的弄潮儿，如梅贻琦、竺可桢、赵元任、胡适、蒋梦麟等。果如美国人所愿，后来南京国民政府的亲美政策正是留美出身的国民党政界要人过于信赖美国的真实体现（章开沅，余子侠，2013：117–124）。

当前，我国正与"一带一路"沿线国家和大学积极开展交换合作项目，为留学生提供丰厚的奖学金，吸引外国学生来华留学。据教育部发布的数据，2016 年在来华留学生源地排前 15 位的国家中，"一带一路"沿线国家占 10 个（分别是泰国、巴基斯坦、印度、俄罗斯、印度尼西亚、哈萨克斯坦、越南、老挝、蒙古、马来西亚）。中国政府奖学金中的"中国 – 东盟奖学金""上海合作组织大学奖学金项目""中俄人文交流专项奖学金"等，也都是针对这些国家设立的专项奖学金（马佳妮，周作宇，2018）。不可否认，这些政策对于提升来华留学吸引力发挥了重大作用。但是我国奖学金体系也存在资助类别单一、留学生教育配套政策尚需规范的问题。

目前奖学金是来华留学最主要的资助类别，且以政府奖学金和高校奖学金为主，种类较为单一，金额相对较小，特别缺乏助学金和贷款等类别的资助。有关来华留学生签证、打工、实习、就业、医疗保障、参与科研基金申请等方面的政策规范尚需进一步完善。2017 年 1 月，人社部、外交部、教育部下发《关于允许优秀外籍高校毕业生在华就业有关事项的通知》，允许符合条件的优秀外籍高校毕业生无须工作经历即可在华就业，在优秀外籍高校毕业生在华就业方面迈出了重要一步。然而，多数企业招聘外国职员时仍倾向于选择那些来自以英语为母语的国家的毕业生。在很长一段时间内，我国有关留学生的管理工作主要依据 2000 年颁布的《高等学校接受外国留学生管理规定》。2017 年 6 月，教育部、外交部、公安部联合发布了《学校招收和培养国际学生管理办法》，作为新的来华留学生管理依据。其中规定"国际学生在高等学校学习期间可以参加勤工助学活动，但不得就业、经商或从事其他经营性活动"。另据学者调研，尽管规定并不允许留学生就业和经商，然而许多来华留学生在学期间从事经贸、翻译及家教等经营性活动，不少留学生甚至采取逃课、旷课或者请假方式在校外打工，经营性活动取代学习成为来华留学生的主要活动。此外，来华留学生在华实习和进行专业实践的渠道非常有限（马佳妮，周作宇，2018）。

奖学金对留学生选择来中国留学及继续留在中国学习起到直接作用（马佳妮，2018）。一方面，我国需扩展奖学金体系，保证我国政府奖学金规模稳步扩大，逐步推行奖学金货币化改革。鼓励支持地方政府、学校、企事业单位以及其他社会组织、自然人设立各类来华留学奖学金。构建政府主导、社会参与、主体多元、形式多样的奖学金体系。

另一方面，需制定、调整和完善来华留学生管理的相关规定。制定留学生在学期间有偿工作的范围、时间限制、收入报酬等政策，并由学校统一组织和管理。依照国际惯例，留学生每周 20 小时的有偿服务时间是被允许的，相关部门应从鼓励来华留学生加深了解中国社会、更多地参与企业实习与实践的角度，对现行勤工助学和实习规定进行调整。建立来华留学教育体制与中国企业 / 机构"一带一路"倡议的协同机制。为留学生建立实习基地，协助来华留学生在学期间利用自身双边文化背景与语言优势在基地实习。开拓外籍在读学生在华实习的多重渠道，为"一带一路"倡议做好人力资源储备。完善来华留学生基本权益保障建设，切实保障来华留学生的基本权益。教育部门须协同其他职能部门，加强部门间的合作，制定权益保障的相关法律法规，使规章具有可操作性。明确留学生毕业后就业的政策法规，建立针对留学毕业生的人力资源市场和招聘市场（马佳妮，周作宇，2018）。

### （二）做好引智工作，取胜国际人才竞争

改革开放以来，引用外国智力（引智）已经成为我国扩充人才资源的一种重

要方式。我国在引进外国智力方面取得了醒目的成绩，引进海外人才规模不断扩大，层次逐渐提升，结构更趋合理，聘请专家的形式也日渐多样，大大加速了我国的现代化建设。十九大报告指出："人才是实现民族振兴、赢得国际竞争主动的战略资源。要坚持党管人才原则，聚天下英才而用之，加快建设人才强国。实行更加积极、更加开放、更加有效的人才政策，以识才的慧眼、爱才的诚意、用才的胆识、容才的雅量、聚才的良方，把党内和党外、国内和国外各方面优秀人才集聚到党和人民的伟大奋斗中来。"当前，引智事业发展已经进入重要战略机遇期，引智工作要围绕国家重大发展战略，更加注重引进高端急需紧缺人才，更加注重质量效益。

1. 推进引智工作的网络化治理和法制化建设

引智工作涉及面广，需要的配套措施众多，是对包括教育系统在内的国家治理体系的一大挑战。在治理形式上，这项工作一直体现了开放性的特征，引进人才的渠道"包括官方的、半官方的、民间的，以及各种国际组织的"（《关于引进国外智力以利四化建设的决定》）。在治理主体上，相关工作表现出部门之间相互配合的特征。1996 年，劳动部、公安部、外交部、对外贸易经济合作部共同颁发了《外国人在中国就业管理规定》[①]。其后，以外国专家局为核心的政策责任主体逐渐明晰起来，同时部门之间横向上牵头协调劳动、外交、公安等部门，纵向上联络指导并调动各级地方政府的相关部门，形成了一个纵横交织、相互协作的管理网络。2017 年 11 月，外国专家局、外交部和公安部联合印发《外国人才签证制度实施办法》，进一步扩大人才签证发放范围和加长期限。中国驻外使领馆已于 2018 年 1 月 1 日起进一步简化经国内人才主管部门认定的外国人才来华签证手续。这一举措仍然说明，推进引智工作需要众多治理主体共同协作，要理顺部门间关系，并强化有效配合。

尽管改革开放以来，我国已经在引智机制上制定了众多法律法规，但截至现在，我国还缺少有关引进国外人才的专门法律法规。而世界上主要发达国家均

---

① 该规定后于 2017 年修改，参见人力资源社会保障部《关于修改〈外国人在中国就业管理规定〉的决定》。

通过完备成熟的法律制度吸引人才。这是我国引智制度亟待突破的瓶颈问题。目前，外国专家局按照中央要求着手制订"外国人在中国工作管理条例"，并负责牵头制订"关于加强引进国外人才和智力的若干意见"。未来，相关法规和政策的出台将使引智制度工作将朝着法制化的方向大步前进，也将为高层次外国人才来华工作提供良好的法治环境。

2. 拓展引进渠道，加大项目吸引力

引智工作与留学工作密不可分。如上所述，有效培养和留用优秀来华留学生是扩充国际智力的重要途径。另外，还必须想方设法主动接洽高水平领军人才，通过项目吸引更多国际人才为我国所用。

自改革开放以来，我国已经启动了众多引智项目，如"千人计划"高层次外国专家工作平台。2006 年起，教育部、外国专家局联合实施"高等学校学科创新引智计划"（简称"111 计划"），旨在推进中国高等学校建设世界一流大学和一流学科的进程。该项目瞄准国际学科发展前沿，围绕国家目标，以国家重点学科为基础，从世界范围排名前 100 位的著名大学及研究机构的优势学科队伍中引进、会聚 1000 余名优秀人才，形成高水平的研究队伍，建设 100 个左右世界一流的学科创新引智基地。要做好这些工作，需把引智和创新有机融合，充分发挥引智作用。更需进一步聚焦国家重大需求、学科前沿和经济主战场，凝练并落实研究任务。创新基地管理和运行机制，统筹海外团队来华期间的教学科研工作和访问交流活动，发挥海外人才在学科创新中的独特作用。

畅通信息是做好引智工作、提高项目引智有效性的必要条件。2016 年，我国发布《国家数字引智发展纲要（2016—2020）》，建设国家数字引智。数字引智按照"统一网络、统一平台、统一标准"的总体要求，提出如下总目标：到 2020 年，科学有效、先进适用的标准规范初步建立，覆盖全面、运行安全的网络体系基本建成，务实高效、支撑有力的业务系统深入应用，地区间、部门间业务协同及信息共享水平较大提升，通过业务协同、互联互通、信息共享，实行审批和服务事项在线咨询、网上办理、电子监察，全面提高全国外专系统的决策水平、管理水平和服务水平。可以预见，完善信息系统将大力提高引智工作的针对性和效率。

## 二、新时代的教育交流功能：讲好中国故事

改革开放以来，我国教育国际化的主要目的一度是借鉴国际上先进的教育理念和教育经验。这建立在中国的知识和教育与世界先进水平还存在较大差距的前提下。从长远战略角度来思考，当中国的知识和教育水平达到了世界先进水平时，教育国际化必然实施"走出去"战略，更加注重传播国家文化，促进民心相通和文明互鉴。

### （一）传递中国教育经验，强化人文交流功能

早在清末中国教育就伴随着强国之梦而走出国门。正如习近平总书记《在欧美同学会成立 100 周年庆祝大会上的讲话》中所说，"百余年的留学史是'索我理想之中华'的奋斗史"，"我国大批留学人员负笈求学的足迹，记录着中华儿女追寻民族复兴的梦想，伴随着我国从封闭到开放、从落后到富强的伟大历史性跨越"。改革开放之初，面对百废待兴、人才凋零的局面，党中央和邓小平同志确立了充分利用世界上的先进成果来发展自己的思路，作出了扩大派遣留学生的战略决策，推动形成了我国历史上规模最大、领域最多、范围最广的留学潮和归国热。在我国知识和生产力落后的历史时期，这些举措作为"引进来"战略的重要部分确实起到了吸收世界先进科技成果、快速提高国内生产力的作用。到了 21 世纪，我国的经济和科技高速发展，许多领域发展水平已然位于世界前列。站在新的历史起点上，我们需要重新定位出国留学的战略功能。

近年来，人文交流与政治互信、经贸合作成为我国新时期外交战略的三大支柱。而教育是传播文明、增进互信、实现共赢的桥梁和纽带，在人文交流中发挥着基础性作用，因而教育对外开放也不再单向地侧重于"向世界学习"式的"引进"外部经验，而且承担了"走出去"的新任务。2013 年习近平总书记在欧美同学会成立 100 周年庆祝大会上表示：

希望大家积极促进对外交流。中国的发展离不开世界，世界的繁荣也需要中国。我们要以更加开放的姿态，加强同世界的联系和互动，加深同各国人民的了解和友谊。广大留学人员既有国内成长经历又有海外生活体验，既有广泛的国内外人际关系又有丰富的不同文化交流经验，许多外国人通过你们了解中国、认识中国，许多中国人通过你们了解世界、认识世界。

希望广大留学人员充分发挥自身优势，加强内引外联、牵线搭桥，当好促进中外友好交流的民间大使，多用外国民众听得到、听得懂、听得进的途径和方式，讲述好中国故事，传播好中国声音，让世界对中国多一分理解、多一分支持。

这一讲话说明，伴随着中国教育对外开放由学习型向输出型转变，国家赋予教育"输出中国文化"的战略功能，期望出国留学人员充当讲好中国故事、传播好中国声音的媒介。这种转变在教育政策中表现为对教育人文交流使命的论述。例如，2016年《关于做好新时期教育对外开放工作的若干意见》要求"通过把讲好中国故事、传播好中国声音作为教育对外开放的重要内容，聚集广大海外留学人员爱国能量，主动宣传祖国发展成就"；2017年《关于加强和改进中外人文交流工作的若干意见》指出，要丰富和拓展人文交流的内涵和领域，打造人文交流国际知名品牌，坚持"走出去"和"引进来"双向发力。这说明教育国际化已经从单向引进知识的桥梁演变成双向人文交流的管道。

### （二）大力发展孔子学院，打造教育交流国际品牌

随着中国经济的发展和国际交往的日益广泛，世界各国对汉语学习的需求急剧增长。为推动汉语加快走向世界、提升中国语言文化影响力，从2004年开始，我国开始探索在海外设立以教授汉语和传播中国文化为宗旨的孔子学院。截至2019年12月，已在全球162个国家和地区建立550所孔子学院和1172个中小学孔子课堂。近年来，各孔子学院积极探索"孔子学院+"，逐渐发展出自身特色，形成了涵盖中医、商务、武术、艺术、学术研究、职业培训等的特色化办学模式。以孔子学院为代表的境外办学成果已经发展成国际汉语教育与推广的重要品牌、中外教育文化友好交往的合作平台，成为传递中国声音、讲述中国故事的宣

传渠道。

在孔子学院蓬勃发展的势头下，提升师资和完善治理体制成为孔子学院可持续发展的重要路径。2017年，《国家教育事业发展"十三五"规划》对办好孔子学院作出新的部署：坚持相互尊重、友好协商、平等互利，完善孔子学院布局。大力加强中方合作院校支撑能力建设，建立健全汉语国际教育学科体系，着力打造一支高素质院长和教师专职队伍，大力培养各国本土汉语师资。深入实施"孔子新汉学计划"，深化与世界各国语言文化交流，支持各国将汉语纳入本国国民教育体系，更加广泛地学习和使用汉语。

在治理体制上，《国家教育事业发展"十三五"规划》也要求办好孔子学院院长学院、示范孔子学院、网络孔子学院，鼓励中资机构、社会组织等参与孔子学院建设。实际上，2013年《中共中央关于全面深化改革若干重大问题的决定》就明确提出，鼓励社会组织、中资机构等参与孔子学院和海外文化中心建设，承担人文交流项目。近年来，也已经有一些中资企业参与到孔子学院的建设之中（韩秉志，2014）。在此背景下，鼓励社会组织、中资机构通过多种途径支持孔子学院办学重心下沉、完善办学体系。此举贯彻了我国教育治理建设的精神，积极建构包括社会力量在内的多元主体参与的教育治理体系。更多的主体参与其中能够提供更丰富的教育资源，是实现教育资源最优化的有效途径。

## 三、深入推进国际交流与合作

深入推进多维度的国际交流与合作是一个国家教育国际化的较高阶段。提供国际教育援助体现了国际责任和大国担当；建构教育共同体则是建立战略性的合作伙伴关系，是一种新型的教育国际化行为。

### （一）继续提供国际教育援助

国际教育援助是全球教育治理不可或缺的一环，是大国责任和影响力的体现。据国务院新闻办公室2011年4月发布的《中国的对外援助》白皮书统计：21世纪头十年，中国对外援助资金保持快速增长，2004—2009年年平均增长率为29.4％。中国除通过传统双边渠道商定援助项目外，还在国际和地区层面加强与受援国的集体磋商。中国政府在联合国发展筹资高级别会议、联合国千年发展目标高级别会议，以及中非合作论坛、上海合作组织、中国 – 东盟领导人会议等区域合作机制会议上，多次宣布一揽子有针对性的对外援助政策措施。其中教育援助内容主要包括援建学校、提供教学设备和资料、派遣教师、在华培训发展中国家教师和实习生、为发展中国家来华留学生提供政府奖学金等。

除履行大国责任外，国际教育援助还对建构教育治理网络具有潜在的积极意义。由于资源支持对发展中国家的教育政策规划方向、工具和内容产生重大影响，所以实施国际教育援助是建构资源交流网络的首要路径，也是建立全球教育治理体系的必要步骤。国际教育援助包括财政资助和技术支持，其中，技术支持又体现为派遣指导专家或提供人员培训等。在全球教育治理战略中，我国可逐步加大教育援助力度，重点投资于人、援助于人、惠及于人。加强中国教育培训中心和教育援外基地建设，为相关国家和地区培养培训教师、学者和各类技能人才。同时，可倡导建立高校专家库，设立"联席教授"教职，健全教授互聘与交流制度。在硬件方面，一方面，加大财政投入，保障各级教育质量的提升和多层次交流。另一方面，优化整合物质资源，如校舍建筑、图书资料、设施设备等。在"互联网 +"背景下，还应大力提升教育信息化水平，实现教育共同体的网络互通，利用信息化实现教育资源共享、优势互补、互利互惠、共同发展。

### （二）构建高层磋商机制，打造教育共同体

教育共同体是组织间共享教育理念、共担教育使命的平台，是多主体、多层次、宽领域的教育交流与合作的制度选择。教育共同体有多种表现形式，由我国发起的"一带一路"教育共同体是一种典型代表。

在这种高层次的、较为紧密的战略合作关系中，政府间的高层活动发挥着不可替代的先导作用。虽然全球化在很大程度上削弱了传统的国家主权，但作为最强大、最主要的国际力量，民族国家左右着大部分的国际活动（俞正樑，陈玉刚，2005）。故而政府间的高级别人文交流机制具有极强的示范和指导作用，往往是引领和推动其他层次和形式治理的动力。同时，政府间高级别交流也对国家

对外工作大局具有支柱作用，依托高级别人文交流机制推动区域人文交流，有利于扩大参与国家范围，进一步发挥机制在区域和国际人文交流中的辐射和带动作用。我国于 2017 年出台的《关于加强和改进中外人文交流工作的若干意见》要求充分发挥元首外交和首脑外交的引领作用，充分发挥高级别人文交流机制的示范带动作用。在人文交流机制的构建中，我国注重配合对外工作大局，通过部门间协同，重点深化中俄、中美、中英、中欧、中法、中印尼人文交流。以 2017 年为例。当年，我国在实施上述 6 个人文交流机制的同时，还积极开拓建立中德、中南非等高级别人文交流机制，筹办"中国 – 东盟教育交流周"十周年活动，举办金砖国家教育部长会议，与 188 个国家和地区建立了教育合作与交流关系，与 46 个重要国际组织开展教育合作与交流。其中，在贵阳举行的第十届"中国 – 东盟教育交流周"以"十年教育同携手，'一带一路'谱新篇"为主题，吸引了来自东盟国家以及特邀伙伴国的参会单位 2717 个、参会嘉宾 11834 人次，签署了 1088 份合作协议或合作备忘录。在京举行的第五届金砖国家教育部长会议以"金砖国家教育合作：促进卓越和公平"为主题，签署了《北京教育宣言》。作为今后教育合作的纲领性文件，该宣言表明金砖五国的教育合作由高等教育向基础教育延伸，由单项向综合扩展，由教育向联合科研、信息分享、人文交流拓展。从横向看，这种教育共同体是一种各国以共同利益为基础而结成的治理共同体。从纵向看，当各国政府分头在国内落实共同协议时，便启动了一种自上而下的权力运作过程。这种权力运作能够赋予国际人文交流外部合法性，是实现教育治理最强的动力，因而国家政府仍是全球教育治理的控制性力量。据此，还应继续巩固和扩大政府间高层磋商机制，通过元首外交引领、高访带动、高端机制示范的形式健全广覆盖、多元化的交流格局，充分发挥教育共同体的辐射作用。

# 第三节　走向人类教育共同体

20 世纪 90 年代，联合国支持成立了由 28 位国际知名人士组成的"全球治理委员会"，该委员会于联合国成立 50 周年之际发表《天涯成比邻》报告，其对全球治理概念的定义被国际社会广泛接受。全球治理理论的核心观点是，由于全球化导致国际行为主体多元化，全球性问题的解决成为一个政府、政府间组织、非政府组织、跨国公司等共同参与和互动的过程，要强化国际规范和国际机制，以形成一个具有机制约束力和道德规范力的、能够解决全球问题的"全球机制"。这与我国提出的共商共建共享的全球治理观不谋而合。从人类共同体到教育共同体，其中的思想脉络相互承接，奠定了当代中国规划未来教育国际化战略的基本格局和宏大目标。

## 一、价值引领：国际理解与尊重

推动建设人类命运共同体，是中国基于对世界大势的准确把握而贡献的中国方案。党的十八大报告把人类命运共同体界定为"在追求本国利益时兼顾他国合理关切，在谋求本国发展中促进各国共同发展，建立更加平等均衡的新型全球发展伙伴关系，同舟共济，权责共担，增进人类共同利益"。十九大报告更多地指向了构建人类命运共同体的价值观，即"坚持正确义利观，树立共同、综合、合作、可持续的新安全观，谋求开放创新、包容互惠的发展前景，促进和而不同、兼收并蓄的文明交流，构筑尊崇自然、绿色发展的生态体系"。人类命运共同体概念详述了我国的国际权力观、共同利益观、可持续发展观，综合体现了中国的全球治理观。早在 2013 年 3 月，习近平总书记在莫斯科国际关系学院发表的演讲中就向世界传递了他对人类文明走向的基本判断："这个世界，各国相互联系、相互依存的程度空前加深，人类生活在同一个地球村里，生活在历史和现实交汇的同一个时空里，越来越成为你中有我、我中有你的命运共同体。""构建人类命运共同体"，用习近平的话来高度概括，就是"五个世界"：坚持对话协商，建设一个持久和平的世界；坚持共建共享，建设一个普遍安全的世界；坚持合作共赢，建设一个共同繁荣的世界；坚持交流互鉴，建设一个开放包容的世界；坚持绿色低碳，建设一个清洁美丽的世界。总的来说，人类命运共同体既是一个生存的自然共同体，又是一个合作的建构共同体（冯建军，2018）。

参与全球教育治理、建构教育共同体正是将人类命运共同体转化为实实在在的行动。2013 年 4 月，习近平总书记致信祝贺清华大学苏世民学者项目启动。他指出：今天的世界是各国共同组成的命运共同体。战胜人类发展面临的各种挑战，需要各国人民同舟共济，携手努力。教育应该顺此大势，通过更加密切的互动交流，促进对人类各种知识和文化的认知，对各民族现实奋斗和未来愿景的体认，以促进各国学生增进相互了解、树立世界眼光、激发创新灵感，确立为人类和平与发展贡献智慧和力量的远大志向。这要求我们以宽阔的视野，站在人类命运共同体的高度来理解和规划全球教育治理，建构教育共同体。

首先，人类命运共同体要求我们以超越种族、文化、国家与意识形态界限的视野来看待问题。共同价值超越了某一特定国家、民族的价值，但它不是凌驾于国家、民族之上的价值，而是基于国家、民族的价值的共同性价值。所以，人类共同价值不仅不排斥国家、民族的价值，相反，还需要以它们为基础。价值既具有本土性、特殊性，也具有共同性、普遍性。狭隘的民族主义、文化主义只讲价值的本体性、本土性，走向价值相对主义，是不可取的。但若以共同价值取代一个国家、民族的核心价值，同样也是不可取的。人类共同价值就是面向人类的共同发展、共同利益，在国家、民族核心价值中求同存异（冯建军，2018）。以人类命运共同体引领的全球教育治理和教育共同体不再以传统意义上的成败为出发点，转而以关注世界整体利益、兼容并蓄作为交流的基础。

　　其次，人类命运共同体要求国家和组织行为体在平等和相互尊重的基础上共同开展治理活动。平等和自主性是合作的首要前提，只有承认共同体成员地位平等，保障自主性，才能促使合作行为的发生。人类命运共同体不是一个将不同民族的文化同质化的过程，它不仅不会排斥差异，反而会包容和尊重差异（周作宇，马佳妮，2017）。"一带一路"沿线涵盖 65 个国家和地区，是诸多民族混居之地，文化多样，也是伊斯兰教、东正教、佛教和天主教等众多宗教交汇之地，存在着教派问题、族群问题、经济摩擦、历史恩怨、边界争端等盘根错节的复杂矛盾（马佳妮，周作宇，2018）。面对这种复杂的文化局面，教育共同体的建设必须思考如何实践"和而不同"的精神。正如习近平总书记 2014 年 3 月 27 日在联合国教科文组织总部发表演讲时所言："文明因交流而多彩，文明因互鉴而丰富"，全球教育治理和教育共同体都不是以消除文化差异、制造世界趋同文明为目的的活动，而是以平等、包容的胸怀来促进多元文明和谐共生的战略。

## 二、治理机制：激发多元活力，实现平等对话

　　激发包括社会力量在内的多元主体的活力是实现全球教育治理的必要条件。治理是一个上下互动的管理过程，主要通过合作、协商、伙伴关系、确立认同和共同的目标等方式实施对公共事务的管理（俞可平，2002）。全球教育治理如是。罗西瑙（J. N. Rosenau）对全球治理的主体提出了一个新的概念——"权威空间"。权威空间与国家领土疆界并不必然一致，主权国家和政府属于权威空间，但大量非政府的超国家组织和次国家组织也都在权威空间之内。在他看来，关于全球治理，至少有 10 个描述世界政治的相关术语已经得到人们的认可：非政府组织、非国家行为体、无主权行为体、议题网络、政策协调网、社会运动、全球公民社会、跨国联盟、跨国游说团体和知识共同体。这些术语之间内涵有所交叉，共同构成了丰富多元的全球治理网络。这些民间力量或多或少地推动了教育的全球化发展。

　　在教育领域，学校是知识的具体载体。知识的流动性决定了学校天然具有原始的开放性。在不受外力干扰的情况下，学校是逐知识而生的。知识的汇集自然能够形成学校的群集，这也就可能形成上文所述的教育性的全球公民社会。例

如，在"一带一路"教育行动计划指引下，2015 年 5 月，新丝绸之路大学联盟宣告成立，联盟成员共同发布《西安宣言》。该联盟由我国西安交通大学发起，先后已有来自 22 个国家和地区的近百所大学加入。新丝绸之路大学联盟是海内外大学结成的非政府、非营利性的开放性、国际化高等教育合作平台，以"共建教育合作平台，推进区域开放发展"为主题，推动新丝绸之路经济带沿线国家和地区大学的交流与合作。同年 10 月，丝绸之路（敦煌）国际文化博览会筹委会文化传承创新高端学术研讨会在敦煌举行。复旦大学、北京师范大学、兰州大学和俄罗斯乌拉尔国立经济大学、韩国釜庆大学等 46 所中外高校成立了"一带一路"高校战略联盟，共同发布《敦煌共识》，联合建设"一带一路"高校国际联盟智库。《西安宣言》和《敦煌共识》成为新丝绸之路大学联盟和"一带一路"高校战略联盟的行动纲领。

　　这种教育性的民间组织是教育全球治理的复合网络，具有多重特征：它是经济和教育全球化的产物；一定程度上取决于国家政府的引领作用和市场的自发作用；能反作用于市场和国家；具有明显的自组织特征；其治理之道本质上是民间自发的、非暴力的形式；它的目标是进行教育的全球治理，具有价值的趋同性。鉴于这些特性，教育的民间交流平台天然具有知识共创和智慧共享的动力。在全球教育治理中应进一步挖掘各地方、各部门、各类组织和群体的潜力与资源，鼓励专业化、国际化的社会组织和民间力量参与具体项目运作。在民间交流的平台和机制上，尤其要注重学校的主体地位，注重深化中外学校间交流与合作。对各级各类学校参与国际活动应采取分类指导原则。

## 三、大国责任：积极参与国际组织，提升国际规则制定能力

　　研究全球治理的著名学者麦克格鲁（A. McGrew）说：全球治理不仅意味着正式的制度和组织（国家机构、政府）间合作等——制定（或不制定）和维持管理世界秩序的规则和规范，而且意味着所有其他组织和压力团体——从多国公司、跨国社会运动到众多的非政府组织——都追求对跨国规则和权威体系产生影响的目标和对象。很显然，联合国体系、世界贸易组织以及各国政府的活动是全球治理的核心因素，但是，它们绝不是唯一的因素。如果社会运动、非政府

组织、区域性的政治组织等被排除在全球治理的含义之外，那么，全球治理的形式和动力将得不到恰当的理解。（赫尔德，麦克格鲁，戈尔德布莱特 等，2001：70）这说明，在全球教育治理中，既要看到国家仍然是最活跃的角色、最基本的国际关系行为体，同时也要看到各种国际组织的作用。

在国际活动新框架下，国际教育组织成为国际教育事务的新参与者，也是实现区域教育对话与对接的有效平台。"无政府治理"体制的国际活动新框架使教育治理超越了国家层级，出现了跨越疆界的国际共建倾向。许多国家采取"竞争政府"（competition state）（Cerny，1990：204）形式，参与政府间的国际组织，如国际货币基金组织、经济合作与发展组织、20 国集团、世界银行、联合国教科文组织。尽管上述组织并非专门的教育组织，但大都设有教育部门，密切关注区域或国际教育事务，直接参与教育治理，因而对教育发挥了重要影响。在全球化背景下，跨国组织逐渐成为国际政策权力的新载体和利益相关者，在国际教育事务中扮演着关键角色。除政府组织外，非政府组织如全球教育运动联盟等也日益活跃。非政府组织借由跨国倡议网络机制，传播教育基本价值与规范，促进国际教育合作交流，融合与扩散国际教育，推动教育问题的跨界探讨和教育理念的广泛传播。

在此背景下，当前"政策社群"（Mahony，Hextall，Menter，2004）的扩大，已经带来了教育话语方式和传播模式的变化，使教育出现跨地区、国家的重新调节。跨国组织成为各国开展教育互联互通、参与国际或区域教育问题的重要媒介，也是调节分歧、缓解矛盾、促进互利共赢的重要平台，保证了教育对话与合作的有序进行。

同时，我们需要正视，国际组织内部存在着巨大的不平等。这种不平等体现在：①非政府组织分布上的不平衡。这些组织基本集中在北半球的发达国家，大部分以伦敦和纽约这样的城市为总部所在地。②全球性的组织，尤其是对世界发挥重要作用的组织基本由西方发达国家主导。发达国家长期积累起来的物质资本成为操纵这些组织运行和行为逻辑的幕后推手。更为重要的是，这种物质资本凭借国际组织制订、推行某种西方化的全球规则。需要警觉的是，目前世界主流的价值观念以及通行规则和制度不同程度和形式地向发达国家倾斜，或多或少地造成了发达国家与发展中国家不平等。为了克服这种不平等性、充分发挥国际组织的积极作用，我国应该深化与联合国教科文组织等国际组织的合作，积极参与双边、多边和全球性、区域性教育合作，培养、推荐我国人才参加国际组织的活动。在参与和推动国际组织教育政策、规则、标准的研究和制定中，逐步搭建起高层次的国际教育交流合作与政策对话平台。在多种活动中逐步传递中国声音，扩大我国在国际教育规则制定中的话语权。

第十一章

依法治教战略

依法治教是推动实现我国教育治理体系和治理能力现代化的重要战略，也是依法治国、建设社会主义法治国家的治国方略在教育领域的具体落实和实践。党的十八届四中全会通过《中共中央关于全面推进依法治国若干重大问题的决定》，对全面推进依法治国作出重大部署，强调把依法执政作为党治国理政的基本方式。党的十九届四中全会把"坚持和完善中国特色社会主义法治体系，提高党依法治国、依法执政能力"纳入中国特色社会主义制度建设的重要内容。在此背景下，依法治教也被赋予了新内涵和新使命，被视为是新时代背景下教育改革尤其是教育体制改革的重要抓手。推进教育领域的依法治教，要深刻认识法治的内涵，理解法治的本质，树立法律信仰；明确依法治教与教育治理的基本关系，建构和完善良好的教育法律体系，严格依法行政、依法办学，建立以学生发展为核心的现代学校制度。本章首先对依法治教的背景、历史等进行梳理，然后讨论依法治教与教育治理的逻辑关系，最后提出深入推进依法治教战略的举措。

# 第一节　新时代背景下的依法治教

依法治教要求在以法律为依据的前提下，综合运用法律、经济、行政及其他必要手段来治理教育。改革开放以来，我国教育领域经历了从无法可依的尴尬状态到全面依法治教的重大变化。随着社会主义法律制度建设的不断进步，我国在依法治教方面也取得了诸多成果。党的十九届四中全会强调，坚持和完善中国特色社会主义制度、推进国家治理体系和治理能力现代化，是全党的一项重大战略任务。全面推进依法治教是加快教育现代化、建设教育强国的迫切需求，也是实现治理体系和治理能力现代化的重要内容。

## 一、教育治理与依法治教

推进教育治理体系和治理能力现代化，是实现教育现代化的重要任务。依法治教是教育治理的基础和保障，是治理的一种具体方式，是治理观念在教育领域的集中体现，也是实现教育治理现代化的必然选择。

### （一）依法治教是教育治理的基础和保障

教育治理的实现必须以依法治教为基本保障，这是由治理的基本要求所决定的。按照全球治理委员会的界定，治理既包括使人们服从的强制性正式制度安排，也包括人们同意或认为符合其利益的非正式的制度安排。事实上，无论制度安排是正式的还是非正式的，其本质都是一系列规则。教育治理指的是一种对各利益相关方进行协调的持续过程，通过一定的规则使教育领域中的不同利益相关方相互协调并联合处理教育事务，以达到教育公共利益的最大化。在这一过程中，各主体权力的确立及规范行使，各主体之间关系的处理，各主体利益协调和联合行动中的平等协商、谈判妥协与共同决策过程及程序，都需要相应的规则予以保障。这些规则的呈现和有效运行必须有各种法律法规和规章制度的保障。规则是治理的重要基础，而法律制度是规则建立与运行的基本保障，依法治教是实现有效治理的前提。

### （二）依法治教是教育治理的具体手段

教育法治化是教育治理现代化的重要标志和必然要求，教育治理现代化的实现，必须与法治相结合，走法治之路。从某种程度上说，实现教育治理现代化的过程就是教育治理法治化的过程，就是依良法而治的过程（蒲蕊，2018）。依法治教的实质，就是要求所有的教育法律关系主体必须在合法的权限内按照合法的程序做出合法的行为（尹力，2002）。教育法治是教育治理的基本方式。在教育事业迅速发展的今天，教育领域也呈现出诸多新特征：教育发展重点上，从规模扩张走向内涵发展；教育举办形态上，从政府统一举办走向公办民办并举；教育管理方式上，从单向的一元管理走向多主体的协同治理；教育利益相关方关系上，从简单线性关系走向复杂网状关系。随着时代发展，教育领域面临的司法环境发生了很大变化，人民群众的法治意识也不断增强。为追求更加公平的教育、保障自身教育权益，人们在教育领域依法维权的意识日益明确。在这种新形势下，传统的教育管理模式已经不再适应教育治理的要求。现代化的教育治理需要以法治化作为基础：一是树立依法思维，借助法治手段解决不同利益相关方之间的冲突，促进共识形成，提升治理效率。二是树立民主思维，尊重学校的主体地位，充分保障教师、学生、家长以及社会公众等群体对教育的知情权、参与权、表达权、监督权，促进教育走向多元协同治理。三是树立平等思维，积极使各方共享教育改革发展的成果。教育法治化发展有助于保障人们多样化的教育选择权，实现不同办学主体、不同教育类型、不同受教育者之间的教育权利平等，推动教育公平。

### （三）依法治教是治理观念在教育领域的集中体现

教育治理体现为一种多元交互、协商共治的模式，依法治教的目标便是实现教育领域的良法善治。这一目标可解读为在遵守法律规范的前提下，通过多元主体共同参与协商，实现教育活动公共利益的最大化，这便是治理观念在教育领域的集中体现。依法治教所体现的治理观念主要有以下几个方面。

一是强调多元治理主体。治理主体上，由单中心主体转向多元主体。教育的治理主体既包括政府，也包括学校与社会，在多元主体共治下实现公共利益的最大化。依法治教就要明确教育行为中各治理主体的关系，对教育的发展目标、行动原则、决策方式、权力分配等进行界定。

二是树立参与和合作的理念。首先，从学校内部看，学校是一个典型的利益相关者组织，其内部存在着教师、行政人员、学生等众多利益相关者，各主体都有各自的利益诉求且在很大程度上存在差异甚至相互冲突。学校内部治理必须权衡并协调这些多元利益，促使这些利益主体采取联合行动。作为学校"根本大法"的学校章程就发挥着这样的作用。这是法治在学校微观层面的体现。其次，从学校与外部的关系看，依法治教有益于落实与保障学校的自主办学权。依法治教的第一步是依法"治权"，即明确政府部门在教育领域的职能和权力，在此基础上规范权力主体并简政放权，保障办学主体的自主权，推进学校依法自主管理。通过依法治教，实现教育管理重心的适度下移，将一些教育领域的权力下放给学校，使得学校不再只是处于被支配、被控制的被动地位，而是能运用自身的资源和权力解决一些问题。总之，依法治教就是构建合法程序、合法的制度执行体系，理顺政府与教育行政部门、教育行政部门与学校之间的各种教育法律关系，明确政府、学校、教师、学生、家长、社会等教育领域各利益相关方的权利和义务。为此，需要在法治理念指引下，不断完善教育运行体制，构建现代学校制度体系，使教育事业成为国家法治建设的有机组成部分。

### （四）依法治教是教育治理现代化的必然选择

党的十九大报告明确提出全面依法治国是中国特色社会主义的本质要求和重要保障。现代社会中，法治是规范和制约社会主体行为的核心力量，依法治国是实现国家治理体系和治理能力现代化的必然要求。教育治理是治国理政的一个重要方面，法治又是教育治理与改革的基础，法治为教育治理现代化提供有效方法，在教育治理现代化建设中要将法治思维方式贯穿始终。根据时代发展的内在要求，积极弘扬社会主义法治精神，运用法治方式对教育领域进行有效治理。教育治理的现代化需要对教育利益进行重新分配，各利益相关方的权利、义务关系也需要重新调整甚至变革，这一过程中的公平离不开法治的调节。"规则的确定性、先在性、逻辑性和持久性，不仅是生成秩序的基石，更是公平正义的社会得以高效率和强制性构建的法宝。依法律规则决策和行动是最少成本和最高效率的，它可以避免决策因意见分散和长官意志多变导致低效率甚至负效率。"（汪习根，2014）因此，依法治教才能保证教育治理的设计具有稳定性，从而保证公平性和效率性。同时，依法治教使教育治理的目标、方案和行动得以科学化和规范化，为教育治理的各类创新提供强有力的法律保护。教育治理的各类创新和探索都必须遵循法律优先原则，即在法律法规的框架内进行制度设计与权力运行。要用法治思维方式构建学校与政府、社会等的外部关系，进行学校内部治理结构等方面的制度建设。为推动教育法治化进程，需要健全教育法律制度体系建设，在以人为本的治理理念下，运用法治思维和法治手段实现教育公共利益的最大化。有效的教育治理必须建立在法治基础上，只有在遵循法治原则的前提下，才能有效协调各利益相关方的利益，实现教育的有效产出。

## 二、改革开放以来我国依法治教的发展历程

改革开放以来，我国开始坚持不懈地推进依法治教，其发展历程可归纳为以下三个阶段。

### （一）依法治教的起步阶段（1978—1994 年）

改革开放之前，我国并没有一部真正意义上的教育法律，教育领域各项工作主要依靠政策甚至教育行政部门领导者的个人主观意志，这显然不符合依法治教的思想。改革开放之后，教育立法工作逐渐得到重视与加强。1980 年 2 月，《中华人民共和国学位条例》（简称《学位条例》）颁布，对各类学位的等级及授予办

法进行了规定，这是新中国成立以来由国家最高权力机关制定的第一部教育法律，打破了之前教育无法可依的窘境。1981 年 5 月，《中华人民共和国学位条例暂行实施办法》（简称《实施办法》）出台，对各级学位的学科门类、授予条件、学位评定委员会的职权与构成等内容进行了细化。在很长一段时间内，《学位条例》和《实施办法》成为我国高等教育领域最重要的法律，至今仍然有效。1986 年 4 月，《中华人民共和国义务教育法》颁布，将"国家实行九年制义务教育"法定化，为保障适龄儿童接受义务教育提供了法律依据，并对国家、社会、学校、家庭的相关职责做了明确说明。1993 年 2 月，中共中央、国务院印发《中国教育改革和发展纲要》，明确提出要"加快教育法制建设，建立和完善执法监督系统，逐步走上依法治教的轨道"，"争取到本世纪末，初步建立起教育法律、法规体系的框架"。在此背景下，1993 年 10 月，《中华人民共和国教师法》颁布，对教师的地位及权益给予法律保障与规范。《中华人民共和国教师法》作为我国第一部关于教师的基本法律，对教师的权利和义务、资格和任用、培训、考核、待遇、奖励等内容进行了规定，为维护教师合法权益、保障教师待遇、提高教师地位提供了法律依据。在《中华人民共和国教师法》的基础上，《教学成果奖励条例》（1994）、《教师资格条例》（1995）等也相继出台。以《中华人民共和国义务教育法》《中华人民共和国教师法》等为代表的国家相关教育法律出台，以及大量地方性教育法规和部门规章的制定，初步结束了我国教育工作长期以来"无法可依"的状态。

这一阶段，我国教育领域初步走出了无法可依的尴尬境地，教育立法开始得到各方重视。但是，此时教育立法的步伐还明显滞后于国家教育改革和发展的实践，很多教育治理行为依然缺乏必要的法理依据，无法可依的局面在一些教育领域仍然存在，远不能适应全面依法治教的需要。特别是在当时，还缺少一部依法治教的教育根本大法，用于规定国家教育基本方针、基本任务、基本制度及教育活动中各主体的权利和义务，这就给调整教育内外部关系增加了难度。

**（二）依法治教的快速发展阶段（1995—2009 年）**

尽管依法治教已经起步，但教育立法的步伐仍滞后于教育改革和发展的实践。为此，需要制定一部全面规范和调整各类教育关系、涉及教育改革与发展全局的教育基本法。1995 年 3 月 18 日，第八届全国人民代表大会审议通过《中华人民共和国教育法》，标志着我国教育工作进入全面依法治教的新时期。《中华人民共和国教育法》为落实教育优先发展的战略地位、推动教育事业改革和发展提供了法律保障，促进教育法治化快速发展，成为我国教育领域的基本法。《中华人民共和国教育法》对教育性质、教育地位、教育方针、教育基本原则和基本制度、教育与社会的关系等教育发展的各方面重要事项作出全面规定，既为制定其他教育法律法规、全面调整各类教育关系、规范我国教育工作提供了基本依据，又对我国教育改革与发展中的重大问题作出了规定，为建立适应社会主义市场经济体制要求的新的教育体制和运行机制，保护学校、教师、学生等各类教育关系主体在教育活动中的合法权益，提供了最基本的法律依据。1995 年 8 月，《关于实施〈中华人民共和国教育法〉若干问题的意见》发布，提出要"树立全面依法治教的观念"，"积极推进全面依法治教"。这份文件中多次出现"依法治教"的表述，表明此前地方在教育领域的一些做法及提法开始获得法理上的支撑，依法治教的概念被正式确立。

在依法治教思想的指导下，在以《中华人民共和国教育法》为母法的基础上，以《中华人民共和国民办教育促进法》《中华人民共和国高等教育法》等为内容的教育法律法规体系逐渐形成。1996 年 5 月，《中华人民共和国职业教育法》颁布，用立法形式规定了职业教育的体系、实施与保障等内容。1998 年 8 月，《中华人民共和国高等教育法》颁布，规定了高等教育的基本制度、学校设立与组织、教师与学生、投入和保障等内容。《中华人民共和国高等教育法》的通过标志着我国教育法规体系框架基本形成。2000 年 10 月，《中华人民共和国国家通用语言文字法》颁布，确立了普通话和规范汉字作为国家通用语言文字的法定地位，规定学校及其他教育机构应以普通话和规范汉字作为基本的教育教学用语用字。2002 年 12 月，《中华人民共和国民办教育促进法》颁布，规定了民办学校的设立与组织、教师与学生、资产与管理、变更与终止。该法明确了民办教育的公益性事业属性，确立了对民办教育实行积极鼓励、大力支持、正确引导、依法管理的方针，对民办教育发展影响深远（孙霄兵，2012）。除了订立新法，随着教育体制改革的深入及经济社会的发展，这一时期我国还对教育法律进行了修改完善。

这一阶段，教育法律体系在实践中不断得以完善，以《中华人民共和国教育法》《中华人民共和国教师法》《中华人民共和国义务教育法》《中华人民共和国职业教育法》《中华人民共和国通用语言文字法》《中华人民共和国高等教育法》《中华人民共和国民办教育促进法》为主要内容的教育法律体系初步形成。依法治教的观念不断增强，教育领域从完全依靠政策管理发展为依法治教。

### （三）全面推进依法治教的新阶段（2010 年至今）

2010 年 7 月，中共中央、国务院印发《教育规划纲要》，这是进入 21 世纪以来我国第一个教育规划，成为 2010—2020 年指导全国教育改革和发展的纲领性文件。其中，第二十章"推进依法治教"专门对新时期依法治教作出了全面部署，明确提出了"六修五立"的立法任务，即"根据经济社会发展和教育改革的需要，修订教育法、职业教育法、高等教育法、学位条例、教师法、民办教育促进法，制定有关考试、学校、终身学习、学前教育、家庭教育等法律"。该文件所提出的各项目标要求正在逐步落实，为依法治教提供了坚实基础和有力保障。

自此，我国教育开始进入全面法治化的新阶段。特别是党的十八大以来，以习近平同志为核心的党中央提出了全面依法治国的新理念、新思想、新战略，加快了社会主义法治国家建设步伐，开启了中国特色社会主义法治的新时代。在此背景下，依法治教也驶入快车道。2014 年 10 月，党的十八届四中全会以依法治国为主题，审议通过了《中共中央关于全面推进依法治国若干重大问题的决定》，开启了全面推进依法治国的新征程。教育法治化在全面推进依法治国的进程中扮演着重要角色，具有重要的基础性作用。

2016 年 1 月，教育部印发《依法治教实施纲要（2016—2020 年）》，要求以法治思维和法治方式推进教育综合改革，并提出具体的战略目标，即"到 2020 年，形成系统完备、层次合理、科学规范、运行有效的教育法律制度体系，形成政府依法行政、学校依法办学、教师依法执教、社会依法评价、支持和监督教育发展的教育法治实施机制和监督体系"。2017 年 9 月，中共中央办公厅、国务院办公厅印发《关于深化教育体制机制改革的意见》，进一步强调"要完善教育立法和实施机制，提升教育法治化水平"。2017 年 1 月，《国家教育事业发展

"十三五"规划》发布，对新时期我国教育事业发展的新理念、新任务和新要求进行了集中阐述，提出教育现代化的总体发展目标和全面推进依法治教的具体要求，对于包括教育法治在内的教育治理体系和能力建设具有重要指导意义。《国家教育事业发展"十三五"规划》首次将"坚持依法治教"写入教育事业改革发展的基本原则，提出"法治是实现教育现代化的可靠保障"的重要观点。依法治教在实现教育现代化的进程中具有基础性和根本性的价值，它是教育现代化的重要抓手和基本保障。《国家教育事业发展"十三五"规划》提出坚持依法治教原则的总体要求，即"要坚持依法行政、依法办学、依法执教，更加注重运用法治思维和法治方式推动教育改革发展，更加注重教育法律法规体系和执法体制机制建设，更加注重保障广大人民群众受教育权利和广大师生权益，更加注重保障人民群众对教育改革发展的知情权、参与权和监督权，依法推进教育治理能力现代化，为教育发展创造良好的法治环境"。《国家教育事业发展"十三五"规划》在第九部分"加快推进教育治理现代化"对推进政府职能转变、构建有效监管体系、全面推进依法治教、完善教育投入机制等方面的具体内容作了规定。这一时期，我国也对一些教育法律进行了修改完善，以更好地适应新时代依法治教的要求。2018 年 12 月，中共中央、国务院印发的《中国教育现代化 2035》将"坚持依法治教"作为推进教育现代化的重要原则，提出要构建完备的教育法律法规体系，健全教育法律法规实施和监管机制，以提高教育法治化水平。

这一阶段，随着我国改革开放的进一步深入发展，教育法律法规体系不断完善，中国特色社会主义教育法律体系基本形成。我国对很多教育法律开始进行修改完善，以适应新时代发展的需求。除了教育领域的全面法治化不断推进，我国在推进政府职能转变、构建有效监管体系和完善投入机制等方面也取得了长足进步，这些举措相辅相成，从整体上共同推进以法治为核心的教育治理现代化进程。

## 三、依法治教的实践逻辑

秩序、公正、人权、效率、和谐等现代法治观念，既是国家治理的基本价值，也是教育治理的基本目标。法治蕴含着对治理的功能释放机制，通过法治可以创造出现代化的国家治理体系并提升国家的治理能力（刘红臻，2014）。在现代国家治理体系中，法治是构建社会秩序的核心力量，对于社会主义教育事业发展而言，法治建设具有全局性与关键性的战略意义。国家治理本身就是法治体系中的重要环节。与"统治"相比，治理更多地体现平等公正、集体参与、多元民主、透明高效等价值内涵。法治与此内涵相互交融，衍生出的"良法善治"正是教育治理现代化的基本要义。

教育治理现代化要求教育公权力的运行必须法治化、制度化、规范化。政府、学校和社会在教育治理方面拥有完善的制度安排和规范的公共秩序。宪法和教育法律法规是教育治理的最高权威，教育治理应依据国家宪法和教育法律法规框架来进行。因此，以法治的要求进行治理是教育治理的题中应有之意。习总书记在党的十九大报告中指出，"吸收人类文明有益成果，构建系统完备、科学规范、运行有效的制度体系，充分发挥我国社会主义制度优越性"。这一重要论述为我们全面深化改革、推进包括教育治理现代化在内的国家治理现代化奠定了理论基础。教育治理现代化要适应时代需要，通过改革和完善体制机制，以法治思维推进各项教育制度的不断完善，实现教育治理的法治化、科学化。推动实现当代教育改革中的依法治教，建构依法治教的治理体系，应该注重以下几个方面。

## （一）具有完备的教育法律体系

党的十八届三中全会和十八届四中全会将良法善治的价值目标贯穿到国家治理体系之中，《中共中央关于全面推进依法治国若干重大问题的决定》强调"要恪守以民为本、立法为民理念，贯彻社会主义核心价值观，使每一项立法都符合宪法精神、反映人民意志、得到人民拥护"。发展并完善国家法律体系，构建完备科学的法律制度体系，其实质就是推进国家治理体系的法律化、规范化和定型化，形成系统完备、科学规范、运行有效的国家制度体系（李林，2014）。教育立法是依法治教的基础，为保障各项工作有法可依，需要建立一整套完备的教育法律体系。

从我国现行的教育法律法规体系来看，不同层次的法律法规在内容上存在不同程度的不一致之处，甚至有些矛盾之处。这给推进教育治理现代化建设带来了制度性的障碍。因而，未来亟须对教育法律法规体系进行深入细致的清理，及时废止不适宜的内容，保障体系的科学性、协调性。同时从治理的实际出发，在教育法律法规的制订和修正中，还必须考虑可操作性，明确适用的对象、情境和后果，增强法律法规对治理实践的指导和规范作用。

## （二）严格依法行政，建设法治政府

不能得到贯彻实施的法律是没有生命力的。要将书面上的良法转化为行动中的法律，其中的关键就是政府带头守法、严格执法（蒲蕊，2018）。因而，依法执法和依法行政是依法治教的重要组成部分，是对教育行政主管部门及其他有关部门提出的基本要求。严格公正的教育执法制度是建设廉洁高效的执法队伍、全面实现依法治教的关键因素。而且，政府的依法行政、模范守法、严格执法对各级各类学校、其他教育机构、教师、广大人民群众从内心深处拥护和信仰法治具有巨大的示范和带动作用。是故，法治政府的建设是推进教育治理现代化的关键因素。

建设法治政府要求政府树立法治理念，善用法治思维和法治方式。这就要求各级政府及公职人员须深入领会、掌握法治理念、法治精神、法治原则和法治方法。在当前的教育事业发展中，尤其需要明辨政府权力的性质及有效运行的方式。从教育治理的视野来看，单纯依靠国家强制力或行政指令的控制手段已然不合时宜，需要各级政府行政人员重新回归法治的原点，思考合适的法治方式。

## （三）社会成员具有较强的教育法律意识

教育法律意识指的是人们对于教育法律现象的思想、观点、知识和心理的总称，它不仅包括人们对教育法律的本质和作用的理解与评价，也包括对教育执法和司法的信任程度及守法、用法的自觉性等。拥有良好教育法律意识的公民，其守法、用法的自觉性较高，能够正确认识并理解教育法律，依法积极参与教育治理的过程。

在所有的法律意识中，有关公平正义的观念应该最先深入人心。所谓"法乃公平正义之术"。教育良法应该有坚实的价值基础，充分体现公平和正义的价值理念，以保障公平和正义作为检验行为正当合理与否的标准，维护教育公平和社会正义（蒲蕊，2018）。这种观念应该随着法治的发展通过教育的途径广泛传播，也通过教育治理的推进在教育实践中得到彰显。

### （四）全面实现依法治校

依法治校是依法治教在学校管理工作中的具体体现，是依法治教的重要组成部分。

首先，要将管办评分离的教育治理改革经验上升到法律层面，使政府与学校之间的合理关系法制化。这就要科学划定政府在教育治理中的责任和权力范围，改造"包揽一切"的全能政府，合理限制政府权力，将办学的专业权力切实交给学校。

其次，学校及其他教育机构应当依照相关法律法规组织实施教育教学活动，实现学校治理的法治化和规范化。学校要在教育法治化理念指引下，用好办学自主权，在现有的教育法律法规框架下，科学构建以章程为基础的制度运行体制，建设现代学校制度，重点完善校长负责制度、民主集中制度、校务公开制度、教职工和学生申诉救济制度、教职工代表大会制度等。

# 第二节　依法治教法律体系的建构

推进依法治教，一个重要前提是形成比较成熟的教育法律体系。建构相对完备的教育法律体系，形成对教育法的深刻理解。如此才能发挥教育法的功能，实现教育事业发展的规范化和法治化。

## 一、教育法的体系

教育法是国家意志的体现，反映的是统治阶级的阶级意志。从根本上来说，教育法的基本内容是由社会物质生活条件决定的，也就是当时社会的生产力发展水平决定的，必须反映生产力发展的要求。这是教育法的深层本质。根据我国各国家机关制定的规范性法律文件的效力，可以将教育法体系分为教育硬法体系和教育软法体系。

## （一）教育硬法体系

教育硬法体系主要由两部分内容组成。首先是宪法。宪法是国家的根本大法，它规定了一国的根本制度和任务，具有最高的法律地位和法律效力。宪法主要对我国的政治生活、经济生活和社会生活的若干准则进行原则性、纲领性的规定。其中也规定了教育的性质、目的、任务、结构、制度、公民的受教育权利和义务等内容。宪法作为教育法的表现形式之一，是制定教育法律法规的基本依据。其次是教育法律，教育法律是由全国人民代表大会及其常务委员会制定的规范性法律文件。具体可以分为六类：一是教育基本法律。它是依据宪法制定的调整教育内外部关系的基本法律规范，在教育法律体系中处于"母法"地位。教育基本法律通常规定国家教育的基本方针、基本任务、基本制度以及教育活动中各主体的权利和义务。二是教育单行法律。它是国家根据宪法和教育基本法律的原则制定的，规范和调整某一类教育或教育领域的某一具体关系的教育法律。三是教育行政法规。教育行政法规是指国家最高行政机关为实施、管理教育事业，根据宪法和教育法律制定的规范性文件。它的制定、审定及发布都必须经过法定程序，在内容上是针对某一类教育管理事务发布的行为规则，在形式和结构上较为规范，在时效上具有相对的稳定性。四是教育规章。教育规章是各省、自治区、直辖市人民政府根据法律、行政法规和本地区的地方性法规所制定的规章。五是地方性教育法规。各省、自治区、直辖市的人民代表大会及其常务委员会可以根据宪法规定，结合本行政区域的具体情况和实际需要，制定和颁布地方性法规，需要报全国人民代表大会常务委员会备案。六是自治条例和单行条例。民族自治地方的人民代表大会有权依照当地的政治、经济和文化的特点，制定自治条例和单行条例。

宪法及各类教育法律法规一起构成了中国特色社会主义教育法的有机统一的整体。当然，这并不意味着只有那些以"教育""学校"开头的法律法规才是教育法，其他许多法律法规如民法、刑法、行政法等都对教育事务进行了规定，成为教育法的有机组成部分，如《中华人民共和国侵权责任法》《中华人民共和国妇女权益保障法》《中华人民共和国监狱法》等。2009 年颁布的《中华人民共和国侵权责任法》中关于学校中学生侵权的规定就对学生伤害事故的责任划分作了详细规定，成为处理学生伤害事故的基本法律依据。再如《中华人民共和国监狱法》中关于未成年人接受义务教育的规定等。它们有效填补了我国教育法律体系的空白，因而也是我国社会主义教育法体系的有机组成部分。

### （二）教育软法体系

教育软法是与硬法相对应的概念，它是指原则上没有法律约束力但有实际效力的有关教育的行为规则。有学者认为软法具有以下主要特征：第一，软法的形成主体具有多样性，既可以是国家机关，也可以是社会自治组织或者混合组织等；第二，软法的表现形式具有多样性，既可是文本形式，也可以是某些具有规范作用的惯例；第三，软法一般没有惩罚性的规定，更多是靠自律和激励性的规定，不像硬法那样具有否定性后果；第四，软法通常不具有国家强制约束力，主要通过制度、文化、舆论导向、伦理道德等软性约束力发挥作用（罗豪才，2006）。

教育软法的范围主要包括以下六个方面：一是行业协会、高等学校等社会自治组织规范自身组织和活动及组织成员行为的章程、规则、原则中涉及教育的内容。二是基层群众自治组织（如村委会、居民委员会）规范自身组织和活动及组织成员行为的章程、规则、原则中涉及教育的内容。三是人民政协、社会团体规范自身组织和活动及组织成员行为的章程、规则、原则中涉及教育的内容。四是国际组织（如联合国、世界贸易组织等）规范自身组织和活动及组织成员行为的章程、规则、原则中涉及教育的内容。五是教育法律、法规、规章中没有明确规定法律责任的条款（硬法中的软法）。六是执政党和参政党规范本党组织和活动及党员行为的章程、规则、原则（习惯上称之为"党规""党法"）中涉及教育的内容。（姜明安，2006）

## 二、教育软法与相关理念的关系

教育硬法体系具有极强的稳定性和法律效力，其制定有着十分专业的、严格的程序。而教育软法则体现了较强的时代性和民众回应性，因而与现代教育治理的实践有着显著关系。

### （一）教育软法的法治意义

法治是一种社会治理方式，其基本含义是在充分发扬民主的前提下，通过制定法律，运用法律调整社会关系，形成社会生活的秩序。这一点与软法的理念相融合，法治强调"法律至上"的权威，意味着在处理与公权和私权相关问题上严格坚持合法性原则。软法作为不具有国家强制力的规则，从根本上要受到法治的约束。也就是说，教育软法应当符合法治的理念和原则，不得与法治相冲突，而应成为教育硬法的有效补充。

### （二）教育软法与治理的关系

在社会政治生活中，"治理"是一种偏重于工具性的政治行为（俞可平，2018），也是一种价值性的政治理念。关于"治理"内容的论述十分丰富，普遍的观点是现代政府治理是符合民主、法治、责任、服务、效率、有限、协作等现代化政治理念及其相关特征的治理。"治理现代化"是党的十八届三中全会提出"推进国家治理体系和治理能力现代化"战略目标后，针对我国国家治理体系与国家治理能力存在诸多弊端以致不能适应现代社会各方面发展要求而提出的一个新概念。"治理现代化"既是一种治理理念，也是一种治理过程和治理结果。公共治理代表了一种新的社会多元管理模式，软法与治理有着极为相近的理念与渊源。软法所体现出的平等性、参与性和民主性的价值与"善治"的基本精神相契合，成为一种探索新时代公共事务治理的重要模式。国家治理需要软法，软法以其独特的结构为国家的全面法治化和现代化提供了良好的路径选择。软法治理作为一种新型的治理手段，它的多元性、参与性等特点吻合了教育治理原则的要求，为解决教育领域存在的许多问题提供了有益的思路。

## 三、软硬法融合的教育法治理模式

教育治理是一项治理主体多元、涉及范围广泛的实践。随着管办评分离的推进，教育治理在一定的历史时期内将面临诸多复杂的利益纷争，因而这项活动需要建立在全面、系统、协调的法治基础之上，需要软法和硬法两大法律体系的共同支撑。

### （一）教育硬法是依法治教的支柱

如上所述，教育硬法就是广义的教育法，反映的是统治阶级的阶级意志，是国家意志的体现。只有占统治地位的阶级才最有条件将本阶级的意志上升为国家意志并要求全体国民遵守。教育硬法具有国家强制力，是国家强制力保证实施的社会规范。教育硬法的国家强制性，既表现为国家对教育违法行为的否定和制裁，也表现为国家对教育合法行为的肯定和保护。

教育硬法是依法治教的支柱。法是通过规定法律关系主体的权利和义务，以权利和义务为机制，影响人们的行为动机，指引人们的行为，从而调整社会关系。权利意味着人们可以做或不做一定行为以及可以要求他人做或不做一定行为，义务意味着人们必须做或不做一定行为。国家通过教育法规定教育法律关系中各主体的权利与义务来调整教育领域的社会关系，以使这种社会关系符合国家的要求。教育硬法中的法律规范就是这种国家意志的集中体现，它构成依法治教的核心内容，搭建起依法治教的基本框架。因此，可以说，教育硬法是依法治教的支柱。

### （二）教育软法是教育硬法的有效补充

原则上，软法并没有法律约束力，一般不具有司法适应性，但这并不意味着软法不具有任何实际效果或非法律性的约束力，它对社会成员的行为仍然具有一定的约束效力。在全面推进国家治理体系和治理能力现代化的大背景下，作为软治理手段的教育软法可以在以下方面有效地补充教育硬法的不足。

第一，立法试验功能。在教育硬法立法条件尚不成熟的情况下，可以通过行动纲领、自律规范等软法形式将相应内容先期制定出来。一方面，通过教育软法的制定弥补相应教育硬法的空缺。另一方面，通过教育软法的先导和实验作用，在实践中测试教育立法的可行性，并根据现实问题及时修正完善，为日后教育硬法的制定作好准备。

第二，支持补充功能。一般而言，教育硬法的内容表述较为抽象化和原则化，往往存在一些模糊的概念，不便于具体的实践运用。通过解释性的教育软法，对现行教育法律的相关条文进行重新表述和阐释，可为现行教育法律提供有效指导，帮助法律工作者正确理解并应用法律。

第三，共生协作功能。传统的教育法律管理手段过于强硬，与强调主体间相互合作、和谐共生的公共治理网络体系存在诸多不适应。相对而言，教育软法更有利于相互依存的合作伙伴关系的形成。教育软法通过行动准则、决议、建议等非强制性的形式，促进公共治理网络体系中的各主体以平等协商、开放对话的方式参与到教育治理中。

### （三）构建软硬法融合的教育法治理模式

党的十八大以来，我国大力推动社会治理模式的创新。通过考察教育软法与教育硬法各自的运作领域、运作机理与运作方式，可以发现两者存在着某种程度上的"共生性"。对于国家治理模式处于转型期的中国而言，可以通过立法、整合、共生而治等多种思维与路径，构建起以教育硬法体系为支撑、以教育软法体系为补充的良性共存机制，从而达到教育治理法治化的理想模式。改革开放至今，我国的公域之治一直是软硬兼施的混合法模式。尤其是伴随着公共治理模式的兴起，软法现象变得日益突出。软硬兼施的混合法模式成为我国解决教育问题的基本模式。

# 第三节　依法治教的战略选择

　　依法治教是教育治理体系和治理能力现代化的重要标志，是面向教育现代化的战略任务。依法治教既包括国家机关及有关机构按照教育法律规定，在其职权范围内从事教育治理活动，也包括各级各类学校及其他教育机构、社会组织、公民按照教育法律规定，从事办学、教学及其他教育活动（栗晓宏，郭明，2007）。从未来发展来看，应坚持完善教育法律体系，健全教育行政执法和监督体制，依法维护学校、教师、学生的合法权益，构建现代教育治理体系和现代学校制度，推进教育可持续发展。具体来说，应从以下三个方面继续推进依法治教。

## 一、完善教育法律体系

　　完备成体系的教育法律是依法治教的基础和依据。依法治教要求教育管理与改革实践采取法治方式进行，必须要有科学且成体系的教育法律法规予以支撑（秦惠民，谷昆鹏，2016）。《中国教育现代化 2035》明确指出，提高教育法治化水平，构建完备的教育法律法规体系，健全学校办学法律支持系统。

### （一）做好教育法律的前瞻性规划设计

　　一方面，在准确把握教育现实问题的基础上，制定出操作性强的教育立法与修订法律的工作步骤，结合教育事业发展现状和教育治理推进实况进行前瞻性的设计。需要从总体上对教育法律体系进行系统设计，形成内容全面、上下贯通、关系明确的教育法律体系。另一方面，将完善教育法律体系和及时修订法律作为各级地方政府相关部门的工作重点。各地需要在充分调研的基础上出台本地教育法规、规章，改变教育法的下位法规制定中普遍存在的"复印现象"，使其能够准确反映出本地区的教育特征，并在解决本地教育实际问题中切实发挥作用。同时，完善教育法律的制定流程。通过听证会、访谈、网络调查等多种形式，在进行教育法律前瞻性规划设计时充分听取民众建议、汇聚多方智慧、反映人民心声，增强教育治理法治举措的回应性。

### （二）增强教育立法的科学性与规范性

一方面，重视规划教育立法的程序。在制定教育法律法规时必须进行详细的前期调研。每一部教育法律法规都具有特定目的，在确定具体内容时要有清晰的调研方案，通过深入细致的调研，准确把握教育的实践发展情况，厘清教育事务内外部关系及其前因后果，为教育法律法规制定提供依据。另一方面，体现教育法律的整体性，既避免重复立法，又要避免孤立无据。理顺教育法律之间的逻辑关系，在保证每部法律法规个性化的同时，关注整体的统一性，保障各类别和各层级的教育法相互协调。同时，确立多元利益主体参与教育法制定的程序，强调立法过程的民主性。教育法律的制定要基于广泛的实证调研，以证据为支撑，对于立法后可能产生的影响有着全面判断，不能单凭个人的主观感觉制定法律内容。教育是最重要的民生问题，听取多方利益主体代表的意见和建议是制定教育法律法规的必要程序。特别是对于法律语言使用、名称规范等教育立法的细节问题要予以足够重视。通常情况下，高层次的教育法原则性较强，为我国教育发展提供方向性指导，下位的法规性文件必须在原则指导上提出更加具体的、可操作的规定。

### （三）重点完善突出领域教育法律制定

借鉴其他国家教育法律的结构，结合我国具体国情，可构建起我国教育法律的总体逻辑框架，如表11.1所示。未来需要针对其中尚未立法的空白区域进行法律补充。

**表 11.1　我国教育法律体系的逻辑框架**

| 教育法 | 教育活动主体 | 学校、教师、学生 |
|---|---|---|
| | 教育活动过程 | 宏观的教育阶段：学前教育、义务教育、高中教育、高等教育、职业教育、成人教育、终身教育 |
| | | 微观的教育过程：招生、培养、考试、学位、就业 |
| | 教育与政府 | 教育投入、质量保障、教育公平 |
| | 教育与社会、家庭 | 家庭教育、社会教育 |
| | 教育与市场 | 民办教育、培训机构、其他营利性机构 |
| | 特殊类型 | 民族教育、弱势群体、其他 |

资料来源：秦惠民，谷昆鹏，2016. 对完善我国教育法律体系的思考［J］. 北京师范大学
　　　学报（社会科学版）（2）：5-12.

由表 11.1 可知，诸多教育领域的问题还需要制定专门的法律予以解决，包括教育主体中的学校，教育阶段中的学前教育、高中教育、成人教育、终身教育，教育与政府关系中的教育投入，教育活动过程中的招生、考试，教育与社会关系中的家庭教育等。

（四）加快制定"学校法"

当前学校治理面临的很多问题，其关键就在于学校没有树立法律主体意识，权责界限不明确，极易受到外部干预。因此，需要加快"学校法"的制定，通过法律形式保障现代学校制度的建立。这不仅是国际教育发展的趋势，也是完善教育法律体系的本质需要。

"学校法"的核心问题就是解决学校办学与发展的权利和义务问题，主要内容应涉及学校与政府、学校与社区、学校与校长、学校与教师、学校与学生等多种教育法律关系。在这部法律的制定中，政府管理权限、学校办学自主权、学校内部治理结构等内容是重点。首先，要明确政府管理权限。学校实现自主发展的前提是政府真正转变职能、简政放权，从管办评三位一体转为提供公共服务。具体来说，需要明确政府及其相关部门在学校办学经费的筹措与提供、学校发展规划及经费使用方案的审议、校长的选拔任命及管理、学校办学质量监管的标准及

途径等方面的主体责任。其次，要明确学校办学自主权。制定"学校法"的重要意义在于真正赋予学校办学自主权，为此必须理顺教育管理体制，厘清学校与政府、社会的责任。学校与政府关系的核心问题是学校的独立经营权与政府产权的分离，学校与社会关系的核心问题是促进学校功能转变、实现双向服务。只有划清学校与外部主体之间的权责边界才有可能切实落实学校办学自主权。对于不同类型学校的办学自主权应予以具体规定，以此体现各级各类教育的差异和办学主体的利益。再次，须明确学校内部治理结构。事实上，从广义上讲，"学校法"对学校办学自主权的规定既应包括学校与外部关系的规定（如学校与政府之间权利与义务的关系），还应包括学校内部治理结构的规定（如学校与校长、学校与教师、学校与学生之间的权利与义务关系），使教师和学生能够依法参与学校治理。在学校内部治理结构中，学校与校长之间的协约约束是核心，教师参与学校内部治理的制度设计是关键，学校与学生的关系则是学校执行教育方针的法律体现，内部治理的各项活动均要充分体现以人为本的理念。

## 二、落实依法行政

依法行政是落实教育法律实施、提高教育法治化水平的重要内容，《中国教育现代化 2035》指出，要依法明确政府管理教育的权责范围，规范教育行政程序，推动教育行政权力合法有效行使。作为依法治教的重要组成部分，依法行政是对教育行政主体及其他有关部门提出的基本要求。严格公正的教育执法制度是建设廉洁高效的执法队伍、全面实现依法治教的关键因素。

### （一）建立健全行政执法及其监督体系

一方面，需要提升教育管理者的法治意识。通过各类形式的宣传和学习，强化教育系统内部各级管理人员及工作人员的法治观念，将教育法的行为准则具体渗透至教育基本组织和人员之中，培养其依法治教的能力。另一方面，应健全教育法治化的监督机制。教育法的实施不能单纯依靠教育部门的行政力量，应在国家力量的引导下，调动教育系统内外部各种利益群体的力量，充分发挥权力机关的行政检查监督作用、专家学者的专业性评价作用及社会大众和社会团体的监督作用，促进各类群体合力发挥监督作用，保证教育法律法规的贯彻实施，保证做到监督工作经常化、制度化、法治化。

### （二）加强行政执法的专业化队伍建设

建设高水平的专业教育行政执法队伍是教育法治化的关键步骤。教育行政执法人员不仅要掌握行政执法方面的程序规范知识，同时需要掌握教育专业知识，总体把握教育问题。运用各种途径吸引社会优秀人才充实教育行政执法机关，提升队伍的专业化水平。制定严格的行政执法制度，确保教育法律法规在法定的职权范围内有效实施。对于滥用执法权的行为必须予以追究。鉴于以往存在教育行政无执法、弱执法，教育法律责任追究不力等问题，要加大教育行政执法力度，遵循法定职权与程序，善于运用行政指导、行政处罚、行政强制等手段，依法纠正学校和教育机构的违法违规行为，保障教育法律和政策有效实施。完善教育救济制度，制定教育行政处罚制度、行政复议制度、教育申诉制度以及教育仲裁制度等，保障公民的合法教育权益。

### （三）创新依法行政工作机制

进一步健全依法行政工作机制，完善教育改革发展重大行政决策机制。建立健全教育行政部门内部重大决策合法性审查机制，对决策的权限、决策的程序、决策的内容等进行合法性审查，保证政府作出的教育领域重大行政决策合法有效。建立健全教育执法工作机制，完善执法程序，建立执法全过程记录制度，明确具体操作流程，重点规范行政许可、行政处罚、行政强制、行政收费、行政检查等执法行为，严格执行重大执法决定法制审核制度。建立健全复议、诉讼、仲裁、调解等多元化的矛盾纠纷解决机制，完善广大师生依法维护权益的机制和方式。

## 三、推进依法治校

依法治校是依法治教的重要内容，是推进学校内部治理改革创新的核心问题，是推进学校自组织建设的应有之义。学校内部治理必须权衡并协调这些多元利益，促使这些利益主体采取联合行动。学校作为实施教育教学和管理的基层单位，与师生具有最密切的法律关系，能够直接影响师生的权利、义务，依法治理至关重要。依法治校是推进教育治理体系和治理能力现代化的重要内容，根据《中国教育现代化 2035》的要求，需要坚持依法治教、依法办学、依法治校，不断完善学校治理结构，提高学校自主管理能力。

### （一）建设基于学校章程的现代学校制度

章程在学校治理中发挥着关键作用，学校章程贯彻了依法治教的理念，是教育治理法治原则的具体载体和实践。以学校章程建设为重点，促进各级各类学校依法办学。在教育法治理念指导下，学校应充分利用办学自主权，加强学校章程建设，在现行教育法律法规框架内，构建基于章程的现代学校制度，完善内外联动的质量保障机制和体系，引导学校面向社会依法办学，自主发展、自我约束并且善用各种资源，形成良好的合作生态。在学校改革政策设计等方面，加强统筹研究和顶层设计，不断完善教育治理体系，提高教育治理能力。重点完善学校法律顾问、理事会、教职工代表大会、学生代表大会等制度，建立多元参与的协同治理机制，实现学校治理的法治化、制度化、规范化。

### （二）优化现代教育改革发展的生态环境

营造宽松和谐、公正透明的教育改革环境，是教育可持续发展的重要基础和条件（钟秉林，2016），也是教育治理现代化所需要的实践土壤。一方面，要加强舆论引导。通过多种手段对学校先进教育理念和改革成效进行广泛宣传，尽可能凝聚社会共识，让社会各界真正理解教育改革的目标。在宣传学校发展成功经验的同时，对于学校教育改革的艰巨性和复杂性也要客观宣传，让公众对教育发展有理性的认识，对教育改革有合理的期盼。另一方面，要推进学校信息公开。学校要增强各类办学信息的透明程度，切实推进校务公开，建立教育信息发布和质量年报制度，保障公众的知情权和社会的监督权，营造教育综合改革的良好社会氛围，把握改革的主动权。

### （三）依法尊重和保护师生合法教育权益

保障师生的合法权益应作为依法治校的落脚点。把利益放在重要位置，建立健全复议、诉讼、仲裁、调解等教育领域纠纷多元化解决机制。建立健全完备的制度体系，依法保障广大师生在教学、科研、管理等方面的权益，在作出事关师生切身利益或者学校发展大局的决定前，应采取多种形式保障师生参与学校民主管理和民主监督，行使其参与治理的权力。需要依法健全调解、申诉、仲裁等纠纷解决机制，把法治作为解决问题的基本方式，通过法治手段解决学校发展过程中出现的各种矛盾纠纷，进一步健全教育领域纠纷解决方式与诉讼解决方式的衔接联动机制，多措并举，综合治理，保障师生员工的切实利益。其中，正确处理三方的权利义务关系，建立师生权利救济制度尤为关键。当前，我国高等学校已经根据《普通高等学校学生管理规定》全面建立了相对规范的校内学生申诉制度，并实现了校内申诉与校外再申诉及行政复议制度之间的合理衔接，但中小学及其他类型学校的校内学生申诉制度尚未普遍建立，教师的校内权利救济制度更没有实现制度化，师生的权利保护机制都有待完善（申素平，段斌斌，贾楠，2018）。为此，应该要求学校健全符合法治原则的教育救济制度，以进一步推动依法治校。继续完善校内申诉制度，健全专业评价纠纷的自主调解机制。在坚持将诉讼作为权利救济最后一道屏障的前提下，重视替代性教育纠纷解决机制建设，合理设置教育诉讼的前置程序，厘清教育诉讼与其他纠纷解决机制的衔接关系。其中，作为教育法确定的法定救济形式，校内申诉制度具有符合我国传统文化心理、成本低、尊重学校自主权等优势，应在多元教育纠纷解决机制中发挥不可或缺的重要功能。同时，应充分考虑教育纠纷的特殊性、复杂性与专业性，健全学术（专业）评价领域纠纷的自主调节机制，优先考虑通过专业裁量、调解、仲裁等方式解决相关纠纷，尊重学术权利和专业判断。

### （四）强化各级各类学校人员的法治教育

一方面，增强学校领导干部的法治意识，提高其运用法治思维和法治方式管理学校教育事业的能力。教育管理者特别是领导干部需要积极学习依法治教的理论知识，牢固树立法律至上、法律面前人人平等、权由法定、权依法使等基本法治理念。在掌握基本法治理论的基础上提升运用法治思维和法治方式管理教育事务的能力。领导干部在处理岗位聘任、职称评定、学生违纪处分等事关师生切身利益的各项工作时，必须树立起规则至上、权责统一、程序优先的意识，确保将依法治教的理念内化为管理教育事业的自觉行为，形成依法治教和依法治校的良好局面。

另一方面，加强师生法治教育，引导师生自觉守法、遇事找法、解决问题靠法。师生良好的教育法律意识应该是能够正确认识和理解教育法律，依法积极参与教育治理，具有较高的守法、用法的自觉性。教师的法治教育方面，应加大对教师法律知识的教育与宣传力度。运用更加丰富的方式进行普法教育，除了将现行教育法律法规汇编成册下发给教师自主学习、聘请相关领域专家进行专题讲座外，更应利用寒暑假集中短期培训，增强普法教育的实效性。强调对法律条款的解释，针对教师法律素养现状特点，结合实际案例，对一些禁止性条文予以反复强调。重视对学生的法治教育，强化对学生法律知识的教育，加强学生的法治意识和学以致用的能力，使其懂得拿起法律武器捍卫自身的合法权益。

（五）健全相关治理制度和监督机制

增强师生的法治意识是推进依法治校的基础，而相关制度的完善是促进依法治校的重要保障。为此，需要调动多方力量，建立起有效的学校工作监督机制，充分发挥国家权力机关监督、行政监督、司法监督、社会监督等多方监督的作用，明确教育监督的标准和程序，综合运用多种手段进行监督，促进学校监督工作常态化、制度化、法治化。学校以及教育行政部门需要建立起真正意义上的教师管理制度和教育督导机构，督促教师各项行为规范化与合法化，有效地监督教育法律法规的执行情况，避免恶性事件的发生。同时，注重从完善学校内部着手，营造依法治校氛围，将制度上升为文化，构建适应教育治理现代化的学校法治文化。

# 参考文献

**中文文献**

蔡中宏，2008. 论教育与社会发展［D］. 兰州：西北师范大学.

陈宝生，2018. 优先发展教育事业［N］. 人民日报，2018-01-08（7）.

陈宝生，2019. 落实 落实 再落实：在 2019 年全国教育工作会议上的讲话［EB/OL］.
（2019-01-18）[2019-04-05]. http：//www.moe.gov.cn/jyb_xwfb/moe_176/201901/
t20190129_368518.html.

陈峰，2012. 论区域教育发展规划及其研制［J］. 教育导刊（10）：26-29.

陈桂生，2012. 教育原理（第三版）［M］. 上海：华东师范大学出版社.

陈家刚，2005. 协商民主：概念、要素与价值［J］. 中共天津市委党校学报（3）：54-60.

陈建华，2004. 作为发展过程的学校发展规划［J］. 教育发展研究（11）：14-17.

陈金芳，万作芳，2016. 教育治理体系与治理能力现代化的几点思考［J］. 教育研究（10）：
25-31.

陈婧，范国睿，2018. 公立中小学校法人治理结构的优化研究［J］. 教师教育研究（5）：
96-103.

陈丽，艾孜买提，2016. "一带一路"沿线国家来华留学教育近 10 年发展变化与策略研究
［J］. 比较教育研究（10）：27-36.

陈良雨，2015. 教育治理现代化视阈下政府能力陷阱研究［J］. 教育发展研究（12）：11-
15.

陈亮，李惠，2016. 论教育治理法治化［J］. 高校教育管理（4）：51-56，65.

陈胜，田正平，2011. 横看成岭侧成峰：乡村士人心中的清末教育变革图景：以《退想斋日记》和《朱峙三日记》为中心的考察［J］. 教育学报（2）：101–107.

陈廷柱，2008. 关于建设学习型社会若干问题的思考［J］. 高等教育研究（8）：11–16.

陈伟晓，2015. 我国民办高校财务治理模式研究：基于"分类管理"视角［J］. 会计之友（14）：91–94.

程化琴，2012.《民办教育促进法》制定过程研究［M］. 北京：北京大学出版社.

程亚静，2016. 日本启动国立大学分类改革［N］. 光明日报，2016–11–06（8）.

"出国留学财政政策研究"课题组，2015. 我国公派出国留学人员资助政策现状研究［J］. 华中师范大学学报（人文社会科学版）（6）：154–166.

楚江亭，2008. 学校发展规划：内涵、特征及模式转变［J］. 教育研究（2）：81–85，105.

褚宏启，2013. 教育现代化的本质与评价：我们需要什么样的教育现代化［J］. 教育研究（11）：4–10.

褚宏启，2014a. 关于教育治理的几个关键问题［J］. 人民教育（22）：21–25.

褚宏启，2014b. 教育治理：以共治求善治［J］. 教育研究（10）：4–11.

褚宏启，2016. 核心素养的国际视野与中国立场：21 世纪中国的国民素质提升与教育目标转型［J］. 教育研究（11）：8–18.

褚宏启，贾继娥，2014. 教育治理与教育善治［J］. 中国教育学刊（12）：6–10.

达尔，2006. 民主及其批评者［M］. 曹海军，佟德志，译. 长春：吉林人民出版社.

达林，2002. 理论与战略：国际视野中的学校发展［M］. 范国睿，主译. 北京：教育科学出版社.

戴成林，2015. 天津市"十三五"教育发展规划评估的思考［J］. 天津市教科院学报（5）：15–16.

德鲁克，2009. 管理的实践（珍藏版）［M］. 齐若兰，译. 北京：机械工业出版社.

德赛，1993. 重新评价"现代化"概念［M］// 亨廷顿，等. 现代化：理论与历史经验的再探讨. 上海：上海译文出版社.

邓正来，2008. 国家与社会：中国市民社会研究［M］. 北京：北京大学出版社.

董洪亮，赵婀娜，张烁，等，2018. 优先发展坚持教育战略地位不动摇：党的十八大以来我国教育事业改革发展成就综述之一［N］. 人民日报，2018–09–07（6）.

董辉，杜洁云，2015. 对教育治理及其体系与能力建设的认识与构想［J］. 教育发展研究

（8）：39–43.

董圣足，李蔚，2008.民办高校督导制度的建立与完善［J］.教育发展研究（2）：7–12.

杜明峰，范国睿，2017.社会组织参与教育：机制与策略［J］.教育研究，38（2）：60–64.

樊纲，2004.平等、公平与经济发展［J］.开放导报（6）：6–14，1.

范国睿，2015.教育体制改革与教育生态活力：纪念《中共中央关于教育体制改革的决定》颁布30周年［J］.教育发展研究（19）：1–6.

范国睿，2017a.基于教育管办评分离的中小学依法自主办学的体制机制改革探索［J］.教育研究（4）：27–36.

范国睿，2017b.教育管办评分离改革：理论假设与实践路径［J］.教育科学研究（5）：5–21.

范国睿，等，2018.从规制到赋能：教育制度变迁创新之路［M］.上海：华东师范大学出版社.

范国睿，2018.教育变革的制度逻辑［J］.探索与争鸣（8）：19–21.

范国睿，孙闻泽，2018.改革开放40年教育体制机制改革的历史与逻辑分析［J］.教育研究（7）：15–23，48.

范黎波，施屹舟，2017.理性看待和正确应对"逆全球化"现象［N］.光明日报，2017–04–02（7）.

范涌峰，宋乃庆，2017.学校特色发展：内涵、价值及观测要点［J］.教育研究与实验（2）：44–48.

费军，贾慧真，王荣荣，2016.国家治理现代化背景下"互联网＋政务"思维与路径策略性研究［J］.电子政务（8）：111–118.

冯建军，2018.迈向人类命运共同体的价值教育［J］.高等教育研究（1）：1–8.

冯江源，刘月华，潘正祥，2001.多极互动：新世纪国际关系与大国战略的纷争和归序［J］.学术界（5）：37–44.

冯向东，2004.从"主体间性"看教学活动的要素关系［J］.高等教育研究（5）：25–30.

付玉辉，2017.对新时代中国特色治理体系的思考［J］.社会治理（9）：48–51.

傅欣，2014.校本课程评价工具开发：问题、理念与实践［J］.教育发展研究（20）：40–45.

富兰，2004. 变革的力量：透视教育改革［M］. 中央教育科学研究所，加拿大多伦多国际学院，组织翻译. 北京：教育科学出版社.

富兰，2010. 教育变革的新意义（第四版）［M］. 武云斐，译. 上海：华东师范大学出版社.

改革开放 30 年中国教育改革与发展课题组，2008. 教育大国的崛起：1978—2008［M］. 北京：教育科学出版社.

高飞，2011. 欧洲高等教育机构分类框架探析［J］. 比较教育研究（7）：45-48.

高淮微，2016. 我国中小城市区域教育规划编制研究：问题与对策［J］. 教育发展研究（5）：11-16.

高强华，1997. 教师专业自主与学校教育革新专辑［M］. 台北：台湾师范大学出版社.

高书国，2008. 建立学习型社会的体系框架和基本制度［J］. 教育科学研究（12）：13-16.

高书国，2019. 向中国教育现代化二〇三五奋进［J］. 人民教育（5）：1.

耿超，2018. 多元共治：教育行政方式的转变［J］. 华东师范大学学报（教育科学版）（1）：35-41，161.

顾明远，2012. 试论教育现代化的基本特征［J］. 教育研究（9）：4-10，26.

顾明远，石中英，2006. 学习型社会：以学习求发展［J］. 北京师范大学学报（社会科学版）（1）：5-14.

顾小清，查冲平，李舒愫，等，2009. 微型移动学习资源的分类研究：终身学习的实用角度［J］. 中国电化教育（7）：41-46.

顾小清，薛耀锋，孙妍妍，2016. 大数据时代的教育决策研究：数据的力量与模拟的优势［J］. 中国电化教育（1）：56-62.

郭德侠，楚江亭，2015. 问题与反思：区域教育发展规划制定与实施［J］. 国家教育行政学院学报（8）：30-34.

郭良君，2011. 学校发展规划的改进：基于战略管理的视角［J］. 教学与管理（31）：13-15.

国家教育标准体系研究课题组，2015. 国家教育标准体系的发展与完善［J］. 教育研究（12）：4-11.

国家教育发展研究中心专题调研组，2016. 跨越门槛：进入人力资源强国行列：2015 年人力资源强国竞争力评价报告［J］. 国家教育行政学院学报（3）：3-8.

哈特，2010. 战略论：间接路线［M］. 钮先钟，译. 上海：上海人民出版社.

韩秉志，2014.鼓励中资机构参与孔子学院建设政策有望出台［EB/OL］.（2014–09–29）
    [2018–01–14].http：//politics.people.com.cn/n/2014/0929/c70731–25760794.html.

韩成功，2017.教育专家：中国教育的主要矛盾已发生转变［EB/OL］.（2017–11–14）
    [2019–03–05].http：//www.chinanews.com/gn/2017/11–14/8376541.shtml.

韩菊红，2014.公众参与教育公共治理的实践困境与理性审视［J］.当代教育科学（13）：
    46–49.

韩民，2017.认清主要矛盾，加快教育发展［EB/OL］.（2017–10–25）[2019–04–03].http：
    //www.rmzxb.com.cN/c/2017–10–25/1847642.shtml.

郝克明，2006.终身教育国际论坛报告集萃［M］.北京：高等教育出版社.

何哲,2017.面向未来的公共管理体系：基于智能网络时代的探析（J］.中国行政管理（11）：
    100–106.

赫尔德，麦克格鲁，戈尔德布莱特，等，2001.全球大变革：全球化时代的政治、经济与
    文化［M］.杨雪冬，周红云，陈家刚，等译.北京：社会科学文献出版社.

胡定荣，2015.学校课程创新：从自主到协同［J］.课程·教材·教法（11）：22–28.

胡浩，2018.中国成为亚洲最大留学目的国［EB/OL］.（2018–03–30）[2018–05–01].http：
    //www.xinhuanet.com/2018–03/30/c_129841193.htm.

胡炯梅，姚雪玲，2014.来华留学生跨文化人际交往障碍与调适研究［J］.新疆师范大学
    学报（哲学社会科学版）（2）：129–132.

胡丽娟，严凌燕，2015.国际视野下的教育治理创新与发展动态［J］.教育发展研究（8）：
    48–51.

胡莉芳，黄海军,2015.教育治理视域下的政府与大学新型关系构建［J］.复旦教育论坛（5）：
    5–10.

胡伶，2010.地方教育行政部门的职能转变：基于公共治理视角的分析［J］.教育发展研
    究（12）：14–20.

胡森，波斯尔斯韦特，2006.教育大百科全书：第1卷［M］.张斌贤，等译.重庆：西南
    师范大学出版社.

黄明东，罗志敏，严希，等，2007.教育现代化进程中公共教育政策体系的构建［J］.广
    州大学学报（社会科学版）（3）：63–66.

姜美玲，2009.教育公共治理：内涵、特征与模式［J］.全球教育展望（5）：39–46.

姜明安，2006. 软法的兴起与软法之治［J］. 中国法学（2）：25-36.

金姗姗，2014. 高校内部治理碎片化困境及其突破：整体性治理的视角［J］. 教育发展研究（3）：36-41.

卡尔松，兰法尔，1995. 天涯成比邻：全球治理委员会的报告［M］. 北京：中国对外翻译出版公司.

克拉克，1994. 高等教育系统：学术组织的跨国研究［M］. 王承绪，徐辉，殷企平，等译. 杭州：杭州大学出版社.

兰岚，2017. 中国终身教育立法研究［D］. 上海：华东师范大学.

蓝志勇，魏明，2014. 现代国家治理体系：顶层设计、实践经验与复杂性［J］. 公共管理学报（1）：1-9，137.

李保强，2001. 试论特色学校建设［J］. 教育研究（4）：70-72.

李澈，龙超凡，2018. 慕课如何"打开"教学新方式［N］. 中国教育报，2018-01-17（3）.

李方安，2015. 论教师自我发展［J］. 教育研究（4）：94-99.

李华兴，周永祥，陈祖怀，等，1997. 民国教育史［M］. 上海：上海教育出版社.

李洁，孙进，2014. 中国高校全英文授课项目留学生的就读体验调查：北京师范大学的个案研究［J］. 教育学报（6）：110-117.

李林，2014. 全面推进依法治国的时代意义［J］. 法学研究（6）：3-8.

李芒，李子运，2016. "互联网+"时代高校教师发展的新思路［J］. 中国电化教育（10）：11-17，50.

李美凤，2012. 教师与技术的关系再论：技术对教师发展的作用机制［J］. 中国电化教育（1）：7-12.

李敏，代恋华，2012. 国外中学校长领导力提升策略及其启示［J］. 教师教育研究（5）：67-70.

李伟胜，2017. 怎样推进教育现代化［N］. 中国教育报，2017-07-23（3）.

李小红，方晓田，2018. 近十年高等教育之来华留学教育：成绩与挑战［J］. 国家教育行政学院学报（4）：54-64.

李修全，2017. 人工智能应用中的安全、隐私和伦理挑战及应对思考［J］. 科技导报（15）：11-12.

李彦荣，2009. 浦东新区参与式公共教育治理模式研究［J］. 教育发展研究（3）：63-68.

李永生，2012. 学校效能建设［M］. 北京：教育科学出版社.

栗晓宏，郭明，2007. 论依法治教的几个基本问题［J］. 行政与法（6）：25–27.

联合国教科文组织，1996. 教育：财富蕴藏其中［M］. 联合国教科文总部中文科，译. 北京：
    教育科学出版社.

联合国教科文组织，2017. 反思教育：向"全球共同利益"的理念转变？［M］. 联合国教
    科文总部中文科，译. 北京：教育科学出版社.

联合国教科文组织国际教育发展委员会，1996. 学会生存：教育世界的今天和明天［M］.
    华东师范大学比较教育研究所，译. 北京：教育科学出版社.

刘宝存，王婷钰，2020. 高等教育国际化背景下的来华留学生教育：进展、问题及建议［J］.
    北京教育（高教）（5）：8–12.

刘传铁，2014. 以信息化推进教育治理现代化［N］. 中国教育报，2014–04–24（11）.

刘红臻，2014. 国家治理现代化的法学解读与阐释："民主、法治与国家治理现代化学术研
    讨会"综述［J］. 法制与社会发展（5）：88–92.

刘来兵，张慕文，2017. 大数据时代教育治理现代化的内涵、愿景及体系构建［J］. 教育
    研究与实验（2）：30–35.

刘鹏，艾未华，2005. 网格应用发展现状与分析［J］. 信息技术与标准化（9）：18–22.

刘志华，罗丽雯，2015. 以学习为中心的校长领导力与教师领导力关系研究［J］. 华南师
    范大学学报（社会科学版）（3）：62–68.

刘志军，2007. 课程评价的现状、问题与展望［J］. 课程·教材·教法（1）：3–12.

罗豪才，2006. 公域之治中的软法［J］. 中国检察官（2）：56.

马海燕，2016. 顾明远：从教到学的转变 培养学习思维是关键［EB/OL］.（2016–12–09）
    [2018–04–14].http：//www.chinanews.com/gn/2016/12–09/8089298.shtml.

马佳妮，2018."一带一路"沿线国家来华留学生就读经验研究［J］. 比较教育研究（4）：
    19–28.

马佳妮，周作宇，2018."一带一路"沿线高端留学生教育面临的挑战及其对策［J］. 高等
    教育研究（1）：100–106.

马陆亭，2005. 我国高等学校分类的结构设计［J］. 北京大学教育评论（2）：101–107.

苗丹国，2003. 出国留学教育的政策目标：我国吸引在外留学人员的基本状况及对策研究
    ［J］. 清华大学教育研究（2）：20–28.

民进中央课题组,2016.关于完善民办教育分类管理税收政策的建议［J］.教育与职业（22）：28–29.

闵维方,2016.优化高等教育整体结构 实行高等院校的科学分层分类［J］.教育与职业（9）：8–9.

莫兰,2002.方法：天然之天性［M］.吴泓缈,冯学俊,译.北京：北京大学出版社.

倪梅,陈建华,2010.参与式规划与学校发展［M］.北京：北京大学出版社.

欧文斯,2001.教育组织行为学（第7版）［M］.窦卫霖,温建平,等译.上海：华东师范大学出版社.

潘懋元,2017.大学教师发展论纲：理念、内涵、方式、组织、动力［J］.高等教育研究（1）：62–65.

潘懋元,陈厚丰,2006.高等教育分类的方法论问题［J］.高等教育研究（3）：8–13.

潘懋元,罗丹,2007.高校教师发展简论［J］.中国大学教学（1）：5–8.

潘希武,2006.政府在教育治理中扮演的两个角色［J］.比较教育研究（11）：5–9.

潘涌,2004.论课程创新与教学创造力的解放［J］.教师教育研究（1）：20–25.

庞非,2013.创建特色学校的路径与方法［J］.中国教育学刊（8）：32–34.

裴娣娜,2015.变革性实践与中国基础教育的未来发展［M］.北京：教育科学出版社.

蒲蕊,2018.法治视角下的教育治理现代化［J］.中国教育学刊（11）：57–61.

戚业国,2006.学校发展规划的理论与操作［N］.中国教育报,2006–09–19（6）.

戚业国,2016.做好学校发展规划的"总导演"［J］.中国教师报,2016–06–01（14）.

齐幼菊,龚祥国,2010.终身教育体系构架探析［J］.中国远程教育（11）：29–34.

秦惠民,谷昆鹏,2016.对完善我国教育法律体系的思考［J］.北京师范大学学报（社会科学版）（2）：5–12.

清华大学校史编写组,1981.清华大学校史稿［M］.北京：中华书局.

丘伯,默,2003.政治、市场和学校［M］.蒋衡,等译.北京：教育科学出版社.

曲正伟,2009.优先保障：教育优先发展的实践诉求［J］.湖南师范大学教育科学学报（6）：31–37.

曲正伟,2013.教育治理结构改革中的地方探索与理论解构［J］.教育理论与实践（34）：21–25.

任顺元,2010.学校特色与特色学校建设［M］.杭州：浙江大学出版社.

茹宁，2012.U-Map：欧洲版本的高等教育分类体系［J］.中国高教研究（3）：49-53.

萨乔万尼，2002.道德领导：抵及学校改善的核心［M］.冯大鸣，译.上海：上海教育出版社.

森，2002.以自由看待发展［M］.任赜，于真，译.北京：中国人民大学出版社.

上海市浦东新区社会发展局，2009.中国教育改革前沿报告：浦东新区教育公共治理结构与服务体系研究［M］.上海：上海教育出版社.

申素平，段斌斌，贾楠，2018.新时代我国教育法治建设面临的问题与对策［J］.复旦教育论坛（1）：23-27.

沈亚平，陈良雨，2015.人民满意视阈下教育治理能力提升途径研究［J］.学术论坛（6）：156-161.

石天星，程振伟，2015.浙江省13个县（市、区）基本实现教育现代化［EB/OL］.（2015-05-29）[2019-06-07].http：//www.gov.cn/xinwen/2015-05/29/content_2870252.htm.

石中英，2015.教育治理的价值追求［N］.中国教育报，2015-04-30（6）.

石中英，2017.学校特色发展下一步怎么走［J］.人民教育（17）：57-59.

史秋衡，2016.国家高校分类体系及其设置标准实证研究［M］.北京：科学出版社.

舒新城，1981.中国近代教育史资料（下册）［M］.2版.北京：人民教育出版社.

孙进，2013.德国高等教育机构的分类与办学定位［J］.中国高教研究（1）：61-67.

孙军，2012.谈学校发展规划的文案设计［J］.教学与管理（13）：17-20.

孙孔懿，2007.学校特色论［M］.2版.北京：人民教育出版社.

孙立平，晋军，何江穗，等，1999.动员与参与：第三部门募捐机制个案研究［M］.杭州：浙江人民出版社.

孙霄兵，2012.依法治教全面推进的十年［J］.人民教育（17）：2-5.

孙霄兵，2014.以全会精神全面推进高等教育治理法治化［J］.中国高等教育（22）：1.

汤贞敏，2016.我国教育规划的基本特性及"十三五"教育规划的制订［J］.中国教育学刊（3）：1-5，56.

田继忠，2012.学校发展规划：意蕴、制定与实施［J］.教育学术月刊（5）：57-59.

涂尔干，莫斯，2012.原始分类［M］.汲喆，译.北京：商务印书馆.

托夫勒，1985.未来的冲击［M］.孟广均，吴宣豪，黄炎林，等译.北京：北京对外翻译出版公司.

万明春，1997. 学习社会与终身学习 [J]. 教育研究（7）：34-39.

汪习根，2014. 法治对治理的功能释放机制 [J]. 法制与社会发展（5）：45-48.

王斌华，2007. 奖惩性与发展性教师评价制度的比较 [J]. 上海教育科研（12）：39-41.

王茹，高珊，吴迪，2017. 美国 2015 版卡内基高等教育机构分类介绍 [J]. 世界教育信息
　　（9）：41-43.

王伟，2009. 学校特色发展：内涵、条件、问题与途径 [J]. 中国教育学刊（6）：31-34.

王文源，2018. 落地民办教育分类管理，省级政府应有责任担当 [J]. 上海教育（3）：
　　16-17.

王晓辉，2007. 关于教育治理的理论构思 [J]. 北京师范大学学报（社会科学版）（4）：5-14.

王佐书，2014. 中国民办教育发展报告（2013-2014）[M]. 北京：科学出版社.

魏叶美，范国睿，2017. 中小学自主办学的应然特征、实然困境与策略 [J]. 教育理论与
　　实践（17）：13-16.

文东茅，2008. 走向公共教育：教育民营化的超越 [M]. 北京：北京大学出版社.

文雯，陈丽，陈强，等，2014. 课堂学习环境与来华留学生学习收获的研究：以清华大学
　　为例 [J]. 清华大学教育研究（2）：107-113.

翁小平，2014. 以法治思维推进教育治理现代化 [N]. 中国教育报，2014-11-25（5）.

邬志辉，钱俊华，欧阳海燕，2012. 学校场域中教师自主发展的机制变迁与文化生成：以
　　鞍山市钢都小学为例 [J]. 东北师大学报（哲学社会科学版）（3）：147-152.

肖正德，2013. 基于教师发展的教师信念：意蕴阐释与实践建构 [J]. 教育研究（6）：
　　86-92.

徐艳国，2014. 关于教育治理体系和治理能力现代化建设的分析 [J]. 中国高等教育（17）：
　　53-55.

徐祖胜，2011. 试析推进教育民主化 [J]. 中国教育学刊（11）：20-22.

许敏，2008. 学校领导力的内涵、功能及其提升策略 [J]. 教育发展研究（2）：51-54.

晏清才，龚春燕，2006. 实施学校发展规划 促进农村基础教育发展 [J]. 中国教育学刊（7）：
　　30-32.

杨桂青，2014. 四大指标测评城市教育现代化水平 [J]. 人民教育（23）：4.

杨九俊，2013. 学校特色建设："寻找属于自己的句子" [J]. 教育研究（10）：29-36.

杨启光，2011. 教育国际化进程与发展模式［M］. 北京：社会科学文献出版社.

杨银付，2014a. 深化教育领域综合改革的若干思考［J］. 教育研究（1）：4-19.

杨银付，2014b. 提高教育治理能力的若干思考［J］. 人民教育（7）：7-10.

姚本先，曹前贵，2006. 中小学校特色建设中若干问题探析［J］. 教育研究（9）：86-89.

叶澜，2016. 社会教育力：概念、现状与未来指向［J］. 课程·教材·教法（10）：3-10，
57.

尹达，2015. 教育治理现代化：理论依据、内涵特点及体系建构［J］. 重庆高教研究（1）：
5-9.

尹后庆，2008. 从教育管理走向教育治理：政府转变管理职责方式的思考［J］. 上海教育
科研（1）：4-6，13.

尹力，2002. 论依法治教的实质［J］. 中国教育学刊（4）：43-46.

尤敬党，2006. 教育现代化进程中公共教育政策的建模分析：基于江苏实践的回顾与分析
［J］. 教育发展研究（1）：46-49.

余平，钱冬明，祝智庭，2014. 数字化终身教育资源结构、分类及标准研究［J］. 现代远
程教育研究（4）：47-55.

余自洁，2017. 统一的国家教育标准助力俄罗斯 PISA 排名上升［J］. 世界教育信息（1）：
76.

俞可平，2000. 治理与善治［M］. 北京：社会科学文献出版社.

俞可平，2002. 全球治理引论［J］. 马克思主义与现实（1）：20-32.

俞可平，2013. 沿着民主法治的道路 推进国家治理体系现代化［EB/OL］.（2013-12-01）
[2018-12-23].http://politics.people.com.cn/n/2013/1201/c70731-23707081.html.

俞可平，2018. 中国的治理改革（1978-2018）［J］. 武汉大学学报（哲学社会科学版）（3）：
48-59.

俞正樑，陈玉刚，2005. 全球共治理论初探［J］. 世界经济与政治（2）：8-15.

袁贵仁，2014. 深化教育领域综合改革 加快推进教育治理体系和治理能力现代化：在 2014
年全国教育工作会议上的讲话［J］. 人民教育（5）：7-16.

袁曙宏，李晓红，许安标，2017.《中华人民共和国民办教育促进法》释义［M］. 北京：
中国民主法制出版社.

袁振国，2010. 袁振国解读纲要战略目标："两基本、一进入"［N］. 中国教育报，2010-

08–06（1）.

曾巍，2017. 教育信息化促进教育治理水平提升［J］. 教育研究（3）：117–120.

翟博，2007. 中国基础教育均衡发展实证分析［J］. 教育研究（7）：22–30.

詹春青，2016. 区域基础教育治理现代化的现实路径［J］. 教育评论（3）：47–50..

湛中乐，2014. 何谓法治［J］. 人民教育（24）：9–11.

张创伟，2013. 西方学习型社会探究：基于原版文本的解读［D］. 上海：华东师范大学.

张建，2014. 教育治理体系的现代化：标准、困境及路径［J］. 教育发展研究（9）：27–33.

张礼永，2011. 教育建设的第三条道路：民国时期教育研究组织之探析［D］. 上海：华东
　师范大学.

张利珍，秦志龙，2015. 十八大以来"创新驱动发展战略"研究：一个文献综述［J］. 四
　川理工学院学报（社会科学版）（4）：83–90.

张铭凯，靳玉乐，2016. 基于核心素养的课程创新动因、本质与路向［J］. 中国教育学刊
　（5）：71–75.

张爽，2007. 校长领导力：背景、内涵及实践［J］. 中国教育学刊（9）：42–47，54.

张瑜，蒙大斌，2015. 外国在华专利战略的变化及应对［J］. 经济纵横（2）：95–99.

张振波，金太军，2017. 论国家治理能力的社会建构［J］. 社会科学文摘（12）：36–38.

章开沅，余子侠，2013. 中国人留学史［M］. 北京：社会科学文献出版社.

赵明仁，2009. 论校长领导力［J］. 教育科学研究（1）：40–42.

赵庆年，祁晓，2013. 高等学校分类管理：内涵与具体内容［J］. 教育研究（8）：48–56.

郅庭瑾，2006. 学校管理的伦理追问［J］. 思想理论教育（12）：4–7.

郅庭瑾，2008. 教育管理伦理研究［M］. 北京：商务印书馆.

中国常驻联合国教科文组织代表团，2009. 联合国教科文组织专家视野中的教育战略规划
　［J］. 世界教育信息（5）：26–28.

"中国地区国民素质竞争力研究"课题组，2008. 中国地区国民素质竞争力研究［J］. 统计
　研究（3）：12–19.

中国教科院教育质量标准研究课题组,2013.教育质量国家标准及其制定［J］.教育研究（6）：
　4–16.

中国教育科学研究院，2017. 提高国民素质 建设人力资源强国［J］. 教育研究（5）：4–11，22.

中国教育科学研究院高等教育研究中心，2012. "基本形成学习型社会"指标体系的实证

研究［J］. 教育研究（1）：100-109.

钟秉林，2016. 深化综合改革坚持依法治教提高教育质量［J］. 教育研究（2）：30-36.

钟祖荣，2009. 教育大国是如何崛起的？：《教育大国的崛起 1978-2008》评介［J］. 中小
　　学管理（2）：58.

衷海燕，2005. 乡绅、地方教育组织与公共事务：以明清江西吉安府为中心［J］. 江西社
　　会科学（4）：96-103.

周作宇，马佳妮，2017. 人类命运共同体：高等教育国际合作的价值坐标［J］. 教育研究
　　（12）：42-50，67.

朱天利，1986. 试论"教育先行"［J］. 河南师大学报（哲学社会科学版）（4）：78-83.

朱永新，汤敏，周洪宇，等，2017. 构建现代教育治理体系［M］. 太原：山西教育出版社.

**外文文献**

ACKER-HOCEVAR M A, CRUZ-JANZEN M I, WILSON C L，2012.Leadership from the
　　ground up：effective schooling in traditionally low performing schools［M］. Charlotte，NC：
　　Information Age Publishing.

CERNY P G，1990.The changing architecture of politics：structure，agency，and the future of
　　the state［M］.London：Sage.

CONWAY J, ANDREWS D, 2016. Leading with moral purpose：teacher leadership in action
　　［M］// JOHNSON G，DEMPSTER N，2016.Leadership in diverse learning contexts.
　　Switzerland：Springer.

COUNCIL B，2008.Making it happen：the prime minister's initiative for international
　　education［R］. Ministers Initiative for International Education.

FULLAN M，2006.Turnaround leadership［M］.San Francisco：Joessy-Bass.

GRINT K，2010.Leadership：a very short introduction［M］.Oxford：Oxford University
　　Press.

GTCI，2017.The global talent competitiveness index 2017［EB/OL］.[2019-09-01].http：//
　　www.gtci2017.com/.

HALLINGER P, MURPHY J，1985. Assessing the instructional management behavior of
　　principals［J］. The Elementary School Journal, 86（2）：217-247.

HALLINGER P，BICKMAN L，DAVIS K，1996. School context, principal leadership, and student reading achievement ［J］. The Elementary School Journal, 96（5）: 527–549.

HARGREAVES D H，2011. System redesign for system capacity building ［J］.Journal of Educational Administration, 49（6）: 685–700.

HENDRIKS C，2002.The ambiguous role of civil society in deliberative democracy ［J］. Journal of Catalysis, 98（2）: 335–342.

INGVARSON L，ANDERSON M，GRONN P，et al.，2006. Standards for school leadership: a critical review of literature ［EB/OL］. ［2020–03–18］. https: //research. acer. edu.au/teaching–standards /3/.

KILE F，2013. Artificial intelligence and society: a furtive transformation ［J］. AI & Society, 28（1）: 107–115.

LEITHWOOD K, LEVIN B，2008.Understanding and assessing the impact of leadership development ［M］//LURABY J，GROW G M，PASHIARDIS P. International handbook on the preparation and development of school leaders. London: Routledge.

LEITHWOOD K，HARRIS A，STRAUSS T, 2010. Leading school turnaround: how successful leaders transform low-performing schools ［M］. San Francisco: Jossey-Bass.

MAHONY P, HEXTALL I，MENTER I，2004.Building dams in Jordan, assessing teachers in England: a case study in edu - business ［J］. Globalisation, Societies and Education, 2（2）: 277–296.

MARKS H M，PRINTY S M，2003.Principal leadership and school performance: an integration of transformational and instructional leadership ［J］. Educational Administration Quarterly, 39（3）: 370–397.

OECD，2018. Education at a glance 2018 ［EB/OL］.[2020-12-20].https://www.oecd-ilibrary.org/docserver/eag-2018-en.pdf?expires=1608485697&id=id&accname=guest&checksum=1F61CB952935AA8C241AB286E0AA5816.

ORR M T，KING C，LAPOINTE M，2010. Districts developing leaders: lessons on consumer actions and program approaches from eight urban districts ［R］.Waltham: Education Development Center Inc.

RIBES B，1981. Domination or sharing? Endogenous development and the transfer of knowledge [ M ] . Pcois: UNESCO Press.

SCHÖN D A, 1983. The reflective practitioner: how professionals think in action [ M ] .New York: Basic Books.

SIEGEL DJ, 2010. Organizing for social partnership: higher education in cross-sector collaboration [ M ] .London: Routledge.

TOWNSEND T, 2016. Leading schools in the twenty-first century: careful driving in the fast lane [ M ] //JOHNSON G, DEMPSTER N. Leadership in diverse learning contexts. Switzerland: Springer, Cham.

# 后　记

　　《教育治理的战略：教育治理现代化的未来之路》与《教育治理的逻辑：基于管办评分离的教育变革》是姊妹篇，分别是全国教育科学"十三五"规划2016年度国家重大课题"我国教育治理体系和治理能力现代化战略研究"（课题批准号：VGA160003）、全国教育科学"十二五"规划2014年度国家重点课题"推进教育管办评分离研究"（课题批准号：AGA140002）成果。

　　教育治理现代化是国家治理现代化的重要组成部分，也是实现教育现代化的必要条件。2013年11月中共十八届三中全会通过的《中共中央关于全面深化改革若干重大问题的决定》明确提出了"国家治理体系和治理能力现代化"的概念，教育部积极推动教育领域综合改革，深化以"管办评分离"为核心的教育治理改革。在"推进教育管办评分离研究"课题已取得前期相关成果基础上，"我国教育治理体系和治理能力现代化战略研究"课题以"五大发展理念"为指导，瞄准2030国家治理体系现代化与教育事业发展愿景，以依法治国和依法治教为原则，以构建政府、学校、社会新型关系为目标，以推进教育"管办评分离"为基本路径，以基于放管服结合的政府管理职能转变、学校办学体制改革、社会参与机制创新为突破口，通过理论分析、实证调查、行动参与、战略预测等方法，探索构建具有中国特色的教育治理理论体系与实践模式，关注政府依法执政能力、社会参与能力与学校自主办学能力的提升模式，探索教育治理体系现代化的法律、制度与技术等支持与保障机制，预测国家教育治理体系与治理能力现代化的战略目标、路径与策略。

　　在课题的选题论证、申报和研究过程中，教育部教育发展研究中心王烽研究员、北京师范大学郭玉贵教授、浙江大学何珊云副教授、华东师范大学刘世清副教授、复旦大学田凌晖副研究员等专家学者给予了大力支持。在课题开题报告、专题研讨过程中，教育部教育发展研究中心原主任张力，教育部政策法规司原司长孙霄兵教授，上海师范大学原校长、国际与比较教育研究院院长张民选教授，中国教育技术协会学术委员会副主任、清华大学教育研究院程建钢教授，华东师范大学教育学部主任袁振国教授等专家学者，分别提出了宝贵意见，从而有力地保障了课题研究的顺利开展。在课题研究过程中，作为课题组的骨干成员，华东师范大学国际与比较教育研究所张丹副教授、华东师范大学基础教育改革与发展研究所杜明峰助理研究员、上海师范大学教育学院陈婧以及华东师范大学教育学系杨文杰博士、孙闻泽博士等中青年专家学者，从各自的研究专长出发，积极投入课题研究，分别发表诸多专论，恕不一一列举。

　　本书是合作研究的成果，全书由我设计研究框架和章节结构，参与研究写作的同志及负责的章节如下：华东师范大学教育学系范国睿、范勇，导论；华东师范大学教育学系金马妮，第一章；华东师范大学教育管理学系董辉，第二章；华东师范大学国家教育宏观政策研究院李廷洲，第四章；华东师范大学教育管理学系李伟胜，第五章；上海市教育科学研究院民办教育研究所刘荣飞，第六章；山东师范大学张雷，第六章；华东师范大学基础教育改革与发展研究所杜明峰，第七章；上海开放大学李学书，第八章；天津教育科学研究院戴成林，第九章；上海师范大学教育学院陈婧，第十章；华东师范大学国家教育宏观政策研究院吴晶、教育管理学系张克雷，第十一章。陈婧在课题结题、本书统稿等方面，协助本人做了大量工作。林绍惠为书稿格式改版编辑付出辛苦劳动。对所有参与课题研究、书稿撰写以及以各种形式对本书给予支持和做出贡献的同志致以诚挚的谢意。

　　2019 年 2 月，中共中央、国务院印发《中国教育现代化 2035》，提出我国推进教育现代化的总体目标：到 2035 年，总体实现教育现代化，迈入教育强国行列，推动我国成为学习大国、人力资源强国和人才强国，为到本世纪中叶建成富强民主文明和谐美丽的社会主义现代化强国奠定坚实基础；提出了到 2035 年"形成全社会共同参与的教育治理新格局"的战略任务。2019 年，中共十九届四中全会全面梳理了中国特色社会主义制度体系，进一步提出"坚持和完善中国特色社会主义制度""推进国家治理体系和治理能力现代化""把国家制度优势更好转化为国家治理效能"的新要求。在未来的教育改革与发展过程中，我们需要坚持和完善支撑中国特色社会主义教育制度的根本制度、基本制度、重要制度，着力固根基、扬优势、补短板、强弱项，构建系统完备、科学规范、运行有效的教育制度体系，加强系统治理、依法治理、综合治理、源头治理，把我国的教育制度优势转化为教育治理效能。

　　本书不当之处，敬请读者批评指正。

范国睿

华东师范大学教育治理研究院

二〇一九年十二月八日初稿

二〇二〇年二月十九日改定

出版人    李  东
责任编辑    何  蕴
版式设计    沈晓萌
责任校对    贾静芳
责任印制    叶小峰

**图书在版编目（CIP）数据**

教育治理的战略：教育治理现代化的未来之路／范
国睿等著. —北京：教育科学出版社，2021.11（2023.6重印）
ISBN 978-7-5191-2565-3

Ⅰ. ①教⋯  Ⅱ. ①范⋯  Ⅲ. ①教育管理—现代化—研
究—中国  Ⅳ. ①G526

中国版本图书馆CIP数据核字（2021）第222157号

教育治理的战略：教育治理现代化的未来之路
JIAOYU ZHILI DE ZHANLÜE：JIAOYU ZHILI XIANDAIHUA DE WEILAI ZHI LU

| | | | | |
|---|---|---|---|---|
| 出版发行 | 教育科学出版社 | | | |
| 社    址 | 北京·朝阳区安慧北里安园甲9号 | 邮    编 | 100101 | |
| 总编室电话 | 010-64981290 | 编辑部电话 | 010-64989421 | |
| 出版部电话 | 010-64989487 | 市场部电话 | 010-64989009 | |
| 传    真 | 010-64891796 | 网    址 | http://www.esph.com.cn | |
| 经    销 | 各地新华书店 | | | |
| 制    作 | 北京京久科创文化有限公司 | | | |
| 印    刷 | 唐山玺诚印务有限公司 | | | |
| 开    本 | 787毫米×1092毫米    1/16 | 版    次 | 2021年11月第1版 | |
| 印    张 | 22.75 | 印    次 | 2023年6月第2次印刷 | |
| 字    数 | 349千 | 定    价 | 68.00元 | |

图书出现印装质量问题，本社负责调换。